山岳信仰と修験道

鈴木正崇

春秋社

まえがき

本書は、山岳信仰の歴史と民俗を探究し、修験道の生成と展開に関して考察した総合的研究である。錯綜した実践と思想と言説を検討し、幾つかの道筋に整理し直して、仮説を交えて大胆に描き出すことで、民衆の想いを歴史の中から掘り起こすことを意図した。民俗学・宗教学・歴史学・思想史の成果を活用すると共に、人類学的考察も加えている。

山は日本人の記憶の中の原風景となり、想像力と創造性の源泉であった。人々は山との共感を通して日々の生活を見つめ直し、新たな生き方を発見してきた。しかし、現代では大きな変化が訪れている。信仰登山は衰え、山岳信仰は忘却の彼方となり、修験道も一般の人々の記憶から薄れている。近世中期以降、民衆の間で活発化した山岳登拝を支えてきた講は、衰退し崩壊しつつある。二〇〇〇年代以降、山岳信仰は伝統文化や文化遺産として認識されるようになり、世界遺産・日本遺産・文化的景観などに登録されて、観光化や文化財化の動きに巻き込まれ、メディアの荒波に翻弄されるようになった。文化資源化の動きは、今後は、更に加速することが予測される。山岳信仰や修験道は、大きな転換期の中にある。従来の思想や実践を見直し、何が失われ何が残ったのか、その理由は何かを問い直す必要がある。

筆者は、長い間、日本各地の霊山や霊場を訪ね歩いて歴史や民俗を探究してきたが、複雑な変遷を経てきた山岳信仰や修験道を解き明かすことは容易ではなかった。歴史と伝承が交錯し、地域差もある。仏教伝来以来、日本では神と仏は複雑な交渉を経て混淆し、人々の暮らしに根づいて多様に展開してきた。しかし、慶應四年（明治元年・一八六八）に明治政府が出した神仏判然令は、廃仏毀釈を引き起こし、神と仏を分離して、日本人の精神文化を根底から覆した。本書は前近代と近代の差異や断絶を意識しながらも、連続性の再発見にも努めた。

本書の構成は以下の通りである。第一章は山岳信仰の根幹をなす神と仏の関係について新たな観点から考察を加えた。第二章は山岳信仰から修験道へ展開した複雑な経緯をたどる。第三章は修験道に関する近年の研究成果を踏まえて、修験道とは何かを問い直してみた。第四章は長く続いた山の女人禁制を考察して伝統の概念に再考を迫った。第五章は九州の修験道の根拠地であった彦山を事例として、縁起の持つ意味を考えている。第六章は明治維新によって山岳信仰、特に修験道がどのように変化したかを考察した。

本書は不十分ではあるが、私なりの山岳信仰と修験道に関する通史であり概論でもある。

時間はかかったが、古代から現代までの流れの全貌をある程度は明らかにしたと考える。民衆文化の変動を、神仏分離の影響を最も強く受けた山岳信仰と修験道を通して考察することは、日本の近代を問い直すことにもなった。想像力の復権を図り、今後の行く末を考えてみたいと考える。

鈴木正崇

山岳信仰と修験道　目次

山岳信仰と修験道

Mountain Belief and Shugendō

Suzuki Masataka

Shunjusha Tokyo

2025

第一章　神と仏

一　問題の所在

日本人にとってカミとは何か。タマやモノとも通底するカミ。タマは多義的な不可視の霊や魂で神秘的な力を発揮すると信じられた。山、巨石、樹木、洞窟、泉、滝などとの出会いと驚き、畏怖と恐れの体験が、カミへの信仰の根源にあると言えるかもしれない。邪悪なオニも見えないモノの意味で、善にも悪にもなる両義性を帯びる。いずれも身近な存在であった。日本人にとって、山とは水の恵みを齎す「いのち」の源泉であるだけでなく、人智を越えた巨大な「ちから」を持つ。人々は「いのち」と「ちから」が遍在する大自然の中に人智を越えたモノやタマの存在を感じ取り、それをカミと呼んだ。岩田慶治によれば［岩田一九七九：二二三］、「神」は祠や社に祀られ職能者による儀礼が展開し、祭神名も定められていくのに対して、カミは自然そのもので、特定の名前を持たないという。本居宣長は、『古事記傳』巻三で「何にまれ、尋常《よのつね》ならずすぐれたる徳《こと》のありて、可畏《かしこ》き物を迦微《かみ》とは云なり」と定義した。(1) この定義はカミに近い。カミと神の区分を出発点とする。

不可視のカミ、霊や魂は、次第に可視化、形象化されて、神像や仏像へと展開し、小祠や小堂、神社や寺院に祀られて、日常生活に溶け込んでいった。路傍の祠から大規模な寺社まで、民間信仰は多様である。畏怖される人を神に祀る人神信仰も根強い。前近代には多くは神仏混淆で、江戸時代までは仏像を御神体として祀る神社、神像を祀る寺院も多かった。しかし、慶應四年（明治元年・一八六八）の三月十七日付けの神祇事務局布達第一六五号と、同年三月二十八日付けの太政官布告第一九六号のいわゆる「神仏判然令」(2) が齎した神仏分離と廃仏毀釈によって、神と仏、神社と寺院は強制的に切り離されて、激動する近代の政治や経済の下で再構築を迫られた。

現代でも神や仏への信仰は衰えたとは言え根強く継続している。日本各地で多様な展開を遂げた山岳信仰や修験道の考察にあたっては、万物に霊が宿るとするアニミズム（animism）や自然崇拝などの概念が使われてきた。(3) しかし、在地社会の融通無碍な民間信仰の実態を一元化せずに丹念に読み解くべきではないだろうか。古代以来の信仰や自然観や人間観を巧みに日本化し、いのちの遍在や仏性を説く仏教思想にももっと注目すべきではないか。出発点として、根源にある神と仏の関係は如何なるものかを最初に論じておきたい。

日本では六世紀に伝来した仏教は、(4) 在地の信仰と接合して複雑に変容してきた。外来の仏と在地の神は、特に山を「結節点」として変容し、鎌倉時代中後期には山岳信仰を基盤にした修験道を生み出し、思想としては、天台本覚論、本地垂迹説、両部神道、伊勢神道、中世日本紀、神本仏迹説

（反本地垂迹）などを生成してきた。日本では長期に亘って神仏混淆が常態であり、仏教寺院には鎮守社が祀られ、神社には神宮寺が建立され御神体が仏像であることも珍しくなかった。根底にあるのは、「神と仏の多次元的関係性」で、時代の変遷と共にその性格を変化させてきた。(5)

しかし、慶應四年に明治新政府が国民の精神と思想の統一を目指して展開した天皇中心の祭政一致の施策は、いわゆる神仏分離や廃仏毀釈を引き起こし、日本人の精神文化を根底から覆した。(6)神仏分離の影響を最も強く受けたのは、神仏混淆の山岳信仰と修験道で、修験道は明治五年（一八七二）の修験宗廃止令で壊滅状態となった。本章では、山岳信仰と修験道の根幹にある神と仏の在り方を総合的に論じた上で、神仏習合や神仏分離の概念を再考して、近代の変容に関しても再検討を加える。(7)

二　神と仏の多次元的関係性

第一に取り上げて検討するのは「神と仏の多次元的関係性」である。神と仏は、日本ではカミとホトケ、シンとブツとして、意味内容を状況に応じて使い分けた。平安時代には、ひらがなとカタカナが生まれ、漢字の音読みが多様に展開し、文字の音と訓に口頭伝承が入り混じって複雑な展開を遂げた。外来文化を選択的に受容し、融通無碍な表現方法を編み出してきたのである。

神と仏の関係を再考するために、歴史的文脈を離れて「神と仏の多次元的関係性」のモデルを作

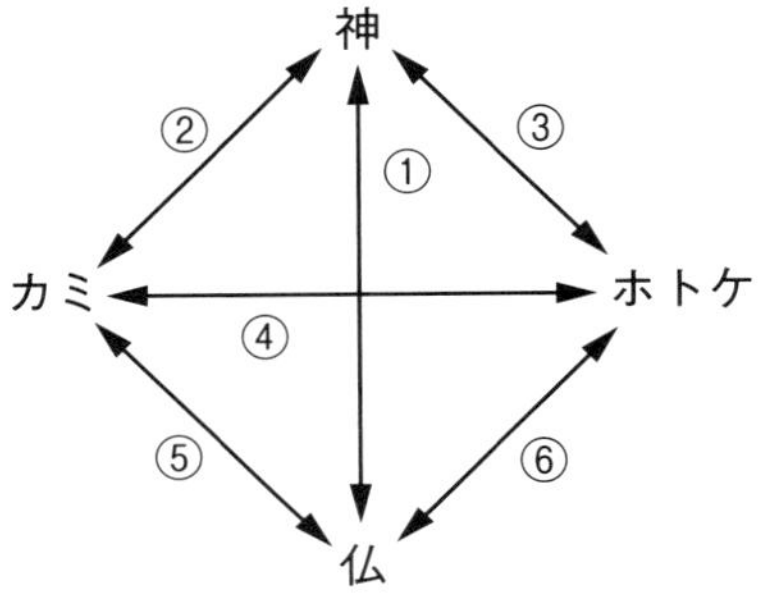

図1―1　神と仏の多次元的関係性。作成＝鈴木正崇

ってみた。出発点は、カミと神を区別する岩田慶治の説の導入である［岩田一九八四：二四五〜二四六］。カミは畏怖や驚愕、親しさと安らぎの体験そのもので、木や石と水などとの出会いの場に出現し、名前を持たず出没去来の時を定めない。場に宿る霊性の顕現と言ってもよい。これに対して、神は名前を持ち、儀礼で祠や社に招かれて祀られ、終了すると元の場所に送り返される。神は教義に組み込まれ祭神名が固定され神像も造られる。次にホトケと仏の区別を導入する。佐々木宏幹は、寺院の本尊の「仏」と、死霊（霊魂）の「ホトケ」を区別して、理念型の教理仏教と、地方型の民俗仏教に対応させる。さらに教理と民俗の狭間で両者を媒介し包摂する生活仏教の「ほとけ」の概念を提唱した［佐々木二〇〇四：七］。弾力的で柔軟な領域の生活仏教の「ほとけ」が日本人の信仰する暮らしの中の仏教だと説く。人々は「ほとけ」の仏力・霊力に信頼を寄せる。佐々木説は示唆的だが、「ほとけ」を導入すると複雑になり過ぎるので、仏とホトケの区別までに留め、神と仏の多次元的関係性は、神とカミ、仏とホトケで考える。モデル化して、①神《しん》―仏《ぶつ》、②神《かみ》―カミ、③神《かみ》―ホトケ、④カミ―ホトケ、⑤カミ―仏《ほとけ》、⑥仏《ぶつ》―ホトケの六つの次元からなる「神と仏の多次元的関係性」を想定した（図1―1）。

概念を暫定的に定義して、意味や特性を提示すると以下のようになろう。

（1）カミは樹木や石や泉や滝などの場所やものに顕現し特定の名前を持たず、社や祠もない。流動的で荒ぶる性格を持ち統御が難しい。不可視である。他方、神は儀礼や教義などで統御・制度化され、名前があり社や祠で祀られ、像容として可視化されていく。

（2）カミはモノ・タマ・オニなどの観念と転換・混淆・融合・変容し、正負の両義性を持つ。「類似」（analogy）の原理で結合し、隠喩（metaphor）の意味作用で別の概念を生成する。

（3）仏はサンスクリット語のBuddhaが語源で元々は「覚者」の意味だが、漢語の「仏」は、日本語では音読されてbutsuとなり、如来・菩薩・明王・天部などの尊格を指す言葉として定着した。インド・中国・日本の三国伝来の文化的翻訳を経て変形と読み変えが行われて土着化したのである。

（4）日本語では漢語の「仏」は訓読されてhotokeとなり、多義性（polysemy）を帯び、仏像・名号・仏法・死者・死霊・覚霊・ミタマ・先祖など、文脈・時・場・人に応じて様々に変化した。変化の原理は「類似」（analogy）の作用で「隠喩」として別の概念に変容する。意味の特定部分が重なり合いつつ「類似」を通して意味が転換していく。

（5）カミとホトケは「霊魂」と「霊力」の共通性を媒介に「類似」の原理をもとに混淆して、漢語の神と仏と重なり合い、意味を増殖させて「異種混淆」の世界を生成した。

（6）カミは本来は不可視であったが、仏像の影響で具象性を帯び神像として可視化された。仏は当初は「仏神《ほとけがみ》」「他国神《あだしくにのかみ》」「蕃神《とつくにのかみ》」と表現されていた［和田二〇〇三：五二］。不可視のカミは不可視のホトケにもなり、秘仏・秘神の観念が生成された。当初の不可視のカミと可視の仏とは、相互に影響を与えて融合しあったと言える。

（7）カミやホトケは、霊魂・精霊・神霊・御霊、気や力などの漢語や和製漢語として文字化されて定着していった。文献を読める知識人の思考では、「神仏」として一体化されていく。「神仏」という文字連合は、貴族から庶民に至るまで広く定着した。

（8）「カミ以前」には森羅万象の世界があり、山・川・海・天体・宇宙など「天地」（あめつち）の野生の力は神・仏・カミ・ホトケに浸透し、「いのち」や「ちから」として作用する。西欧近代の「自然」のような一元的概念では捉えきれない外界認識がある。「自然」概念の解体も視野にいれるべきであり、環境の概念も再考を要する［鈴木一九九九］。

「神と仏の多次元的関係性」は多様な方向性をもつ。神と仏は口頭伝承と文字表記、表意文字の漢字と表音文字のひらがなとカタカナを縦横に駆使した言説空間を生成した。生々流転する「神と仏の多次元的関係性」の特徴は、複合性（complexity）、多機能性（multifunctionality）、異種混淆性（hybridity）の三つであり、このモデルを基本にすれば、多様で複雑な神と仏の歴史的関係を再定置することが可能になるであろう。

例えば、「神仏習合」を究極まで推し進めて神仏一体を説き、十一世紀中葉以降に展開した本地垂迹説、権現思想、和光同塵などの思想や実践は、「神と仏の多次元的関係性」のうち、①神―仏の関係を強調した見方であり、巨大な世界観の一部の説明に留まる。「日本仏教」は独自の展開を遂げ、民間受容に際しては教義上は霊魂の存在を否定する仏教が、霊魂観を包摂し、矛盾なく説明して実践できるか否かが問われた。現在は日蓮宗と高野山真言宗は霊魂の存在は認めるが、他は曖昧な立場をとる。(8) 佐々木宏幹の生活仏教の「ほとけ」の概念は、モデルでは、⑤カミ―仏、⑥仏―ホトケの軸が強く関わる。

三　修験道の再構築

神仏混淆の典型は明治の神仏分離以前まで大きな影響力を持った修験道で、神・仏・カミ・ホトケの混淆を特徴として日本独自の体系化と展開を遂げた。修験道を「神と仏の多次元的関係性」の中に位置付けるとすれば、①から⑥の六つの次元を複雑に組み合わせて個性的に展開したといえよう。修験とは山岳修行で験という特別な力を得ることをいう。修験者（山伏）は験力に基づいて自他の救済にあたった。修験道の特徴を、敢えて本質主義の立場に立って特徴を一般化し、以下のように整理してみた。

❶山岳修行に密教教理の意味付けを施すと共に、各地の山の信仰・伝承・実践を取り込んだ。❷峯入りを修行の根幹とし、山中を曼荼羅と見なすことで、寺院儀礼の観想の法具である曼荼羅を、野外の大自然に充当させて「曼荼羅を歩く」という発想を展開した。❸密教の護摩を、野外で山中

の木や柴を使用して行う柴燈護摩（採燈護摩）に編成し、最後に不動明王と同体化し火生三昧の火渡りで験力を誇示する。❹柴燈護摩を逆修に展開して、自らの穢れた肉体を焼尽して浄化し再生する儀礼と意味付ける。❺山中での参籠修行ではカミが宿る洞窟に籠り、カミの加護の下でタマを身につける。❻山野河海に仏性を認め、生物・無生物を問わず森羅万象と一体化しホトケはカミと融合する。❼山を胎蔵界曼荼羅と見なすことで擬死再生の「胎内修行」の場として生まれ変わりを説く。❽峯入りを修行の根幹とする。教義上では他界遍歴と即身成仏の修行であるが、究極的には「自然との一体化」「自然による包摂」「森羅万象との融合」を目指す。❾仏菩薩の峰々を歩くことで、自然の力を身体化し験力の獲得を目指す。大地の力を足の裏を通して身体に浸透させる。身体を通して心に働きかける。❿山での修行で獲得した霊力を、仏教を通して法力や験力に読み替える。山麓においては半僧半俗で妻帯し、人々の信頼を得て儀礼実践に特化して、加持祈禱から人生相談に至る日常での幅広い活動を展開した。根源には山を生と死の始源の場とする発想がある。

神・仏・カミ・ホトケは修験道では混淆し一体化した。修験とは中国の仏教文献にない和製漢語で、日本独自の修行実践を意味する言葉として創出されたとも言える。修験道は、開祖や宗祖はなく[9]、依拠する経典も定めず、ひたすら山を歩く。修験道を支える原動力は、「異種混淆の想像力」(imaginary power of hybridity) なのである。

民衆は修験が山での修行で体得した特別な霊力に強い信頼を寄せた。山伏や法印と呼ばれた「里修験[10]」は、民衆の現世利益の願いに応える加持祈禱を主体に、雨乞い、病気直し、人生相談、通過儀礼、小祠小堂の祭り、教育活動などを行い、登拝講の先達になって地域社会に溶け込んだ。山で得た豊富な薬草の知識で薬を処方し「いのれくすれ」の治療にあたった。民衆の総合的な「野のカウンセラー」として活躍したのが修験であった。

修験道は霊魂を認める立場にたって、仏教の教理矛盾を克服した。民間に修験道が広く受容された理由であろう。江戸時代には妻帯であり、世襲で受け継がれ親しみを持って地域社会に溶け込んでいた。仏教寺院が寺請制度によって檀家の葬祭・年忌など死者供養に特化したのに対し、修験者は在俗者として加持祈禱や祭りや芸能を行い、自坊や霞で活動した。仏教寺院と修験寺院は相互に補完しあった。修験道は日本各地の山岳信仰を根底に大きな影響力を持っていたが、明治五年（一八七二）九月十五日付けの太政官布告第二七三号の修験宗廃止令で消滅した。その後は徐々に復活したが往年の勢いには遠く及ばない。

四　「神仏分離」を問う

第二は「神仏分離」を問うという視点である。「神と仏の多次元的関係性」は、明治時代初期に政府が推し進めた「神仏分離」政策によって崩壊・変容・再構築を迫られた。平成三十年（二〇一八）は明治維新百五十年で、「神仏分離」百五十年でもあったが、余り関心を引かなかった。神仏分離は日本人の精神文化に一大変革をもたらしたにも拘わらず関心は薄い。神社を中心に神道化が急激に進んで過去の歴史との断絶が創り出されたことが要因であろう。明治以降の百五十年間の山岳信仰の歴史は、神仏混淆の解体、女人結界の解除、修験道の消滅・復活・再構築・再創造、山岳登拝講の再構築・再生・衰退という劇的な変化の時代であった。日本の「近代化」は、国家権力の介入で、神仏混淆の山岳信仰や修験道や民間信仰を前近代の遅れた習俗（mores, folkways）と見なして解体した。

変革の始まりは、明治新政府による慶應四年（一八六八）三月十七日付けの神祇事務局布達第一六五号で、[11]王政復古で旧弊を一新し、神社に僧形で奉仕する別當や社僧は、復飾（還俗）して神主となり、浄衣で神勤することを命じた。仏教寺院からの神主の独立を目的としたのである。三月二十八日付けの太政官布告第一九六号では、「某権現或ハ牛頭天王之類、其外佛語ヲ以神號ニ相稱候神社」「佛像ヲ以神體ト致候神社」に対して「本地抔ト唱へ、佛像ヲ社前ニ掛、或ハ鰐口、梵鐘、仏具」などの撤去や、本地仏や法具類の撤去を命じた。政府の指令は、「神仏混淆」の判然化と集団帰属の明確化を意図していた。権現や牛頭天王などの仏語を神名に変更し、神社が御神体として祀っていた仏像や、鰐口や梵鐘などの仏具の撤去が命じられ、神号・神体から仏教色を一掃することが目的であった。[12]この法令は後に「神仏判然令」と称され、さらに「神仏分離令」と読み替えられた。

明治新政府は、国体論に基づく政治的な国家的イデオロギーとしての「神道」と神社の制度を結合し日本人の思想的・精神的統合を目指す「祭政一致」を政策の根幹とした［井上二〇二四：二九八］。中核にあったのは、会沢正志斎らの後期水戸学と、天照大神中心の「政治的・道徳的教えとしての神道」、いわゆる「復古神道」を提唱した大国隆正などの津和野派の国学である［安丸一九九二：一六八］。慶應四年には、戊辰戦争は継続中であったが、政府の指令はミカドの命令として各地に伝えられて急進的に展開し、寺院や仏像の暴力的破壊を引き起こし廃仏毀釈に進んだ［圭室一九七七、安丸一九七九、羽賀二〇二二（一九九四）］。廃仏毀釈は、国学者、還俗・復飾者、下級神職者等が進めたが、思惑は異なるもののミカドの命令という大義名分を得て従来の価値観を転覆させた。ただし、明治四年（一八七一）三月に政府は方針を転換し、平田派国学者を追放して、明治五年三月二十三日に神祇省は廃止、同日に教部省発足、同年四月二十五日に教導職を設置して神職と僧侶を共に動員し、「三条の教則」[13]に基づく民衆の教化策に転換した。

「神仏分離」だけでなく、寺社の存続に大きな影響を及ぼしたのは、明治四年（一八七一）正月五日付け太政官布告第四号の「社寺領上《あげ》知令《ちれい》」で、政府が境内地を除く「朱印地除地等寺社領」を没収して官有地とした。経済的基盤を失った旧来の社寺は政府の意向に従わざるを得なくなった。同年五月十四日付け太政官布告第二三四号で神社は国家の宗祀とされ神職の世襲を禁じ神社神道を制度化した。かくして文化・社会・政治・経済の再編を促す「世直し」の嵐が吹き荒れたが、日本の「近代化」の速やかな進行を可能にした側面もある。寺社関係では、教部省や内務省は、社会面では、寺社に檀家総代・氏子総代・責任役員を設定し、制度化や近代化を推し進めた。文化面では、神職の制度化・神社の位階化・日本神話の復権を通して、神社神道を基盤にした天皇崇拝を中核とする精神的な国民統合を確立する。この施策は、帝国主義下での近代ナショナリズム（国体論と近代天皇制）を高揚させ、忠君愛国の言説に展開して、戦争遂行に巧みに利用されることになった。戦争への道の始まりは「神仏分離」にあったともいえる。

他方、廃仏毀釈は文化財の概念を生み出した。廃仏毀釈で破壊された社寺の宝物は、外国人のアーネスト・フェノロサ（Ernest Francisco Fenollosa, 一八五三～一九〇八）などの「外からの目」を通じて新たな価値が発見された［山口一九八二］。フェノロサは東京帝国大学の公募で明治十一年（一八七八）に来日して哲学や経済学を教えた。日本美術に多大の関心を持って収集し、各地を見学して寺院や仏像の破壊に衝撃を受けた。明治十四年（一八八一）以降、古社寺の宝物調査のため岡倉天心らを伴い奈良に何度も赴いて調査を行った。明治十七年（一八八四）には法隆寺夢殿の秘仏・救世観音を開帳した。明治二十九年（一八九六）五月、古社寺保存会が設立され、明治三十年（一八九七）六月五日に文化財政策上、画期的な意義をもつ「古社寺保存法」が制定され、文化財の保護や保存の制度的枠組みが整えられた。文化財保全の施策は、昭和四年（一九二九）の「国宝保存法」、昭和二十五年（一九五〇）の「文化財保護法」に引き継がれた。廃仏毀釈は皮肉にも文化財行政や文化遺産登録に繋がっていった。仏像は信仰から鑑賞の対象へと転換し、美術として見る潮流を生み出すことになった［碧海二〇一八］。文化遺産の利用や、文化財の活用という現代の動きは、皮肉にも廃仏毀釈が契機であったのである。広い立場から「神仏分離」を再考し、日本の「近代」を、多角的に前近代から逆照射して、再検討する必要がある。

五　山岳信仰の再構築

「神仏判然令」で最も甚大な影響を被った担い手は、権現に社僧や別当として奉仕してきた神仏混淆の修験であった。権現とは、日本の神々はインドの仏菩薩が権《かり》のかたちで垂迹したと考える本地垂迹思想に基づく。明治新政府にとっては、神仏一体の権現やその担い手の修験の解体へ向かうことは必然であった。修験は「神仏判然令」で崩壊への道を辿り始め、明治元年から明治四年の間に、①寺院として存続する、②復飾（還俗）して神主になる、③帰農するなどの選択を迫られた。明治三年（一八七〇）六月二十九日付けの太政官布告で修験は仏徒（仏教徒）と見なすという見解が出されたが、明治五年（一八七二）九月十五日付けの太政官布告第二七三号の「修験宗廃止令」で正式に解体され、修験道は宗派としては消滅した。聖護院管轄下の本山派修験は本寺所属のまま天台宗に、醍醐寺三宝院管轄下の当山派修験も本寺帰属のまま真言宗に帰入し、東叡山寛永寺管轄下の吉野修験は天台宗へ、寛永寺管轄下の羽黒修験は荒澤寺所轄で天台宗に帰入して、大きな変動を遂げた［鈴木二〇一八b］。十七万人いたとされる巨大勢力の修験［中山太郎一九八四：四二六］は解体されて急速に消滅した。修験宗廃止の動きは同時期に行われた「迷信」「陋習《ろうしゅう》」の撲滅、天社神道（陰陽道）の廃止、巫女、普化宗（虚無僧）、御師の廃絶などの施策と連関していた［林二〇〇九］[15]。国家権力は「文明開化」の名の下に民間信仰に深く干渉したが、民衆は密かに仏像・仏具を

図1―2　三輪山。撮影＝鈴木正崇

隠すなど暴力的破壊に抵抗した。修験道は崩壊したが、山岳信仰は根強く生き残った。それは日常的実践に基づく「柔らかな抵抗（soft resistance）」と呼ぶべきであろう。富士講・木曽御嶽講などの山岳登拝講は、表面的には神道化を画策し、政府公認の教派神道を隠れ蓑にして近代的転回を遂げた。丸山教・扶桑教・実行教は富士講、御嶽教は木曽御嶽講が母胎であった[16]。山岳登拝講の多くは、権力を懐柔し自家薬籠中の物にするしたたかな「戦術（tactics）」[17]を駆使したと言えるのかもしれない。

山岳信仰の神道化は神社神道に顕著であったが、意外と知られていないのは近代における「神体山」の名称の導入である。大和の三輪山は整った山容で古代からの山岳信仰の典型とされ、「神体山」と呼ばれることが多い（図1―2）。しかし、山を神体とする説は『垂加神道初重傳』が初見という。著者は山崎闇斎とされるが確証はない［岡田一九六一：一六三］。幕末の奈良奉行の川路聖謨《かわじとしあきら》『寧府記事』（嘉永元年・一八四八）は、「三輪の社は山以神体とす」と記し大和の三輪山が神体山と呼ばれた［山田一九九三：六五〜六七］。近代の「神体山」の字句の初見は、明治四年（一八七一）三月五日に大神《おおみわ》神社の惣代西村忠実が、絵図面と共に奈良県あてに上申した口上書である［岡田一九六一：一六三］。大物主神が自ら魂を御山に鎮められたので、神体山の名称を用いたという。上申の背景は同年正月五日付け太政官布告「社寺領上知令《あげち》」である。寺社の土地が境内地を除いて官有地として国有化されると、杉林の経済的基盤を喪失し、三輪山信仰の存続が難しくなる。上申書は財産を保全するための緊急対応を目的としていた。杉は長く御神木で信仰対象であると共に、重要な山林資源であった。[18] 山田浩之は「危機的状況の中で初めて現れたことばが「神体山」という語句であった。三輪山を守るべく、三輪山の特異な信仰を説明するために生まれた言葉が「神体山」だった」［山田一九九三：七三］と述べる。「神体山」は、三輪山信仰の存続の危機に際して大神神社が創出した近代概念で三輪山を指す固有名詞として使用されてきた。

「神体山」が固有名詞から普通名詞に変わったのは戦後である。神社本庁調査課長の岡田米夫が「神體山信仰の一考察」『神社新報』（一九四八年二月九日・十六日号）や「大神神社の神體信仰」『神道史学』第四輯（一九五三年）で「神体山」の概念を確定していった。「三輪山の神体山信仰について」『神道史研究』第九巻六号（一九六一年）は集大成であった［岡田一九六一］。ただし、岡田は「神体山」は戦前には三輪山の固有名詞であったという事実には言及しなかったという［山田二〇

図1—3　景山春樹『神体山』。撮影＝鈴木正崇

一四：一〇六］。「神体山」に関しては、神道考古学者の大場磐雄の影響も大きい。大場は「神道要語集」の解説（一九六四年）で「神体山」は「わが国固有の原始信仰」で「神霊の籠る山々が神体山と呼ばれる」と定義した［大場一九六四：二〇〇］。かくして三輪山が日本の山岳信仰の代表格となり、古代以来の信仰が近代まで受け継がれてきたという言説が普及することになる。本殿がなく拝殿から直接に山を拝む形式がその証左とされた。神道美術研究者の景山春樹は、『神体山—日本の原始信仰をさぐる—』を著して［景山一九七一］（図1—3）。三輪山だけでなく、日吉社、多賀社、三上山、高野山、伊吹山、賀茂社などを神体山と結び付けて論じ、「神体山」の概念を拡大して使用した。その後、全国各地の神社が「神体山」の用語を使用して普通名詞として普及していったのである。『神体山』の初版本（一九七一年）の表紙写真は太郎坊山（赤神山）であったが、新装版（二〇〇一年）では三輪山になり、神道学者の岡田精司の解説がつき三輪山との結びつきが強化された。山岳信仰に関する言説には、神社関係者や神道研究者による近代の観点に基づ

く評価や価値観が影響を与えている。山岳信仰や修験道の聖地や寺社の多くは、明治時代初期に神社神道として政治権力の下で再編成されたが、近代化の進行と共に歴史の諸要素を取捨選択して独自の復活を遂げた。その中には近代の「創られた伝統（invention of tradition）」［ホブズボウム&レンジャー編一九九二］を数多く含み込んでいる。

六　「神仏習合」と「神仏分離」

第三は「神仏習合」概念の再考である。「神仏分離を問う」ことは、「神仏習合」の概念の再検討を促し、近代の学問の在り方を問い直すことに繋がる。史料上で確認する限り、明治維新当時の政府による実態把握は「神仏混淆」で、これに対して「神仏判然」の用語が生み出された。林淳は「神仏混淆」は、法令や建白書で使用された言葉で、後にアカデミズムでも活用されるようになったと指摘する［林二〇一八：一〇］。明治時代の初期の段階では、「神仏分離」の用語は使用されず、政府の命令は混淆に対する「判然」と「排仏」であって「廃仏」ではなかった[19]。しかし、急進化した運動への展開によって、排除（exclusion）が廃止（abolition）へと転化し「廃仏」に至った。寺院や仏像の大量破壊まで進むことは、政府の意図せざる動きで、仏教優位で動いてきた長期に亘る寺社体制への神職達の怨念が噴出した出来事であり、歴史に関する理解を顧慮しない暴挙であった。「神仏分離」の概念は明治時代初期には遡らず、「神仏習合」と対になって明治四十年代に学術用語として登場した。「神仏分離」の初見は修多羅亮延の「神仏分離と神官僧侶」『仏教史学』二巻一号（明治四十五年・一九一二）で、本論文は『明治維新神佛分離史料』上巻（東方書院、一八九六）に再録された［阪本二〇〇五：二四。阪本二〇〇七：一六二］。「神仏分離」の用語は、明治維新以後、四十年以上経過して過去を振り返る余裕が出来た段階で「遡及的」（retrospective）な概念として現われたのである。

「神仏習合」の初見は、足立栗園《あだちりつえん》[20]が明治三十四年（一九〇一）に刊行した『近世神仏習合辨』［足立一九〇一］[21]である。学術用語としては、明治四十年（一九〇七）に辻善之助が『史学雑誌』に連載して発表した「本地垂迹説の起源について」での言及が嚆矢とされる。[22]辻の「神仏習合」論は、神と仏の関係を三段階に分けて説いた。第一段階は奈良時代の八世紀半ばで神は衆生であり苦を逃れられないので「神身離脱」のために神前読経を願って帰依した。天平宝字七年（七六三）の多度神宮寺の託宣の記事が初見である。第二段階も奈良時代の八世紀半ばで神は仏教に帰依して法を守り「護法善神」となって仏菩薩を守護する。東大寺大仏創建に際しての天平勝宝元年（七四九）の宇佐八幡の託宣が初見とされる。[23]第三段階は平安時代の十二世紀に一般化した「本地垂迹」で、日本の神はインドの仏菩薩を本地として「権《かり》」の姿で化現し権現として垂迹するという神仏一体化の論理が説かれた。それぞれの段階で、神仏を祀る神宮寺、鎮守社、本地堂が成立した。

　神仏習合論は、神と仏が時代の変化と共に関係を深め、最終的には神と仏を一体化する本地垂迹に至るという直線的な一元論である［伊藤二〇一二：三三～七二］。辻の学説は、両部神道、伊勢神道、山王神道、吉田神道、三輪流神道、御流神道などの鎌倉時代以降の変化を考慮していない。中世日本紀研究や顕密体制論による再構築が必要で課題は残った。辻の神仏習合の論考は『日本仏教史之研究』（大正八年・一九一九）に収録されて以後に広まっていくことになる。ただし、「神仏習合」の概念は曖昧である。暫定的には、八世紀中頃以降に生じた日本固有の神祇信仰と外来からもたらされた仏教との融合過程を指し、「仏教による神祇信仰の包摂過程」とも定義されるが、再検討が必要である［井上二〇二四：八二〜八三］。

辻の重要な仕事は神仏分離に関する史料の収集と出版である。東京帝国大学の村上専精の指導の下で、辻は大正九年（一九二〇）から大正十五年（一九二六）まで、全国で神仏分離に関わる史料や聞書きを蒐集し、大正十五年（一九二六）から昭和四年（一九二九）にかけて『明治維新神佛分離史料』全五巻を村上専精と鷲尾順敬との共編で刊行した[24]。「神仏分離」の用語は同史料集の出版で定着したのである。神と仏の関係は対比的に一元化され、「神仏習合」と「神仏分離」の概念は広く行き渡って多くの人々を呪縛することになった。辻善之助はその後は史料を駆使して、仏教堕落論の必然的帰結を実証的に明らかにしていく[25]。

「神仏分離」や「神仏習合」の概念の登場は、日清戦争（明治二十七年・一八九四〜明治二十八年・一八九五）と日露戦争（明治三十七年・一九〇四〜明治三十八年・一九〇五）という大きな国家の出来事を経て、日本のナショナリズムが高揚して国民統合が強化された時期にあたる。この時期に「近代神道」も確立し、遡及的に過去を振り返り「自省的」に見直す機運が生まれた。明治維新を再評価する動きの中で、神道と仏教が対等に「習合」する「神仏習合」の用語が定着して、明治維新の「神仏分離」の正当性(legitimacy)を説明する概念となったのではないか。「神仏混淆」から「神仏判然」へという実態が、四十年以上を経て、「神仏習合」から「神仏分離」へという理念に切り替わり、神道の仏教に対する優越や、「混淆」や「習合」を負の表象とする意味合いが含み込まれることになったのである。[26]

七 大正期の変革

大きな変動は、大正時代、特に中期以降に到来し、神と仏、カミとホトケの関係性を再構築していった。大正九年(一九二〇)十一月一日に明治神宮が創建され、東京に初めて「中心」となる神社が出現して民衆の思想と行動を大きく変えていった。明治神宮創建の文化史的意義は大きい。「寺社参詣」が「社寺参詣」となって神社優位に傾いていくのは、明治神宮の出現以後である。初詣の参拝者数は、大正十年(一九二一)以降、明治神宮が第一位に躍り出た。[27]明治神宮の創建は重要な文化運動であり、大正・昭和を通じて伊勢神宮との連携を次第に強めて天皇崇拝を促進し戦時体制を精神的に支えることになった。「神仏分離」の概念の普及はこの間に進行し既成事実になっていった。

転換の始まりは、明治四十五年(一九一二)七月三十日の明治天皇の崩御であった。大正元年

（一九一二）十一月三日には、加藤玄智（一八七三～一九六五）を中心として神道研究を目的とした明治聖徳記念學會が設立された。明治神宮の創建年である大正九年（一九二〇）の九月には、東京帝国大学に神道講座が設置され、加藤が助教授として神道学の講義を開始し[28]、国家思想・天皇崇拝の基礎知識を提供することになった。大正十年（一九二一）には、皇太子殿下の「国家の発展は青年の修養にある」の言葉に従って神宮外苑に日本青年館を建設するための財団が設立され、全国から延べ十一万人の青年団が無料奉仕を行い、大正十四年（一九二五）に日本青年館が完成し、天皇崇拝は青年団を介して民衆の間に浸透した[29]。神宮皇學館の神道學會から『神路』創刊号が刊行されたのは大正十三年（一九二四）である。加藤玄智・筧克彦・田中義能《たなかよしとう》などの神道学者が主宰していた神道談話会は大正十五年（一九二六）に神道學會となって『神道学雑誌』を発刊した。そして、神宮外苑に聖徳記念絵画館が大正十五年（一九二六）に開館し、明治天皇・昭憲皇太后の事績を顕彰する場となった。明治神宮創建の大正九年を境として、大正前期と大正後期を区別すると、大正後期は神道化への道が強化された時代であったことが明確になる。大正時代中期以降の神道を、明治神宮、日本青年館、聖徳記念館などの建物の創建、出版メディア・交通機関の発達・学会の組織化と連動して大衆化に向かう「近代神道」として捉え直し、明治初期以来の国家主導で急進的に展開して模索を重ねた「明治神道」とは区別して考えることを提案したい。

　明治神宮創建と同じ大正九年（一九二〇）から『明治維新神佛分離史料』の編纂事業が開始されたことも示唆的である。編纂事業は大正十五年（一九二六）まで続き、大正十五年から昭和四年

図1―4　『明治維新神佛分離史料』。撮影＝鈴木正崇

（一九二九）にかけて『明治維新神佛分離史料』全五巻が刊行された（図1―4）。同史料の刊行は、多くの識者に「神仏分離」の用語を普及させ定着に寄与した。本事業に先立って、「神仏分離」で崩壊した修験道の史料が、中野達慧編輯『修験道章疏』に集大成され、第一巻が大正五年（一九一六）、第二巻と第三巻が大正八年（一九一九）に刊行された。前近代の修験道と近代の神仏分離の史料集成は、過去との断絶と新時代の開始を強く印象づけ歴史に区切りをつける役割を果たしたと言える。問題の中核には「神と仏」があった。

　他方、この時期の柳田國男の研究は、漂泊者や民間宗教者（聖・巫女）から国民信仰へと研究対象を移行した[30]。大正七年（一九一八）に「神道私見」を発表し、神社中心主義への違和感を表明し、国学に依拠する神道学者の河野省三《こうのせいぞう》との論争になった。中核には「カミと神」の問題がある。国民信仰を提唱した「神道私見」は大きな転換点であった［渡二〇二一］。折口信夫も柳田と協調して國學院大學の中で異端視されるようになった。「神道に現れた民族論理」『古代研究　民俗学篇二』（一九三〇）は神社神道との決別宣言とも言える。根底にあるのは柳田と同様に「カミと神」の問題であった。柳田は大正八年（一九一九）に貴族院書記官長を辞任し、沖縄渡航（大正九年）、ジュネーヴ滞在（大正十年六月～大正十二年九月）を経て、大正十四年（一九二五）に雑誌『民族』を創刊し（昭和四年まで）、徐々に民族学と民俗学の分離を進めていった。画期は昭和十年（一九三五）七月三十一日から七日間、柳田國男の還暦を記念して日本青年館で開かれた「日本民俗学講習会」であった。会場が日本青年館であったことにも注目しておきたい。これを契機に「民間伝承の会」（一九四九年に日本民俗学会に改称）が九月三日に発足し、九月十八日に『民間伝承』創刊号が刊行された。これ以後、柳田國男は民俗学の学問的体系化と資料収集に努めることになる。仏教や神道とは異なる民衆を担い手とする心意現象としての民間信仰に注目したと言える。カミへの関心の移行である。しかし、柳田は意識的に仏教の影響を排除した固有信仰の研究に傾斜し、カミに一元化して神と仏の関係性を排除した。神と仏の関係を見直す仏教民俗の領域は、戦後の堀一郎の民間遊行者の研究や、五来重や宮家準の修験道研究の探求に委ねられることになった。固有信仰の言説は多くの批判はあるが、「民族宗教」（ethnic religion）として読み替えられて、神社神道に受け継がれた。現在も天皇崇拝とセットになって神社本庁が発信する情報に組み込まれて、神職の知識の中に深く浸透している［鈴木二〇二三a：二二〇］。

八　今後の課題

「神仏習合」は近代概念で、当初から不均等二分法が含みこまれていた。本来は「仏神習合」と呼ぶべきであったかもしれない。「神仏習合」は、元々、仏教側から神をどう取り込むかという論理が前提であった。しかし、明治四十年代以降、「神仏習合」は、「神仏分離」と対になって論じられることによって、明治以前の柔軟で融通無碍な日本の信仰形態と乖離し、神道優位の論理を無意識に受容させる説明概念となった。神を仏に優先させるという明治近代の意図が確実に刻印されている。他方、五来重は神仏習合を神道と仏教という対等の宗教の結合ではなく、「仏教が基層文化のなかに組み込まれて常民に受容されてゆく過程の歴史現象」で、最終的には基層文化の解明に向かうべきだとする［五来二〇〇七：一四五］。仏教民俗の重視は重要だが、基層文化を強調しすぎる。(31)

近代言説（modern discourse）の「神仏習合」を安易に用いることは避けたほうがよいのではないだろうか。「神仏習合」の概念は、古代だけでなく、中世・近世・近代のそれぞれの文脈や地域に応じて再検討する必要がある。(32)中世以降の山岳信仰や修験道を研究対象とする場合には、一系列の進化史観ではなく、地域の霊山ごとに個性的な展開をした歴史的状況の詳細な検討が求められる。錯綜する神と仏の在り方を取り込んだ中世日本紀や中世神道は、山岳信仰や修験道の展開とも密接に関連する。

現在、「神仏習合」の概念に関しては、「神仏融合」など新しい代替概念が提唱され、東アジアとの比較研究も活発化している［吉田編二〇二一］。ただし、「神仏習合」は概念（concept）、「神仏融合」は記述（description）で次元が異なり、「神仏融合」による説明は日本と東アジアに類似した現象があるという指摘に留まるだけで終わる可能性がある。重要なのは、神と仏の関係性を説く概念の発見で、日本の場合では、神身離脱、護法善神、本地垂迹、和光同塵などである。東アジアでも現地社会での神と仏の関係性を説く説明原理の発見に向かうべきであろう。「神仏習合」の英文表記に関しても課題で、シンクレティズム（syncretism 混淆宗教、習合宗教）に代わる別の表現が望ましい。筆者は暫定的に combinatory amalgamation of "Kami" and "Hotoke" を提唱してみた(33)。「神仏分離」や「神仏習合」に関しては、従来の研究を自明視せずに、再検討する時期が訪れているといえよう。本章で提示した「神と仏の多次元的関係性」は、従来の固定化した観念を打破するための試論的モデルであった。

（注）

（1）宣長の定義を、神社本庁は現代でも頻繁に引用する。迦微は、社に祀る御霊、鳥獣草木の霊、海山の霊などの総称で、神とカミを包摂しているが、神社神道は神に偏って解する。

（2）「神仏判然令」は狭義には三月二十八日の布告をいう。

（3）アニミズムはイギリスの人類学者E・B・タイラーが提唱し、「霊的存在」への信仰と定義して宗教の原初形態とし、原始宗教→多神教→一神教の進化主義を説いた。しかし、世界各地に過去の「残存」を見出す発想は受け入れがたい［鈴木二〇〇九］。他方、二十世紀後半からアニミズム再興の動きが起こった。ヴィヴェイロス・デ・カストロは、人間、動物、精霊は各々意志や社会を持つという複数のパースペクティブの視点を導入した。フィリップ・デスコラは、人間・非人間は内面的には同じ存在だが身体性が異なる様態をとりそれをアニミズムとする。ティム・インゴルドは、精神と物質の分割線以前の事物の途切れのない生の流れに目を向け、「生きていること」がアニミズムの本質と説く。これらの主張は存在論的転回と呼ばれる。しかし、同様の発想は既に仏教思想が説いている。天台宗の安然の本覚思想「草木国土悉皆成仏」は、一切衆生に仏性を認め、人間・非人間などの区別を越え、森羅万象全てが成仏すると説く。天台宗の色心不二（湛然、八世紀）は全てのものにいのちを認める立場にたつ。最近、岩田慶治のアニミズム論［岩田一九七三。岩田一九九三］がパースペクティブ論の先駆として注目をあつめている。岩田は地と柄、神とカミの区別を提唱し、アナロジーや同時などの概念に基づいて独自の見解を展開した［鈴木二〇一五a。鈴木二〇二三b］。人間中心主義からの脱却は課題として残る。

（4）仏教公伝に関しては二説ある。『上宮聖徳法王帝説』や『元興寺伽藍縁起幷流記資財帳』では宣化天皇三年（五三八）、『日本書紀』では欽明天皇十三年（五五二）と記す。公伝の年代に関しては多くの疑義があり、八世紀以降に創作された可能性が指摘されている［吉田二〇一二：二〇〜四七、二六四〜二八九］。

（5）「神と仏の多次元的関係性」に関しては、［鈴木二〇一八a：四九～五四］で初めて提唱した。

（6）慶應四年九月八日から明治元年に改元した。

（7）日本各地の山岳信仰と修験道の諸相に関しては、［鈴木二〇一五c］を参照されたい。

（8）宗教情報センター研究員の藤山みどりの調査に基づく［藤山二〇一五a：七九～八七、藤山二〇一五b：一二〇～一二九］。

（9）役行者が修験道の開祖に祀り上げられたのは鎌倉時代中後期以降で、法然・親鸞・一遍・日蓮などの民衆仏教の祖師重視に対抗する動きであろう。役行者は役優婆塞の尊称で、文献上の初見は、大江匡房「江記」逸文（「御造仏並宸筆御經供養部類記」所収）、白河法皇の寛治六年（一〇九二）の記事かと推定されている。金峯詣での修験練行の和尚の活躍を伝え、埋経の地を「役行者行道之跡」とする［川崎二〇一六：六九～七二］。

（10）宮本袈裟雄が提案した学術用語で、山岳修行を基礎とするが、里に住み着き生活者として暮らしてきた近世修験の実態を史料と現地調査を組み合わせて明確にした業績として再評価されるべきであろう［鈴木二〇二三c：二六三～二七八］。

（11）明治の法令については、『太政類典』国立国会図書館デジタルアーカイブ参照。https://www.digital.archives.go.jp/dajou/

（12）慶應四年閏四月四日付け太政官布告第二八〇号には「今般諸国大之小神社ニオイテ神佛混淆之儀ハ御廃止ニ相成候ニ付社僧之輩ハ還俗上、神主社人等之稱號ニ相傳、神道ヲ以勤仕可候」とあり、「神仏混淆」の廃止で、「神仏分離」ではない。

(13)「敬神愛国ノ旨ヲ体スヘキ事」「天理人道ヲ明ニスヘキ事」「皇上ヲ奉戴シ朝旨ヲ遵守セシムヘキ事」の三条である。

(14)ハーバード大学で哲学を学び、卒業後ボストン美術館に新設された絵画学校に入学した。日本では幅広い学問分野の教育を行った。社会学も日本で初めて大学で講じたとされる。

(15)林淳は、明治維新の宗教政策の時期区分に関しても提言を行っている［林二〇〇九］。

(16)木曽御嶽講や御嶽教の近代に関しては、［中山郁二〇〇七］、富士講の近代に関しては、［城崎二〇一七］を参照されたい。

(17)ミッシェル・ド・セルトーの用語で、権力や制度が秩序を創り出すことを「戦略（strategy）」とし、既成の秩序のなかで隙をつくようにして「なんとかやっていく」民衆的実践を「戦術（tactics）」とした。「戦術」では日常的実践の智慧が活用される［ド・セルトー一九八七：二五〜二六］。

(18)謡曲『三輪』では、玄賓僧都が女人に与えた衣が杉に掛かっていたと語られ、神の影向の杉であったことが示されている。

(19)真宗の本願寺にあてた太政官布告に「先般神祇官御再興神仏判然之御処分…朝廷排仏毀釈コレットムナト」（慶應四年六月二十一日・太政官布告第五〇四号）とあり、「廃仏」ではなく「排仏」であるとして、仏教廃止の流言蜚語を押さえようとした。「排仏論」に関しては［クラウタウ二〇一二：

一九一〜一九六〕参照。
(20)石田梅巌の石門心学の紹介者として知られ、明治三十七年（一九〇四）から大正七年（一九一八）まで、日本弘道会の編集主任として活躍した。
(21)元々「習合」の用語は、吉田兼倶が『唯一神道名法要集』で、神道を本迹縁起神道（伊勢神道）、両部習合神道（密教系神道）、元本宗源神道（吉田神道）に分けて自らの独自性を主張した時に、仏教の影響を強く受けたという意味で「習合」が使用された。
(22)『史学雑誌』第一八編一号、四号、五号、八号、九号、一二号、一九〇七年に掲載。
(23)八幡神は天平十九年（七四七）に大神杜女《おおかみのもりめ》に憑依して陸奥からの産金を託宣し（『宇佐託宣集』）、天平二十年に金が出て天平勝宝元年（七四九）に改元した。同年大神杜女に八幡神が憑依して託宣し、大仏礼拝の為に奈良に上京したという（『続日本紀』）。
(24)村上専精・辻善之助・鷲尾順敬編『明治維新神佛分離史料』上巻、一九二六年、中巻、一九二六年。下巻、一九二七年。続編 上巻、一九二八年。続編 下巻、一九二九年、東方書院。
(25)「近世仏教堕落論」は、辻善之助の提唱とされてきたが、最も古い使用例は圭室文雄の『江戸幕府の宗教統制』だという〔圭室文雄一九七一：二〕。概念や定義を巡る学説史は再考の余地がある〔クラウタウ二〇一二：一八六〜一八七〕。
(26)二分法成立の背景には「宗教」概念の日本での定着があるとみられる。仏教は元々は「仏法」であり、西欧の宗教概念の影響で「仏教」になった。神道は明治三十三年（一九〇〇）に内務省社寺局が宗教局と神道局に分離され、神道局管理下で「非宗教」、国民道徳とするのが政府の公式見解となった。これはキリスト教的な「宗教」観への対抗言説とも言える。

(27) 初詣の初見は、『東京日日新聞』明治十八年(一八八五)正月二日「鉄道」の記事で川崎大師である[平山二〇一五:二八]。

(28) 神道講座の新設は、大正七年(一九一八)の大学令の公布、大正八年(一九一九)の帝国大学令改正による東京帝国大学での文学部の学科としての独立、年度始まりの九月開始から四月開始三月終了への移行など、制度改革と連動していた。神道講座は特定の学科に属さない講座として特別に設置された[遠藤一九九五:一~二]。

(29) 日本青年館の開館記念事業の一環として「郷土舞踊と民謡の會」の公演が行われ、郷土の青年団を東京に呼んで公開する初めての試みとなり、戦後の全国民俗芸能大会に繋がる[鈴木二〇一五b:二四~四三]。

(30) 大正六年(一九一七)には『郷土研究』を休刊している。

(31) 「山伏の木喰は山人の昔を修行形態のなかに再現する」として縄文人の狩猟採集文化に遡らせたり、原始古代の人々の洞窟生活が修験道の「洞窟神聖視」の起源であるという本質主義の言説を生み出した[五来一九八〇:二九九~三〇〇]。

(32) 「神仏習合」を巡る国際シンポジウムもよく開かれ、最近の成果として[ドルチェ&三橋編二〇一三]が刊行されている。奈良国立博物館で平成十九年(二〇〇七)四月から五月にかけて「特別展神仏習合」が開催され図録［奈良国立博物館編二〇〇七］は充実している。ただし、英訳はShinto Gods and Buddhist Deities :Syncretic Faith in Japanese Artsで、神道的な神Godと仏教的な神Deityの用語やシンクレティズムに関しては再検討を要する。神道の概念も安易に使用できない。伊藤聡は神道独自の流派の形成は室町時代の密教系神道の三輪流神道と御流神道が始まりで、仏教から自立した神道は吉田兼倶（一四三五～一五一一）が創始した吉田神道が嚆矢だとする［伊藤二〇二〇：一八～二二］。

（33）複数の宗教文化の接触で生じる信念や実践の融合を宗教学ではシンクレティズム（syncretism 混淆宗教、習合宗教）と呼ぶ。シンクレティズムは、帝政ローマ時代のギリシャ人の歴史家プルタルコス（Plutarchus。一～二世紀）の造語で、二つ以上の宗教の意識的・無意識的な融合現象と定義されるが、異端・不純・非正統性など負のニュアンスがつきまとい中立性を欠く。アラン・グラパール（Allan Grapard）が、興福寺と春日大社の事例を考察して「神仏習合」の英訳を、the complex phenomenon of combinatory interaction between "Kami" and "Hotoke" としたことは、状況に応じて変化する流動性を表わす巧みな表現と言える［Grapard 1992］。ただし、融合を重視して、interactionよりもamalgamationやfusionを使用することを提唱してみた。スリランカやタイなどの上座部仏教圏で展開したBuddhism and the spirit cultの枠組みは、東アジアの大乗仏教圏では融合度が高いため使用は難しい。さらなる議論が必要である。二〇二四年六月三十日には、吉田一彦が主宰する国際シンポジウム「英語と日本語で「神仏習合」を再考する――英語訳をめぐって」

がオンラインで開催された。

第二章　山岳信仰から修験道へ

一　概観

山を信仰の対象とする山岳信仰は世界各地にみられるが、日本の特徴は山頂への登拝が古代以来、長く行われてきたことである。山に登るという実践は、山霊や神仏と交流して練行したり、修行で心身を浄化するなどの信仰の目的や、狩猟や林業を生業とする人々が暮らしの糧を得るために登ることに限られていた。平地の農耕民にとっては山は異界で、立ち入ることは禁忌であった。山岳登拝は徐々に集団で登拝する山岳修行に展開して担い手を拡大し、鎌倉時代中後期以降に修験道と呼ばれる独自の信仰実践を創り出した。修験という語彙は和製漢語で日本の独自性が高い。修験は密教に基づいて山を意味づけ、峰々を縦走する「峯入り」の修行を行い山の霊力を身につける。これを「験力」と呼ぶ。修験は里では「験力」への信頼を得て加持祈禱を行い病気直しや豊作祈願など民衆の願いに応えた。法印や山伏と呼ばれ、「野のカウンセラー」として民衆の生活に深く浸透して定着した。

　他方、山岳登拝は、江戸時代中期以降は、民衆が担い手となって広く展開した。狩猟民、焼畑民、農耕民、漁民、都市民に至るまで幅広い人々が参与した。民衆は講を組織して、社寺参詣や巡礼に繰り出し、山岳登拝も積極的に行うようになった。各地に残る夥しい数の霊山の供養塔や記念碑は当時の熱気を今に伝える。全国の交通網が整備されて旅が容易になったことと、民衆が経済的に豊かになったことが社会的背景にある。物見遊山を兼ねた好奇心も原動力であった。登拝時期には沢山の人々が霊山の麓の宿坊に泊まり、宿坊の御師の祈禱を受けて、その山案内で霊山に登った。修験者を登拝の先達に組み込むことも多かった。江戸時代には、山岳信仰は日常生活の暮らしの中に組み込まれていたのである。

　神仏混淆の山岳信仰や修験道は、慶應四年（明治元年・一八六八。九月八日改元）の三月十七日付けの神祇事務局布達第一六五号と、同年三月二十八日付けの太政官布告第一九六号の「神仏判然令」(1)による神仏分離と廃仏毀釈によって大きく変容した。しかし、民衆の信仰登山は衰えず、鉄道の整備などもあって、戦後も各地の山々では白装束の道者の登拝は続いた（図2―1）。ただし、高度成長期（一九五五～一九七三）の影響は大きく、一九七〇年代以降は、山岳道路が整備され、社会構造や人々の価値観も変わり、登拝講も高齢化して維持が難しくなった。現在では信仰登山は衰退してきた。日本の経済高度成長は、歴史上、稀に見る大変革で人々の暮らしを大きく変えた。

　本章では長い歴史を持つ山岳信仰から修験道への展開を最新の研究成果を踏まえて検討する。民

図２—１　山岳登拝。羽黒修験。撮影＝鈴木正崇

間の山の神信仰から、霊山や修験道まで、山に関わる伝承・縁起・絵図・文書史料、儀礼・芸能・祭りなどを通じて、日本人の想像力や創造性を再発見する試みでもある。

二　信仰の基盤としての風土

日本の国土の四分の三は山や丘陵地で、森林率は七割と高く、雨量も多く河川も変化に富む。日本の風景の基本は山と森と川で、里から程よい距離にあり水源でもある山々に人々は親しみを抱き、人々は山そのものに五穀豊穣、祈雨や止雨を願い、国家泰平、疫病退散を祈った。山麓の人々からは「山に生かされている」という言葉を聞く。山への親しみと畏敬は、山容、巨岩、巨樹、洞窟、森、草原、渓谷、瀧、河川、泉、湿原、湖沼、温泉などに感じられる。山々の四季の移り変わり、新緑・花・紅葉・雪の千変万化が多くの人々をひきつける。他方、日本の多くの山は火山で噴火がしばしば起こり、洪水、山崩、大風などの自然災害で大きな被害を齎して、畏れられる存在でもあった。親しみと畏れを持つ山岳信仰が日本人の暮らしの根底にあった［鈴木二〇一五］。

信仰の担い手は、狩猟採集民、畑作民、水稲耕作民、林業民、河川民、漁業民、都市民など多岐にわたり、社会階層では昔は天皇・上皇・公家・武士から民衆までと幅広く、現在は多くの人に開かれている。山岳信仰は、当初は「山の遥拝」であったが、「山の修行」が始まり、大衆化した「山の登拝」へと展開した。山岳登拝は「禅定」と呼ばれた。禅定とは、サンスクリット語のdhyāna の音写の禅と、その意訳の「定」の合成語で、瞑想して真理を観察し、安定した状態に達することである［中村他編二〇〇二：六二〇］。これに対して山岳信仰の「禅定」は、霊山の登拝の意味で、精進潔斎して罪穢れを祓い清め、山頂に登拝して御来光を拝み神仏に願いを籠めた。神仏の世界に入り込み一体化する修行である。日光修験は峯入りを「禅頂」と呼び、山頂登拝を重視した。仏教用語を独自に読み替えたのである。

「山登り」は信仰や修行を目的とするだけでなく、暮らしの生業を営むために行われた。山は狩猟・採集・林業・農耕などの生業の舞台で、山中で焼畑農耕を行い、アワ・キビ・ヒエ・ソバ・芋を栽培し山菜を採集した。食用に鳥獣も獲る。山は人々に木材や薪炭などの生活必需品や、鉱物などの天然資源を提供した。しかし、前近代では生産維持の資源の宝庫であった山は、近代以後は交通機関の発達で山間僻地として否定的に見られるようになった。

信仰と暮らしの根源は水である。山は水源（水分《みくまり》）で、いのちの糧である水を提供した。地下水は湧水・泉・湿原・湖・瀧・川・温泉となり、人々に恵みを齎し暮らしを支える。熊野の那智では、山を「水蔵《みずくら》」というと聞いたことがある。「大雪は豊作の予兆」という諺は雪が大地に染み込み地下水となって水の恵みが保証されるからである。森と川と海は繋がっている。湧水は田畑の生産力を高めるだけでなく、海底湧水となって魚貝類をはじめ海の幸を育てる。東北地方では、秋になると鮭が海から故里の川を遡り産卵していのちを終えるが、稚魚は再び海に向かい新たな生を営み始める。山と海を巡っての「いのち」の循環が繰り広げられてきた。

日本の四季の移り変わりの風景も山岳信仰と深く関わっている。風景は視覚を通じて多義的な意味を喚起させて集合的記憶として堆積させる。白雪に埋もれる山が、春の雪解け時には一斉に木々が芽吹き花が咲き、夏には青々とした森と草原の山となり、秋には紅葉に燃え、再び雪の中で死の世界に閉ざされる。四季の移り行きを見ていると、山が「死と再生」を繰り返すことを体感する。根底には山を「いのち」を育む「母なる山」、生命体と見て、生きた大地とする感覚がある。山は「生きている」。山は自然と人間との「いのち」の交感の場となった。

しかし、山は時には土砂崩れや大洪水、火山の噴火など様々の災いを引き起こし、畏れと恐怖の対象でもあった。山は水の恵みを齎す「いのち」の源泉であるだけでなく、人智を越えた巨大な「ちから」を持つ。人々は「いのち」と「ちから」が遍在する大自然の中に人智を越えたものを感じ取り、それをカミと呼んだ。カミとは木、石、泉などに宿り、特定の名前を持たず、タマ、モノ、オニとも連続性・相互転換がある。神社に祀られ職能者が儀礼で祭り祭神名も定められていく「神」とカミとは区別する［岩田一九七九：二二三］。カミには親しみと畏敬を感じ、拝所は景観の中に溶け込み「あるべき場所にある」。山の至る所に小祠や小堂があるが、根底にあるのは「場所の力」である。自然は人間の感情に働きかけて五感を目覚めさせ、心を修復（resilience）する力をもたらす。山のカミの多くは生産を掌る女性である。

日本人の心を育んだのは変化に富む山であり、思想や哲学、祭りや芸能、演劇や音楽、美術や工芸などの多彩な展開に大きな役割を果たしてきた。そして、山岳信仰は仏教と融合して多彩な展開をみせた。山が「結節点」となって外来信仰の仏教が日本に根付いたとも言える。山に意味付けが加わり、神霊が降臨し鎮まる山、神仏の顕現としての山、仏菩薩の居ます山、死者の霊が赴く山など多様に意味付けられてきた。人々は神と仏が出会う場である山との共感を通して、日々の生活を見つめ直し、新たな生き方を発見した。山は記憶の中の「原風景」となり想像と創造の場として機能してきたのである。

三　信仰の根源にあるもの

山岳信仰の根源にあるものとは何か。簡潔にまとめて以下の五つに整理してみた。

第一は「水の源泉」、水分《みくまり》の山で、山が齎す水がモノを育むことが信仰の大きな要因であった。

山は「いのちの源泉」で生活の糧を齎した。山の神霊の多くは生産を掌る女神で、山はモノを生み出す「母なる山」「生命体」とされ、人体に見立てられた。女性の生み育てる力に願いを寄せ、山中では性的な儀礼で豊穣多産を祈る。阿仁では一人前の猟師になるために、山中の小屋でクライドリという男根を露出させて囃すイニシエーションの儀礼を行って女神を喜ばせたという［千葉一九八三：五六〜六七］。山の神の祭りには男根状の木や石棒を奉納し、男女二体の人形の擬似交合を行う習俗が小正月の行事に顕著である。

第二は「資源の宝庫」で、食料用の動物（猪・鹿・熊・兎・貂・鼬・猿・狸など）、山菜のワラビやゼンマイ、キノコやクルミ、薬草、薪炭や建材用の木々、鉱物（金・銀・鉄・水銀）など、豊富な山の恵みは山の神からの授り物とされる。山は食物だけでなく、生活用具の原材料を提供した。生業を支える山の神へは強い信頼を寄せた。狩猟は危険が伴うので、事前に精進潔斎や別火を行い、山中では歌をうたうな、口笛を吹くな、「山言葉」を必ず使うなど多くの禁忌を課せられた。越後奥三面では山中では、狩猟の開祖とされる山崎伊豆守が伝えたという「法事《ほうごと》」の順守が不文律であった。胎蔵界大日の真言のアビラウンケンを唱えるなど修験の関与も推定される。狩猟民の山の神信仰は強く、生産や豊穣に関わる性を強調する儀礼が豊富である(2)。不猟の時は女神を喜ばせるために男根を露出したり、醜いオコゼを見せて、醜いとされる山の女神よりも更に醜いものを見せて安心させた。山の神は東日本や中部日本では一年に十二人の子供を産む豊穣多産の神とされ、十二様と尊称して、十二月十二日を祭日とする処も多い。山は生きていくための生活の場であった。

第三は「聖性を帯びた景観」である。多様性に富む山容や、四季折々の山の変化、山中の巨木、巨岩、瀧、激流、湧水、泉、池、湿原などの景観が人々を魅了して、自ずから聖性を帯びる。山岳景観は、端正、秀麗、峩々、美麗などと表現され、「心の中の景観」として精神的な支えとなる。山は自然との交流による暮らしの「原風景」となり、石川啄木の岩手山のように「ふるさとの山」として心に留められる。山での神秘的な体験と実感の累積で醸成される、聖性を帯びた景観の独特の心地よさが山岳信仰の基礎をなす。

第四は「死者の魂が鎮まる所」で、民俗学者は「山中他界観」と呼ぶ。人が亡くなると、死者の魂は近くの山の上に登り、子孫の暮らしを見守り続ける。春と秋の彼岸や、盆には家に戻ってきて、歓待されて子孫と交流し、再び山に帰っていく。死霊は供養を受けて次第に清められ、「低い山」から「高い山」に登っていく。死者の霊はカミとなる。山の神は春に里に下って田の神となって農耕を守護し、秋に山に戻って山の神になるという信仰も各地にあり、山の神は死者の霊と混淆し祖霊となって子孫を見守る。生者と死者は長く交流し続けて記憶に留められる。

第五は「異界」や「他界」である。山は神霊の領分であり、「境界」を越えた彼方の場所とも言える。人間の生活空間の「外部」にあって、神霊だけでなく異類・異形の天狗や魔物、鬼や化け物がいて両義性を帯びる。疱瘡神などの疫病の原因は、「外部」の悪霊の仕業や障りとされ、祓い防御し、紙垂《しで》や人形や切り紙で対抗する。異界からは「境界の時間」に仮面をつけた神霊が出現して境界を越境し、来訪神、マレビトとなって人間界を訪れ、富や幸せを齎して再び元の場所へ戻っていく。仮面は異界の力を体現して現前化させる。異界としての山と共に生き交流することで、秩序の在り方を定期的に再構築してきた［小松二〇〇三、二〇一八］。「境界」には禁忌が伴うが、現代社会は禁忌を破却・忘却して過去との連続性を喪失した。

山々にいる神霊は一般に「山の神」と呼ばれる。山の神に関しては、ネリー・ナウマンが農耕神と狩猟神の違いを論じた。狩猟民の山の神は、「動物の主」「山の主」「樹木霊」などの特性を持ち、獲物を齎す生産神で血の穢れを忌まず、動物供犠も受け入れる。農耕民の山の神は、作神の性格が強く血の穢れを忌み、山海の供物を捧げ祀る［ナウマン一九九四：三一～九九］。猟師は山の神のお産を手伝ったので血を忌むこともなく殺生を許されて、山の神の守護を受けて獲物を恵んでもらえるという伝承もある。東北地方の猟師の多くは『山立根本巻《やまだちこんぽんのまき》』（図2―2）という秘伝の巻物を持ち歩く。狩人の先祖が日光権現からの要請に応えて、赤城山との争いに功をあげたので、御礼として全国での狩猟の許しを得た証とされる由緒書である［佐々木一九九八］。佐々木喜善が遠野の上閉伊郡宮守村のマタギ阿部家で採集した『山立由来記』も日光権現の由来を説く。柳田國男が『神を助けた話』で狩猟民の世界観を明らかにした［柳田一九六九（一九二〇）］。他方、高野山開山に狩人が貢献したので狩猟の殺生は罪にならないと説く『山立秘巻』などもあり、日光派に対して高野派と呼ばれる。マタギ（青森・岩手・秋田の猟師）には日光派が多い。猟師は秘書を護符のように持参して狩りをした。生業の違いが異なる神観念を生み出す。狩猟そのものが儀礼のようであった。狩猟民と農耕民の山の神の差異は明確である。

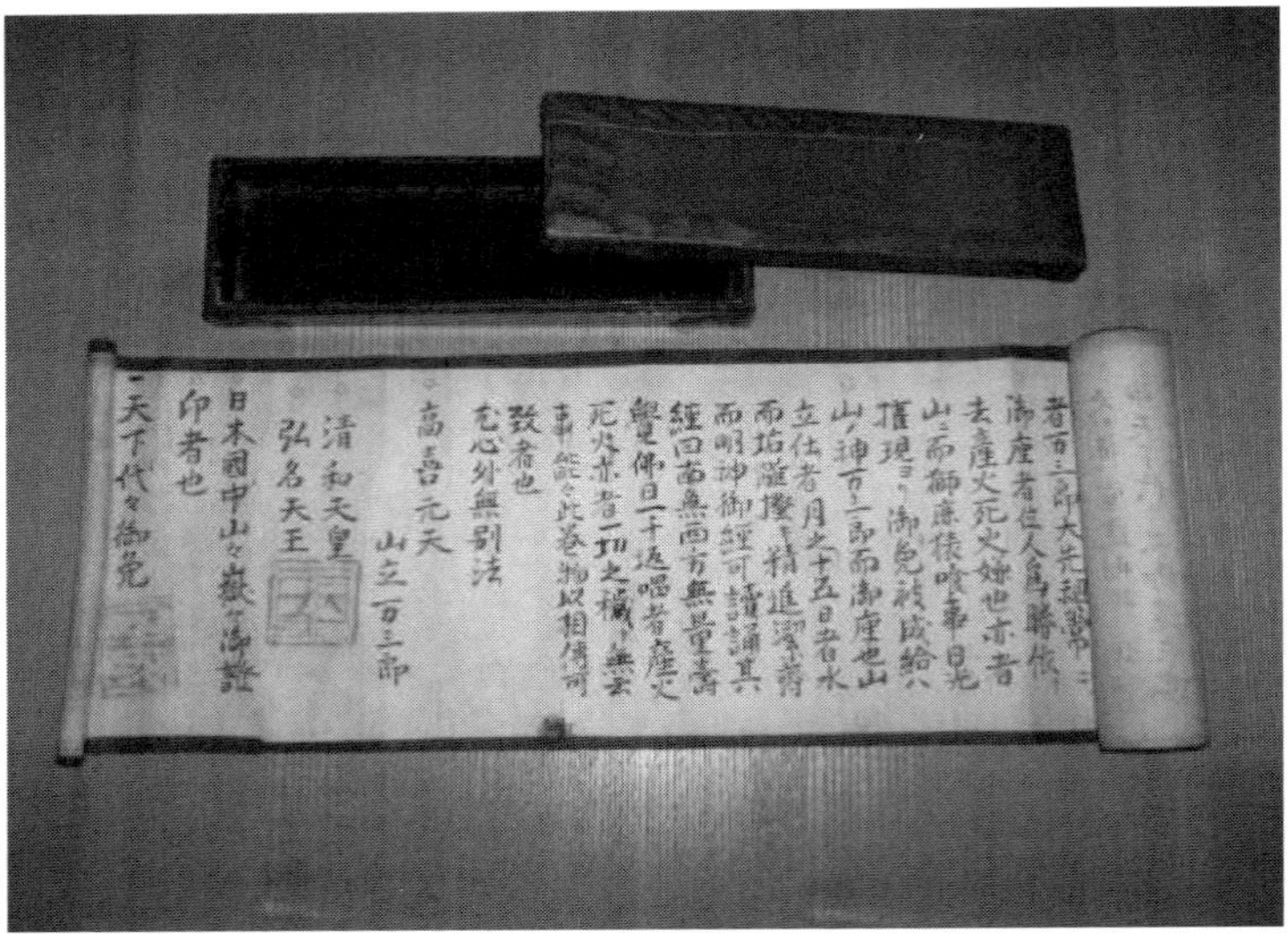

図2―2　『山立由来記』。青森県立郷土館蔵

山の神の性格は多様である(3)。椎葉村向山日添の椎葉クニ子さんは山の神との繊細な付き合いを語っていた。「山の神は女じゃといいますね。それでこちらでは山婆女《やまばばじょ》と呼ぶが、山の神様は川では水神様にもなるそうですよ」「一月と五月、九月の十六日には山に入らないで、集まって山の神を祭っております。この日山に入ると〝かぜに遭う〟というが、どこか調子が悪くなる」「昔は、山に入ったら山の神を脅《おどろ》かさんように注意しておったですよ。特に、山に着いたからいうて、急に鉈を打ち込んだら、神様がびっくりして木から落ちたりするそうですよ。びっくりさせんように〝息繕い《いきづくりえ》〟（せきばらい）いした…人が来ることを知らせてから鉈を入れたり何でもしよったです

がねえ」「〝正、五、九月はきらい月〟いうて、嫁取りなんかはせんかった。昔は修験者《げんじゃ》にたのんで家祓いをしてもらう人もありました」「山には、神様だけじゃなく、鬼や化け物も居りますよ。山女《やまおなご》っちいうとも居るそうですが、山女は悪さをするようですから気を付けて下さい」［佐々木・椎葉 一九九八：六六～六七］。こうした多様な言説を考慮し、広く機能分化（functional differentiation）の観点から考察して、水神、生業神、祖霊神、動物霊、鬼、使役霊の六つに大別して考えてみた。

①水神。山岳信仰の根底にある水への信仰は広く共通性を持つ。水神は龍神にも女神にも展開した。山は水源に位置し、湧水や河川はいのちの源泉の水を恵む。山はものを生み出す生命体であり、九頭龍や蛇形など龍蛇にも擬す。山の神の多くは女神である。

②生業神。山の神は機能分化して生業の守護神に転化する。田の神、森神、狩猟神、漁撈神、金属神、温泉神などになる。担い手の狩猟採集民、焼畑耕作民、水稲農耕民、鉱山師、職人、漁民、都市民などの願いに合わせて多元的に機能を分化する。

③祖霊神。血縁を基礎に置いて社会組織を統合し祖霊として祀られる。イエを基盤に血縁者の死霊や祖先を祀る。田の神と山の神の交替が説かれ、お盆と春秋の彼岸には祖先と子孫が交流する。山に集まる死霊は清められて山の神になるとも説かれる。

④動物霊。山の野生の力を体現し、神霊のお使い、使役霊、眷属となり、善悪の両義性を持つ。狼、狐、鹿、鳩、烏、鷹、猿、熊、蛇、龍、鬼、天狗、イズナなどになる。僧侶や猟師を仏菩薩との

対面や帰依に導き、山岳信仰と仏教を結び付ける開山伝承に展開する。神霊のお使いとして、牛玉寶印に文字の図案として組み込まれて護符になる。

⑤鬼。山中の荒ぶる霊で可視化・擬人化・形象化されて異類・異形となる。節分の鬼は悪い鬼に変化したが、鬼は善なるカミでもある。奥三河の花祭の榊鬼は山神の化身で宝物や幸を齎す。国東の修正鬼会の鬼は善鬼で、黒鬼は国東の開山の仁聞《にんもん》菩薩の化身で不動明王、赤鬼は宇佐の神宮寺の法蓮《ほうれん》上人の化身で愛染明王とされ、正月の来訪神の様相も持つ。鬼神と表現して両義性を表す。鬼と天狗は相互転換する。室町時代以降は天狗は修験者を指す言葉にもなった。鬼は山での生活者の山人も意味する。

⑥使役霊。眷属・童子・護法・式神などをいう。山中の霊は仏教の影響を受けて眷属として従属する。荒ぶるカミは、荒神として守護神に組み込まれる。修験道では金剛童子や護法童子などの童形の使役霊となり、陰陽道では式神に展開した。四国のいざなぎ流の式王子は修験道と陰陽道双方の影響がある。使役霊は呪詛などの反社会的な呪術・祈禱・法術に使われ、憑物筋の動物霊として差別を助長させた。

山の神の性格や機能は、山についての見方、山岳観の変化と連動する。山は仏教化が進むと、仏菩薩の清浄地・浄土・地獄・曼荼羅とされ、神仙思想の影響で不老不死の仙境・仙人の修行場とされた。修験道は山中胎内観・擬死再生の場を強調し、神道では神の降臨・顕現・鎮座する霊地とされる。近代神道では「神体山」が使われるが明治四年（一八七一）以降の造語である。民間信仰では山は死霊や祖霊の赴く他界、魔物の棲む場所と観念される。

山は、他界、異界、あの世、清浄地で、仏、菩薩、神、カミ、死霊、祖霊、祖先などの居地とされる一方、魔物、山姥、山爺、天狗、山人など「異人」が跳梁跋扈する世界でもあった。山と里の境界は、この世とあの世との境界と重なる。三途の川が流れ、賽の河原があり、奪衣婆、姥神、地蔵、阿弥陀、道祖神などが祀られる。登拝道には、注連掛《しめかけ》、祓川、祓堂、禊所、不浄など(4)、潔斎や水垢離で心身を清める境界の場所がある。精進潔斎の後、「慚愧懺悔《ざんぎざんげ》、六根清浄」と唱えて登る。山は「清浄地」「浄処」で神仏は穢れを忌む。境界にあたる橋・坂・峠・辻、山中の拝所では祭りや勤行を行う。神送りや虫送りの場でもある。仏教の影響で清浄地を確定するために結界が設定された。山の禁忌に基づく境界が結界になったのである。

山の遥拝から登拝への移行に伴って、石や木や泉などを祀る山中の聖地に、祠や宮や社が建てられていった。大きな生成の原理には、二分観と三分観がある。山麓の里宮に対して山上の山宮という二分観は一般的だが、山麓・中腹・山頂に三社三宮が構成される場合もあり、三分観と呼ぶことにする。三分観の事例としては、九州の彦山・宝満山・求菩提山の下宮・中宮・上宮(5)、白山の本宮・中宮・奥宮、石鎚山の口之宮（本社）・中宮（成就社）・奥宮（頂上社）、立山の岩峅寺（前立社壇）・中宮芦峅寺（中宮祈願殿）・雄山（峯本社）、吉野・大峯の山下蔵王堂・中院安禅寺蔵王堂・山上蔵王堂などが挙げられる。結界は寺社や山の清浄性を保つために設けられた境界だが、次第に女人結界を強調するようになった。例えば、日光の二荒山（男体山）登拝の拠点は中禅寺湖畔の中宮祠で女人結界、富士山の大宮口も中宮八幡堂が女人結界で、中宮も境界認識が顕在化する場所で女人結界が設けられることが多かった。五来重は中宮を重視し、修験の山には「三宮三院制」があり、開創は中宮から始まるという説を唱えたが［五来二〇〇八：四〇〇～四〇二］、三宮三院は必ずしも修験の特色とは言えないし中宮創始説も実証されていない。明治の神仏分離によって、山岳信仰の祭場の多くは神社に再編成され、境界認識も再構築されることになった。

四　生と死が交錯する山

民衆にとって山はどのように考えられてきたか。第一は「死」との結びつき、第二は「生」との結びつきである。第一の「死」との結びつきでは、日本各地の民俗語彙に注目したい。山には死の連想が伴っている。山は葬送の隠喩であった。葬儀を地域社会が担当していた頃、山は葬儀用語と結合し、墓地を山、埋葬を山仕事や山揃え、墓穴掘りを山ゴシレ、ヤマシ、山イキと呼び、墓穴掘り人を山ンヒト、屍用の莫蓙を山ゴザと呼ぶ地方もあった。愛知県東部では火葬をヤマジマイ、香川県では火葬番への差入れを山見舞い、高知市では出棺時に山行きという［柳田編一九七五］。下北半島の村々では「死ねば、オヤマさ行ぐ」と言われ、恐山に死者の霊が集まるとされた。平成二十三年（二〇一一）の東日本大震災が発生した日の夜、田名部の人の中には、夜、外が騒がしいので、扉を開けてみたら誰もいなかったという話が伝わる。津波で流された人の霊が、仏ケ浦から上がって恐山を目指していたのだと噂したという。同年夏の恐山の地蔵大祭が地蔵盆の行事として七月二十日から二十四日に行われ、残り少ないイタコに死者の口寄せを依頼して涙する人が多かった。平成二十四年（二〇一二）には大震災の供養塔が湖畔に建てられて供養が継続している（図2―3）。

日本各地には、死者の霊が集まる山が点在する。山形県鶴岡市清水では祖先供養の盆行事の後に、「モリノヤマ」と呼ばれる三森山に登り、モリ供養やモリ詣りと称して死者供養をする。モリには亡霊の意味もある。三森山は里近い所にあるハヤマ（端山・葉山・羽山）で死者の魂が集まる山である。地蔵盆の八月二十二日と二十三日に死者の遺品を持って登り、供物をあげて供養する。一年以内に亡くなった新盆の場合は必ず登って供養する。山中では亡くなった人と似た人に出会うという。施餓鬼法要が行われ、花水・茶湯を手向けて無縁仏の成仏を願う。三十三回忌を経ると霊は清められて、高い山、月山に登って鎮まるとされ、赤い梵天は死者の霊を月山に送り届ける鳥に喩えられる。供養の後は、ヤッコと呼ばれる餓鬼に喩えられる子供達に喜捨して回向する。

図2―3　恐山。東日本大震災慰霊地蔵菩薩像。撮影＝鈴木正崇

図2—4　羽黒山霊祭殿前の死者供養。撮影＝鈴木正崇

地蔵盆の時以外は三森山には登らない。死霊に取り憑かれるとか凶事が起こるという。昭和初期までは「両親が存命中の者は登ってはならない」など厳格な禁忌があった。三森山には自殺者や溺死者など異常死を遂げた亡霊が集まるとされ、物品は山から持ち帰らない。山を守護するのは姥神で、普段は里に安置している姥神像を、地蔵盆に先立って村の未婚の若者が山麓から山上に担ぎ上げて安置する。地蔵盆の間は山上で祀られていた姥神像は、再び若者によって担ぎ下ろされる。この役を務めると早く嫁がもらえると言う。死者供養と山の神信仰は共存する(6)。

出羽三山の一つの羽黒山もハヤマで、黒い森と合わさった合成語と思われる。死者の霊が集まる山頂の出羽三山神社霊祭殿（昭和五十八年・一九八三。再建）では御霊《みたま》供養を行う。現在は神社だが神道風に霊祭と呼んで死者供養は継続している（図2—4）。月山はかつては山頂の御室《おむろ》に十三仏が祀られていた。

お盆の七月十三日に山上で焚かれる柴燈に合わせて、途中の小屋が火をともし、山麓の人々は一斉に迎え火を焚いたという。先祖は山から下りてきて子孫の家に迎え入れられた。湯殿山では岩供養と称して死者の戒名の紙を湯の流れる岩に貼って成仏を願う。秋田県の道者には、歯骨を月山の東補陀落に納める習俗もあったという［大川一九八四：六九］。山寺立石寺も、岩壁に岩塔婆を刻み浄土往生を願った。関東地方では、相模大山は、茶湯供養と称して、死者が亡くなって百一日目に茶湯寺に参詣すると、行き帰りの道筋で亡くなった死者と似た人に会えるといわれる。関西では伊勢の朝熊山は死後四十九日にタケマイリとして、死者を供養して巨大な塔婆を立てて供養する。高野山は平安時代中期以来の死者供養の山で日本の総菩提所とも称される。死後四十九日に歯骨を奥之院に納める。土葬の時代は死者の髪の毛を左右一つずつ切り取り、一方は檀那寺の詣り墓へ、他方を高野山に納めてこれを「お骨」といった。山上納骨の意識が強い。山中他界観が根底にあり、死者を高野山に連れていくという意識もある。

現在は仏教寺院の全てに山号があり、山と寺と葬式の結びつきが強い。ただし、寺院が最初から葬式に関わっていたわけではなく死穢を忌避していた。中世以降は寺が死者供養の場に変わっていった。寺に山号をつける慣行は中世以降で、鎌倉時代の五山の禅宗寺院に始まり、室町時代の五山の整備以降に定着したと推定されている。南北朝時代から室町時代に年忌供養が十王思想に基づく十仏事から十三仏事に変わり、弔い上げが三十三回忌まで延びて寺院と葬儀の関わりが強まり長期化した［圭室諦成一九六三：一七一］(7)。時代背景として、戦国時代に僧侶が戦争の場に従軍僧として加わり、時衆を中心に死者供養に特化したことの影響もある。江戸時代には、寛永年間（一六二四〜一六四四）のキリシタン禁制、寛文年間（一六六一〜一六七三）に宗門人別帳の作成で、寺請制度が整備され［圭室文雄一九七一：四七〜八九。大桑一九七九：九八〜九九］、仏教寺院が戸籍管理と死者供養を行い、イエ単位の葬儀・供養の滅罪寺院に特化して、死者供養は寺院の専門業のようになって現在に至る。

　第二は「生」との結びつきである。民衆は、いのちの源泉の水や、生産の恵みをもたらす山に対して、五穀豊穣、風調雨順、身体堅固、家内安全、子孫繁栄、無病息災、現世安穏など現世利益の願いを託し、山は「生」を支える精神的基盤となってきた。大きな転換は十七世紀以降で、講（voluntary association）の活発化である。特に登拝講が山との付き合い方を変え、山は再生や蘇りの実践の場となった。木曽《きそ》御嶽《おんたけ》講、出羽三山の三山講や奥州講、山上ケ岳への大峯講や行者講、武蔵の御嶽講《みたけこう》、相模の大山講《おおやまこう》、三峯講、榛名講などが組織され、伊勢講や金毘羅講も出現した。若者が数えで十五歳頃になると、成人になる証しとして登拝を義務付ける地域も現れ、月山・大山・立山・山上ケ岳・彦山などの「御山参り」がイニシエーションとして定着した。日本各地に残る山岳登拝の供養碑や記念碑はかつての盛んな様相を伝える（図2—5）。登拝講は村や町から外へ向かう遠心的な「外部への講」で、推進力は代参講にあった。費用を講員が積み立てて、代表者が登拝して配札を受ける方式が登拝講を安定化させて、民衆の「物見遊山」という好奇心や遊びの精神を活性化させた。街道や宿場も整備され旅を後押しした。他方、村内の結束を固める求心的な「内部

図２―５　湯殿山碑と飯豊山碑。山形県白鷹町。撮影＝鈴木正崇

の講」は庚申講や観音講や頼母子講など、信仰・経済・相互扶助などを目的に組織され、定期的に集まって共同飲食で交流し相互の絆を強めた。地縁結合を基礎とする「内部の講」と間地域的な「外部への講」への「多重帰属」で、人々は日常生活を安定化したのである。

登拝講の隆盛は、霊山や霊場を大きく変えた。霊山の山麓の院坊は講が宿泊する宿坊となり、登拝者（道者）の宿泊・祈禱・山先達などを務める御師という専門職が発生した。宿坊は宿泊・接待の場となり、都市と結びつき商業活動に参画することになった。先達には修験や行者も加わり、儀礼も整えられ、登拝に先立ち、川や瀧で精進潔斎して身を清め、白装束など行衣に身を包み、菅笠を被り、草鞋をはき、金剛杖をつき、「サーンゲサンゲ（懺悔懺悔）、ロッコンショウジョウ（六根清浄）」の掛け念仏を唱えて、拝所で祈禱しつつ登り、罪障消滅が願われた。山では岩の割れ目を潜り抜ける「胎内潜り」が行われ、擬死再生や生まれかわりが強調される。生と死が同居し、交錯する山という認識が、多くの民衆に共有されるようになった。登拝講の大衆化で様々の儀礼や思想が整えられ、経済活動の上昇と共に、近世の山岳信仰の隆盛がもたらされたのである。

五　ヤマ・タケ・ミネ・モリ

山はどのように呼ばれ、どんな名称がつけられたのだろうか。各地の名称のうち、ヤマ・タケ・ミネ・モリの四つを取り上げて特徴を考えてみた。

①ヤマ

隆起した地塊、高山、低山、山稜などを指す。各地のヤマの祭りは多様だが、山仕事の従事者は、作業開始前に山の神を祀るのが通例で、祭日は一月七日と十一月七日が多い。トンネル工事も同様で作業開始にあたって山の神を祀る。ヤマの主峰は尊称をつけて御山（おやま、みやま）と呼ばれる。ヤマはセンに展開すると、御山はミセンとも読めるので、弥山（須弥山）と解釈され、仏教的世界観の宇宙の中心の山に擬する。民俗の仏教化の事例と言える。大峯山には飛来峯伝説が生まれ、『吏部王記《りほうおうき》』（十世紀）は中国から、『諸山縁起』（十二世紀）は仏生国から、『金峯山秘密傳』（十三世紀）はインドの霊鷲山の巽角からの飛来を説く。『大山寺縁起』（応永五年・一三九八）によれば伯耆大山は、兜率天の角が欠けて落ちた石が地上に落ち、三つに割れて熊野山、金峯山、大山になり、伯耆大山は角磐山《かくばんざん》と名づけられたという。天竺・震旦・本朝と辿る「仏教的三国世界観」によって、粟散辺土《ぞくさんへんど》の日本が仏教の栄える地と説かれ、大峯山が世界の中心に変貌する。

②タケ（嶽）

高くて大きい山、険しい山、奥山を指す呼称であることが多い。尊称である御嶽《みたけ》は日本各地にあるが、元々は金御嶽《かねのみたけ》と呼ばれた吉野山が発祥の地で、次第に奥の山上ケ岳が金峯山の名称で呼ばれ修験道の隆盛と共に各地に広がった。国ごとに国御嶽が設定され、国の中心の「国峯」修行場として大峯写しの拝所が整備され、修験道の儀礼や思想が各地に浸透していった。武蔵御嶽山や相模大山など各地に御嶽山がある。但し、木曽御嶽山はオンタケで、古名は王嶽《おうのたけ》と呼ばれ、王御嶽《おうのみたけ》から御嶽《おんたけ》となった。山岳登拝はタケマイリという。朝熊山《あさまやま》では死者供養を意味した。屋久島のタケマイリは、村の代表者が海岸でとった浜の砂を山頂の宮之浦嶽に奉納して五穀豊穣や健康祈願をする。対馬の仁位では、七タケ（嶽）、七フチ（川）、七シゲ（森）を祀り、霜月初酉日に七タケの最上位の大嶽に登って天道を祀る［鈴木二〇〇四：一三六］。他方、沖縄では、熊野信仰の伝播で聖地が大和に倣って御嶽（うたき）の名称で呼ばれるようになった。山名に用いる漢字は山冠のつく「嶽」の表記にして山を尊崇する。

③ミネ（峯、嶺）

ヤマはミネとも呼ばれる。修験は山の連なりとしての峯を重視して尾根筋を忠実にたどる峯入り修行を行い、曼荼羅の山々を縦走して踏破した。入峯ともいう。比叡山では峰々を巡ることを巡礼といい、回峯の用語は寛永年間に現れる(8)。千日回峯行は極限形態である。ミは尊称で「御」をあて、ミネは山冠の漢字表記の「峯」や「嶺」を使う。いずれも山を尊崇する意識の現れである。月山では山頂の西の磐座を「御峯《おみね》」と称して夕日を拝み阿弥陀の来迎を体感する。季節ごとに山の神霊は招かれてミネ（峯）からサト（里）へと下りてくる。毎年十一月の遠山霜月祭の湯立神楽の神歌では、「冬くると 誰が告げつら 北国の 時雨の雲に 乗りてましますノ」「峯は雪 夜中はあられ 里は雨 谷は氷の 八重がさね」と、ミネからやってくるカミの来訪が目に見えるように歌われている。

④モリ（森）

樹木の繁った森の山を意味する。黒森のように特別な意味を籠めた神聖視される森もある。漢字では森は杜に通じ、神社の意味に転換し、鎮守の森はなじみ深くなっている。他方、庄内地方に展開する「モリノヤマ」ではモリ供養という死者供養に展開する。ヤマはタケの基層にあり、ヤマとサト、ヤマとウミ、ミヤマとハヤマ（端山）のような対概念を生み出す。

村落の空間構成は、ヤマ（山林）—ノラ（田畑）—ムラ（集落）という同心円の構成を想定できる。平地民である農耕民からの認識では、ムラは中心、ヤマは周縁、ノラは境界にあたる。この場合、山は「外部」ではなく「周縁」である。他方、山地民にとっては、山地は生活の舞台で、「中心」はヤマ、平地は「周縁」であり、ヤマは異界の様相を薄めることになる。かつて焼畑で生活していた白山山麓の山村の人々は、生活の場所をヤマと呼んだ。越後奥三面《おくみおもて》の村人は、自らをヤマドやヤマビト（山人）と称し、「山、山、山……。幾多の恩恵、心の支え……山しかねぇな、山の暮らししかねぇなぁ」と語っていた。(9) 山を生きる場としていた人々の智慧に学ぶことは多い。生業の主要な場をどこに置くかでヤマに関する認識は変化する。

日本の各地の山々の名称を見ていくと圧倒的に「仏の山」が多い。明治の神仏分離も山の名称を変えることは出来なかった。薬師岳、観音岳、地蔵岳、阿弥陀岳、普賢岳、文殊岳、大日岳、釈迦岳、経ケ岳、法華岳、聖岳、行者ケ岳、毘沙門山、虚空蔵山、弥山、妙高山、不動山、極楽山、浄土山、金剛山、蔵王山、求菩提《くぼて》山、迦葉山、至仏山、大菩薩嶺、菩提山、妙法山、権現山、御嶽山、愛宕山、摩耶山、僧ケ岳、妙見山などがある。他方、「神の山」には神山、荒神山、皆神山、神明山、龍神山、両神山、明神ケ岳、瑞牆山、神室山、八幡山、稲荷山などがある。「神仙の山」は、仙人岳、不老山、蓬莱山、鳳凰山などである。自然現象に因む山名は、月山、日山、朝日岳、日光山、明星ケ嶽、星居山、光嶽、霧ケ峰などがある。白馬岳、駒ケ岳、栗駒山、農鳥岳、巌鷲山、常念岳などは、雪形を農作業の目安にする山名である。白馬岳は元来は「代馬岳」で山に「代掻き馬」の雪形が現れるのを農耕開始の知らせとする名称であったが、代馬が白馬と表記され、「しろうま」「はくば」に変わった。常念岳は、常念坊が種を蒔く姿の雪形が現れるのを農作業の指標に

図2—6　常念岳。種蒔き爺の雪形が現れる。撮影＝鈴木正崇

した（図2—6）。

明治政府は、神仏分離政策によって、千年以上も継続してきた神仏融合や神仏習合を否定し、仏菩薩を本地、日本の神を垂迹とする神仏一体の本地垂迹に基づく権現号を禁止し、仏を祀る神社から仏像を除去して、本地堂や神宮寺など神仏融合の寺を廃絶に追い込んだ。多くの仏堂が破却され、仏像が破壊され燃やされるなど廃仏毀釈の嵐が吹き荒れた。寺院から神社に転換した社の祭神には、『古事記』（七一二年）や『日本書紀』（七二〇年）に記載される神々や、『延喜式』「神名帳」（九二七年）に記載される祭神を充当させた。神社は、天照大神を頂点とする皇統譜を基準にして祭神が序列化され、官幣社・国幣社[10]などの社格制度が導入されたのである。神社の祭神名にこだわりを持たなかった民衆の意識を大

きく変えた。しかし、日本に数多い山名を全て神道化することは出来なかった。「仏の山」に限らず、弥陀ヶ原や地獄谷など仏教由来の地名は各地に数多く残り続けている。

山の信仰と仏教が結合し日本文化は多様に展開した。ヤマは神と仏、カミとホトケの出会う場であった。寂静の修行地とされた山での仏教の実践が、山林修行→山林寺院→山岳寺院→山岳仏教へと展開して「日本仏教」の拠点になっていった。最澄が延暦二十五年（八〇六）に開創した比叡山延暦寺と、空海が弘仁七年（八一六）に開創した高野山金剛峯寺が、その後長く「日本仏教」の拠点となった。日本では、山岳信仰を基盤とした「日本仏教」が展開して、神仏融合・神仏混淆が千年以上にわたって継続してきた。最澄や空海という宗祖の教義や思想は、融通無碍な山岳信仰に支えられ、数多くの民衆との接点を作り出したのである。

六　聖域観の変遷と開山伝承

聖域としての山は変化していった。奈良時代末期の様相を伝える『日本霊異記』には私度僧の優婆塞の山岳登拝が語られている。聖域観は禁足地の山に敢えて登拝する人々が現れることで変化した。日本各地の山々には、初めて登拝した人々に関する言い伝えが残る。これを「開山伝承」とする。僧侶・私度僧・行者・狩人などが山に登って聖域に踏み込み神仏と出会い、仏法に帰依し神に仕え祀り、祠や社や寺を創建したと伝える。開山伝承では狩人が大きな働きをする。五来重は狩人を主体として二つのタイプに分けた。第一は、立山や伯耆大山の伝承が典型で、狩人が熊や狼を追って山に入り、矢を射ると阿弥陀や地蔵が姿を現す。仏菩薩は獲物が化生したもので、元々は山神である。狩人は仏に帰依して祭祀者となる。第二は、高野山の伝承が典型で、弘法大師が山に入った時、狩人の「南山の犬飼」が導き手となって山の女神の丹生津比売命《にうつひめのみこと》から土地を譲り受け、狩人の始祖と山神が共に地主神として御社山に祀られ、狩人の子孫が祭祀者となるとした［五来二〇〇八：一三三〜一三四］。(11) 狩人の山岳信仰が地下水脈として修験道に流れ込んだ可能性はある。羽黒修験の秋峯修行で使う「山言葉」にはマタギの「山言葉」と同じ語彙が使われている。

開山者の名前と開山の年号を伝えるのが開山伝承の特色で、開山年は白鳳時代（七世紀後半）や奈良時代（八世紀）に設定されて史実に仮託されている。開山伝承は「開山縁起」に展開し各地の山岳信仰の創始を権威付けた。歴史家は開山年は偽年号として認めないが、史実の反映もあるのではないか。聖域観に大きな変化を齎したのは仏教の伝来である。仏教公伝の記録は、『元興寺伽藍縁起并流記資財帳』や『上宮聖徳法王帝説』では宣化天皇三年（五三八）、『日本書紀』では欽明天皇十三年（五五二）で、(12) 六世紀前半の伝来は確実とみられる。七世紀には明日香の王都に寺院が建立され仏教を主軸とする鎮護国家への道を歩み始めた。国家護持の根拠を仏教に求めたのである。他方、仏教は寂静の地の山を「清浄地」として、戒律を守る浄行僧が山で修行を行う慣行が広まった。七世紀後半以降には、山林寺院が創建され［時枝二〇一八：一五］、山の地主神が勧請されるなど、山岳信仰と仏教の融合が進んでいった。

図２―７　黄金仏。山上ケ岳出土。平安時代。大峯山寺蔵。奈良県立橿原考古学研究所提供

山頂登拝の創始に関しては史料上の確定は難しいが、考古遺物からの推定はできる。九州の宝満山の中腹の辛野では七世紀後半の祭祀遺跡、山頂の上宮では八世紀前期の「山頂祭祀遺跡」が発見されている［時枝二〇一六：一〇四～一一七］。辛野の出土遺物からは仏教関係の遺物が発見されて、山岳信仰が神々への祭祀から、次第に仏教を受容して儀礼を展開していった経緯が推定される。日光男体山には八世紀後半から九世紀前期に遡る「山頂祭祀遺跡」がある［日光二荒山神社編一九六三］。大峯山の山上ケ岳にある大峯山寺本堂では解体修理（一九八〇～一九八四年）に際して、内々陣の龍ノ口周辺で八世紀後半頃の護摩跡の遺構が

図2―8　銅錫杖頭。立山・大日岳出土。平安時代。個人蔵。東京国立博物館寄託。パブリック・ドメイン

確認され初期密教の修法が行われていた可能性が示唆されている［菅谷一九九五：五七］。秘所とされ何人も覗いてはならないという禁忌があり、深い穴には龍が住むという。山頂では十世紀には護摩壇が設けられ寺院が建造されたと推定されている［奈良県文化財保存事務所編一九八六。菅谷二〇一三］。内陣からは黄金仏二体（平安時代中期）が発見された（図2―7）。大峯山の中央部に聳える弥山山頂出土の銅製三鈷杵も八世紀に遡り、奈良時代には弥山も山頂祭祀が行われていた［森下二〇二〇：一五〇］。八世紀後半の奈良時代に遡る「山頂祭祀遺跡」は、宝満山、男体山、大峯山の三山であり、当時から山頂に登って祭祀や儀礼を行っていた僧侶や行者がいた。時枝務は男体山頂からの八世紀後半から九世紀にかけての出土品である憤怒型三鈷杵・三鈷繞・錫杖・鐘鈴など初期密教特有の仏具に注目し、日光開山の勝道上人を初期密教の行者と推定している［時枝二〇一六：一八五］[13]。

山岳登拝の具体例としては、明治四十年（一九〇七）に「登るべからず」と言われた劒岳に三角点測量のために登った柴崎芳太郎技官が、山頂で錫杖頭と鉄剣を発見し、平安時代の山岳行者の修行の痕跡が確認されて反響を呼んだ［廣瀬・清水一九九五：三二］。年代測定では出土品は平安時代初期である。不入、禁断、遥拝の地であった山の絶頂を極める登拝行が開始された。各地の山の開山伝承は当時の記憶を伝えるのかもしれない［鈴木二〇二四］。立山の大日岳からも平安時代初期の双龍飾の立派な銅錫杖頭が明治二十六年（一八九三）に発見された（図2—8）［廣瀬・清水一九九五：三九～四〇］。山頂登拝を遂げた僧侶や行者は、地主神や山の神を山中や山麓の社に勧請し、寺院の建立時には鎮守神として山中の神霊を祀ったと推定される。山は行者や僧侶の修行場となって聖域観は大きく変貌した。

二〇一〇年代には、開山伝承に基づく区切りの記念行事が相次ぎ開山伝承が蘇った。平成三十年（二〇一八）には伯耆大山と六郷満山が開山千三百年、平成二十九年（二〇一七）には白山が開山千三百年、平成二十八年（二〇一六）は日光山が開山千二百五十年の記念行事を行い、展覧会や講演会、峯入りの復活などによって山岳信仰への関心を引き起こした。

七　神体山・カムナビ・神仙思想

古代の山に関しては、神体山・カムナビ・神仙思想が語られてきた。霊山は特定の境界から上部は神霊の居所とされて立ち入りが禁じられる不入の地、禁足地であった。禁足地への境界を越えて山中に侵入すると、神霊の怒りをかって、天変地異や天候異変が起こるという伝承が各地に伝わる。山は清浄地・浄域とされ、男女を問わず登拝には禁忌（taboo）が課せられた。境界に関わる禁忌が次第に増殖し、女性の穢れを忌む女人結界・女人禁制へと展開していった。境界を越えて登る必要がある場合は、前もって精進潔斎をして身を清め、装束を改めて、経文や唱え言などによる儀礼を行い、禁忌を守って登った。山を生業地とする狩人には禁忌が多かった。女性は狩猟に参加できず、山中では必ず山言葉を使い、禁忌を破れば水垢離をした。狩猟そのものが儀礼の様相を帯びた。

大和の三輪山は禁足地の典型と見なされている。磐座がある山中への立ち入りは厳格に禁じられてきた。大神《おおみわ》神社は三輪山の神を祭神として本殿を持たず拝殿から直接に山を遥拝するとされ、三輪山は「神体山」と説明される。しかし「神体山」の名称は、明治四年（一八七一）に大神神社の関係者が、三輪山信仰と経済的基盤を守るために創った新しい概念である［山田一九九三：七三］。三輪山を古代の山岳信仰の代表と見なす言説は、神道関係者を介して近代になって普及した。「神体山」は、神社神道による「創られた伝統」（invention of tradition）だった。

古代では「神います地」をカムナビと呼ぶ。用例は『万葉集』『風土記』『延喜式』などにあるが、必ずしも山とは限らず、川、淵、森なども指し示す。「カムナビ山」は一般名称ではない。カムナビの名称を普及させたのは、神道考古学者の大場磐雄で、鬱蒼とした森に囲まれた姿のよい山を「神奈備山型」と名付けた［大場一九七〇：一六三］。しかし、『万葉集』の歌ではカムナビは山に特化した名称ではなく、場所も明日香に限定され、雷丘や甘樫丘などの小さな丘を指す名称だったとみられる。三輪山はカムナビではなくミモロ（三諸）と呼ばれた。ミモロも聖性の意味あいはあるが、上野誠は、カムナビは藤原京遷都後に明日香の特定の場所を回想・想起して指す言葉だとする［上野二〇一八：四二五～四三七］。特定の地域、特定の時代の用語や概念が、いつの間にか普通名詞に置き換えられていくことは数多い。

山岳信仰は政治《まつりごと》に組み込まれていく。吉野山は『続日本紀』に「芳野水分峯神」と記され、大和の水分の山として信仰を集め、天武天皇や持統天皇の御代には神仙郷とされ、天皇は宮瀧に何度も行幸して蘇りの力を得た。不老不死の仙薬を求め、金や水銀（丹生）の採取が行われ、金御嶽《かねのみたけ》とも呼ばれて「列仙のすみか、衆聖の所在」として名高かった。神仙思想と仏教思想が混淆する。宮瀧からは水分の青根ケ峯が遠望できる（図２―９）。金御嶽は青根ケ峯から奥の山を指す名称になり、平安時代中期に山上ケ岳が金峯山とされた。王都の守護神に山岳信仰が取り込ま

図２―９　青根ケ峯。吉野宮瀧から望む。撮影＝鈴木正崇

れた。藤原京遷都後は、王都の守護神として山が祀られた。出雲からの使者が国造交替の折に上京して大和朝廷に告げる儀礼で詠まれる『出雲国 造 神賀詞《いずものくにみやつこのかみよごと》』には、王城を巡る大御和（大三輪）、葛木の鴨、宇奈提《うなて》、飛鳥の四つの地の神霊が神奈備とされていた。藤原京では大和三山の畝傍山・天香久山・耳成山が王都を守護する山々となり、南方は吉野山が守護の役割を果たした。吉野は神仙世界とされ、三山鎮護の思想は平城京に受け継がれ、春日山・奈良山・生駒山が三山となった［上野二〇〇八］。

三山思想の源流の一つは神仙思想の「三神山」である。「三神山」とは渤海の中の東方に、蓬萊《ほうらい》、瀛洲《えいしゅう》、方丈《ほうじょう》（方壺）の仙人が住む三つの神山があり、不老不死の薬があるとする説で紀元前四世紀後半に発生した。秦の始皇帝の命を受けた徐福が、三神山に不老不死の薬を求めて日本にやってきたという伝説を生み出し、熊野の新宮をはじめ各地に伝承地がある。神仙思想は日本の山岳信仰に大きな影響を及ぼし、開山伝承の開山者も神仙に擬せられ、役行者を始め、石鎚山の寂仙、羽黒山の能除仙、播磨の法道仙人など数多い。奈良時代から平安時代にかけては、中国の思想が山岳信仰に大きな影響を与えた。しかし、神仙思想の受容はさほど深くはなく、影響は初期の山岳信仰に留まる。平安京では三山よりも陰陽五行の思想が強調されて四神相応（用語の初見は『作庭記』十二世紀頃）の地とされ、陰陽五行の思想は密教と混淆して選択的に受容されていく。

八　開山から山林修行へ

開山とは単なる山岳登拝に留まらない深い意味を持つ。前人未踏で禁断の不入の聖域の山に敢えて分け入り、山頂に至って神仏を拝み祀る実践が開山であり、開山以後の山岳信仰は各山や各地で個性的に展開した［鈴木二〇二四］。開山伝承は大別して二種あり、第一は仏教の民俗化で、僧侶や私度僧、或いは行者が狩人（猟師）に導かれて境界を越えて山頂に至り、神仏に出会って帰依して祭祀者になる。第二は民俗の仏教化で、狩人が烏、鷹、犬などに導かれて山中に至って神仏に出会い、狩猟の殺生を悔い改め出家して僧侶となって山を開く。神仏の出会いに留まらず、狩猟民との遭遇、神霊のお使いの動物霊の導きなどが主題化されている。

開山者は、日光山は勝道[14]、白山は泰澄[15]、立山は慈興（佐伯有頼或いは有若）[16]、彦山は忍辱（藤原恒雄）[17]、伯耆大山は金蓮[18]、羽黒山は能除太子[19]、富士山は末代[20]などと伝える。開山伝承には、巫者、私度僧、聖、優婆塞、山林修行の僧侶、狩人などが混在している。空海は下野の伊博士の要請で勝道上人を顕彰する二荒山碑文「沙門勝道、山水を歴《めぐ》りて玄珠《げんじゅ》を瑩《みが》く碑幷びに序」を記し、「山の頂きに至りて神のために供養して以て神威を崇《あが》め、群生《ぐんじょう》の福を饒《ゆた》かにすべし」と登拝の意図を記し、勝道の体験に仮託して自己の思想を述べる。山・森・湖の風景、天候、音・風・匂いなど世界に起こる事象は、総て宇宙の本源の大日如来の顕れで悟りの世界と同じと説く。日本最古の山岳文学とも評される名文である。

　開山者は、「山の境界」を越えて山頂登拝を果たし、土地の神霊や仏菩薩を祀り、山の聖性を新たに開示し霊力や聖性を身に付けた。祭祀や祈禱で山に新たな意味を与え、霊山や聖地、修行の場に発展した。社寺の建立に際しては山の地主神を勧請して祀った。霊山では神仏の感得譚や奇蹟譚が語られ、開山者が次第に神格化されていく。開山伝承は、「山の境界」を越えて「禁足地」に踏み込んだ記憶を想起させるのではないか。「山の境界」は清浄性維持のための「山の結界」となり、「女人結界」に展開して、多くの禁忌が発生していった。

　仏教と山岳信仰の関係は、寂静で清浄地の山を修練の適地とした山林修行の展開で新たな段階に入った。ただし、山林修行は浄行者に限られた。『続日本紀』養老二年（七一八）十月十日条、僧《そう》綱《ごう》への布告では、[21] 仏教は「精舎」での学問と、「入山」しての庵窟での修行の二つに分かれ、僧侶の中に山林修行者が数多くいたと伝える。蓑輪顕量は「仏教渡来以前からもっていた山に対する信仰、すなわち山に入ることで不思議な能力を身につけることを、仏教者たちは継承したと考えられる」［蓑輪二〇一五：一七］と述べる。僧侶の僧院住と森林住（アーランニャ āraṇya）の区分はインドに由来するが、中国を経て日本では森や山での止観行や禅定行に結びついた。山林僧は洞窟を修行場とすることが多く、開山伝承でも神仏との出会いの場は洞窟が多く、立山では開山者の佐伯有頼（有若）が阿弥陀如来と出会ったのは玉殿岩屋《たまどののいわや》[22]、彦山の開山の地は玉屋窟《たまやくつ》で、共にタマが洞窟名につく。彦山の神はインドから飛来して如意宝珠を山中の般若窟に納め、法蓮が十二年間参籠して宝珠を得たので玉屋窟と呼ばれたという。ただし、洞窟にはタマ（霊魂）が籠るという信仰があり、洞内の湧水、水の信仰が根源にあったのではないか。洞窟はタマとカミとホトケが結合する神仏混淆の霊地で、民間信仰と仏教の融合の場となった。

大峯山の笙の窟は九世紀に遡る参籠洞窟で十世紀や十一世紀に行尊や道賢の修行記録が残る。修験の場合、『金峯山創草記』（十四世紀）に拠れば、大峯山は九月九日から三月三日まで冬籠、晦日山伏は十二月晦日入峯、四月八日出峯、諸国山臥は六月七日入峯、九月九日出峯と記す。出峯日の卯月八日は山の神が里に降りる日で、下山する山伏を神と重ね合わせたと見られる。山上ケ岳の戸開けは近世では四月八日（現在は五月三日）で前鬼の祭りも同日である。冬籠に強い験力獲得の期待が託され、春に出峯する修験は人神と見なされた。山と里の絶えざる場の転換が修験の活動の根幹で民衆は越境性に祈願を託した。

九　山林修行者と役行者

修験道の開祖とされる役行者の文献上の初見は、『続日本紀』文武天皇三年（六九九）五月二十四日条である。役行者が実在か否かはともかく、七世紀後半には山岳修行者は活発に行動していた。時代背景を検討しておく。飛鳥時代・白鳳時代から奈良時代にかけて、生業の比重が山地での狩猟採集から平地での大規模な農耕へ移行し、古墳の造成も仏教伝来（五五二年）以降は徐々に終了に向かった。六世紀以降は前方後円墳は消滅し、(23)七世紀は終末期古墳時代で葬法や霊魂観は大きく変化した。大宝令（七〇一年）の制定、平城京への遷都（七一〇年）で王都や政治制度が整備され、仏教は鎮護国家の中軸として受容された。頂点は天平勝宝四年（七五二）に完成した総国分寺、東大寺の大仏開眼供養であった。この法会は仏教伝来二百年記念で、中国やインドの僧が招かれて国家の権威を誇示した。同年には実忠和尚《じっちゅうかしょう》が笠置山での修行を移して、二月堂で悔過《けか》法要を始めたとされる。(24)悔過とは、旧年の罪障を懺悔して穢れを払い、当年の安穏豊楽と天下泰平を祈願する法会で、平安時代には修正会・修二会として春迎えや五穀豊穣を祈る年中行事として定着した［鈴木一九八九：一一六～一五二］。悔過会では陀羅尼の朗誦が重視され、初期密教の呪力も受容の契機になった［吉田二〇一六］。修二会「神名帳」で勧請される日本の神々の筆頭は「金峯大菩薩」で、金峯山の神格とされる［首藤二〇〇四：三六～三七］。後に修験の守護尊格の蔵王権現になった。東大寺の初代別当になった良弁が、当初は大仏造営の金を金御《かねのみ》嶽《たけ》に祈念した由緒によると見られる。東大寺には山岳信仰の様相が色濃い。

『東大寺要録』縁起章第二は、良弁の前身は金鷲《こんじゅ》行者（金鷲優婆塞）とする。『日本霊異記』中巻第二十一によれば、金鷲優婆塞は東山の山寺で執金剛神の脛に縄をかけて悔過を修していたという。(25)執金剛神は、金剛蔵王菩薩（蔵王権現）の先駆とされ、現在は三月堂（法華堂）の後戸《うしろど》に祀られる。良弁は、義淵（?～七二八）に師事して法相宗を学び相弟子に行基や玄昉がいる。神亀五年（七二八）に金鐘山寺が創建された。良弁は優婆塞から僧侶になり、天平十二年（七四〇）には『華厳経』

の講読を始めた(26)。場所は羂索院（現・三月堂・法華堂）であった。良弁は山岳行者の系譜を引き、東大寺が春日山の信仰を基盤にして成立した経緯を伝える。相模出身で天平勝宝七年（七五五）に大山を開山したという。良弁には伝承と史実が混じり合う。他方、元興寺の法相宗の護命（七五〇〜八三四）は、「学」と「行」を両立させた僧侶の典型である。若い沙弥の頃、月の上半は本寺で教学を、月の下半は吉野山で苦行し、深山（比蘇寺か）で虚空蔵法を修したとされ［小林二〇二一：三二三］、山林修行は深く南都仏教に浸透していた(27)。

山岳修行者の本格的な活躍を伝えるのが役行者伝承で、後世の修験道や各地の山岳信仰に大きな影響を与えた。『続日本紀』文武天皇三年（六九九）五月二十四日条に葛木山の役君小角《えんのきみしょうかく》は呪術で世に知られたと記す。「役君小角伊豆島に流さる。初め小角葛木山に住し呪術を以て称さる。外の従五位下韓国連廣足《からくにのむらじひろたり》を師と為す、後其の能を害《そね》み、讒《ざん》するに妖惑を以てす。故に遠島に配せらる。世に相い伝え言く。小角能く鬼神を役使し、水を汲み薪を採せ、若し命を用ふざれば即ち呪を以て之を縛す」。呪術で人を惑わすこと、伊豆島に配流されたこと、鬼神を使役したことが強調され、実録と民間の風説を組み合わせて呪者の姿を描く。役優婆塞は「巫者」のようでもある(28)。

『日本霊異記』（弘仁年間、八一〇〜八二四）上巻第二十八によれば、「役優婆塞は、賀茂役公《かものえのきみ》、今の高賀茂朝臣《たかかものあそん》といふ者なり。大和国葛木上郡茅原《ちはら》村の人なり。生《うまれながら》知り博学一なり。三宝を仰ぎ信《う》けて業とす。毎《つね》に庶《ねが》はくは、五色の雲に挂《かか》りて、仲虚《なかぞら》の外に飛び、仙宮の賓と携り、億載《おくさい》の庭に遊び、蘂蓋《すいがい》の苑に臥伏し、養性《ようじょう》の気を吸ひ、くらふことをねがふ。所以《ゆえ》に晩年四十余歳を以て、更に巌

図２―10　孔雀明王。12世紀。東京国立博物館蔵。出典：国立文化財機構所蔵品統合検索システム（https://colbase.nich.go.jp/collection_items/tnm/A-11529?locale=ja）

窟に居り、葛を被、松を飲み、清水の泉を沐み、欲界の垢を濯ぎ、孔雀王の咒法を修習し、奇異の験術を證し得たり。鬼神を駆使得ること自在なり」と記す。役優婆塞《えんのうばそく》は葛城山の洞窟に籠り『孔雀王呪経』を用いて鬼神を使役し、金峯山と葛城山の間に橋を架けて通行できるようにせよと命じた。(29)しかし、葛城の一言主神は天皇に反逆したと讒言して役優婆塞は逃亡し、朝廷は母を捕縛したので役優婆塞は自首し伊豆に流されたが、配流地でも夜は富士の高嶺に飛んで修行した。三年後に許されて都に帰り、一言主神を呪縛した後に仙になって飛び去った。大宝元年（七〇一）だったという。(30)その後、新羅で道昭が五百の虎の招きに応じて『法華経』を講じた際、その中に役優婆塞が居たという。道昭は日本の法相宗の祖とされるが、山岳修行と結びついている。

孔雀明王法は雨乞いの効験で知られる初期密教経典で、孔雀明王（図2―10）を本尊とし、病気平癒や請雨・止雨を願う行法として定着した。仏教の呪力への信仰である［吉田二〇二二］。中世には孔雀明王は役行者が崇拝する本尊となり、役行者の故地に創建された當麻寺の本尊の弥勒の胎内に孔雀明王像が納められたという伝承も生まれた[31]。

役小角は、『続日本紀』では呪者、『日本霊異記』では優婆塞で、山岳修行者から山林修行者へと仏教色を強めた。ただし、基本的には巫者の性格を残し、山中で修行して特別な霊力を得た行者とされる。当時の優婆塞、禅師、聖などの在家仏教者や私度僧と同列である。ただし、役行者伝承が正史の『続日本紀』に記されたことの意味は大きく、歴史的に遡及する時の正統性の根拠となり、理想的な行者像の生成と発展に寄与した。

役小角は奈良時代以降、伝説的存在となり、平安時代の『三宝絵』（永観二年・九八四）には、聖徳太子、行基と共に日本仏教の礎を築いた人物として描かれて、仏教の各派を越えた信仰対象になった［川崎二〇二一：二八］。応徳三年（一〇八六）に始まった院政期には大きく変容して、活躍の場が葛城山と金峯山から各地の山々に広がっていった。平安時代には『扶桑略記』『本朝神仙伝』『今昔物語集』『水鏡』『大峯縁起』等に事績が記されている。時代を越えて優婆塞の性格は残り続ける。鎌倉時代には『源平盛衰記』『古今著聞集』『私聚百因縁集』『沙石集』『元亨釈書』、室町時代は『三国伝記』『修験修要秘決集』等に描かれている［宮家二〇〇〇］。大きな転換期は鎌倉時代中後期で、修験道の開祖に祀り上げられ、役行者と尊称されるようになった。最も古い祖師伝は、室町時代末期の『役行者本記』[32]である。寛政十一年（一七九九）の一千百年年遠忌には聖護院が上奏して、神変大菩薩の諡号を賜り、現在も尊称として使われている。役行者が開山、あるいは修行したと伝える山は日本各地に広がっている。山岳寺院には役行者像と従者の前鬼・後鬼像が祀られることが多く、宗派を越えて民衆の支持を得てきた様相を伝える。大峯山山麓の前鬼、洞川、天河などは山林修行者を援助した人々と推定され、前鬼・後鬼の子孫とされている。

十　「山寺」の成立

白鳳時代には、平地の寺院に対して、「山寺」と称する山林寺院が建てられて修行が展開した。(33) 山林はインドの森林住（アーランニャ）の修行に由来する言葉で、吉野が山林修行の適地とされた。吉野は『懐風藻』に「神仙ノ迹ヲ訪ネント欲シテ、追従ス吉野ノ濤《ホトリ》」と詠われた神仙境であり、仏教の修行地ともされた［堀池二〇〇四］。大和の初期の「山寺」は吉野川の北岸の龍門寺や比蘇寺で、飛鳥と吉野の中間地に位置する。義淵が飛鳥に龍蓋寺（岡寺）を創建し、龍門岳の中腹に龍門寺を開基したという伝承もあり、(34) 飛鳥との関連も深い。龍門寺は七世紀後半の白鳳時代に薬師寺式伽藍が建立されていた。

比蘇寺は虚空蔵求聞持法の修行場として名高い山林寺院で、白鳳時代に薬師寺式伽藍を山中に整えた。(35) 日本最古の仏像の由来を語る縁起が伝わる。『日本書紀』欽明天皇十四年（五五三）五月朔条によれば、和泉郡茅渟海《ちぬのうみ》で梵音と光の異変があり、海に浮かんで輝く樟《くすのき》を発見し、天皇の命で仏像が作られ「現光寺」に祀られた。『日本霊異記』上巻第五には、用明天皇の御代に物部守屋が差出した仏像を「吉野比蘇寺に安置」と記す。吉野にあった寺なので吉野寺と呼ばれ、光を放つ樟の像を祀るので放光寺や現光寺とも呼ばれた。

高僧の参籠も多く、義淵に師事した唐僧で元興寺の法相宗の神叡（?～七三七）も病いを契機に吉野現光寺（比蘇寺）に庵を結び二十年間修行して「自然智《じねんち》」を得たという。東大寺の開眼供養の「咒願師《じゅがんし》」を務めた唐からの渡来僧、華厳宗の道璿《どうせん》（七〇二～七六〇）は、天平勝宝七年（七五五）に大安寺から疾により比蘇山寺に移って参籠した。山林仏教には唐僧の影響が色濃い。ただし、神叡や道璿の入山は治病も目的で現世利益もあった。虚空蔵求聞持法は、本尊の虚空蔵菩薩を前に、一定期間に真言を百万遍唱えて無限の記憶と智慧を会得して霊力を獲得し記憶力を増強する。(36)薗田香融は、比蘇寺では「自然智」を得て、僧侶達は「自然智宗」を形成したと考えた［薗田一九五七：四五～六〇］。「学知」だけでなく、菩薩から付与される天賦の智慧である「生知」を求めたとする。魅力ある説だが批判も多い［井上二〇一六：二四七～二五一］。虚空蔵菩薩は智慧福徳円満の仏とされ、雨乞いや飢饉の克服、疫病退散など呪法による現世利益の祈願が託された。後世には民間では五穀豊穣の祈願や十三詣りの本尊、(37)三十三回忌の弔い上げの本尊(38)などとして定着した［佐野一九九六］。日本各地の虚空蔵山は主峯ではないが、近くにあって秀麗な山容で多くの信仰を集める［笹本二〇二二］。虚空蔵菩薩と山岳信仰の結合は、空海（七七四～八三五）が行法に取り込んだことで、真言密教の進展によって高野山から各地に広まったと見られる。

図２―11　御厨人窟。室戸岬。出典：https://www.city.muroto.kochi.jp/pages/page0300.php

十一　空海と山岳信仰

空海は宝亀五年（七七四）に讃岐国多度郡屏風浦で生まれ、延暦七年（七八八）に平城京に登り、延暦十一年（七九二）に京の大学寮に入って勉学に努めたが、一沙門から虚空蔵求聞持法を教示され、山林修行に身を投じた。空海は『三教指帰』序文には一沙門の勧めで虚空蔵求聞持法の修行を志し、四国に渡って阿波の大瀧嶽《だいりゅうだけ》等で修行を重ね、室戸岬で「明星来影」の体験を得たと記す[39]。『性霊集補闕抄』巻九収載の弘仁七年（八一六）付けで高野の峯に土地を請け乞う上奏文では、若き日に吉野から高野へ行き修行したとある[40]。明星の本地は虚空蔵菩薩である。明星が口中に飛び込んで仏力を得た（伝真済撰『空海僧都傳』[41]十世紀後半）。御厨人窟《みくろど》が修行場とされた（図2―11[42]）。久米寺東塔で『大日経』を感得して密教の習得を発心して渡唐を志したとする伝承も生み出された（二十五ケ条『御遺告』九五〇年頃。『弘法大師行状絵詞』十三世紀前半）。延暦二十三年（八〇三）に渡唐し、恵果阿闍梨に師事し密教の奥義である金剛界と胎蔵界の伝法灌頂を受け教義と儀礼を習得した。大同元年（八〇六）十月に無事に帰朝して、経典や法具を日本に齎し密教を広めた。弘仁七年（八一六）に高野山を「修禅観法（密教）」の修行の適地として賜り、八葉蓮華に見立てた土地に金剛峯寺を建立し、真言宗の根本道場、「山岳仏教」の聖地となった。空海の思想と行動の原点には山岳信仰があり、密教の日本化には山岳信仰が媒介項になった。空海と山岳信仰との連関やその後の影響について幾つかの特徴を列記してみた。

①空海の思想には、二十五歳から三十一歳に至る若年時の山林修行の体験が根底にあり、虚空蔵求聞持法による明星来影が原点であった。山中での心身変容や自然との一体化が密教の教学と融合した。身体と言葉と心を一体とする三密（身・口・意）によって宇宙との合一に向かい、自然と自己との一体感を獲得する。大自然を大日如来の顕れとする思想は、山岳信仰の密教化、仏教と民間信仰の接合を促進した。空海は日本の在来の民間信仰を破壊せずに巧みに取り込んだ。

②仏教を鎮護国家だけでなく人々の平安や幸福を願う現世利益に応える幅広い思想と実践に転換させた[43]。国家の危機に対応する雨乞いや疫病退散に留まらず、個人の願いにも応えた。鎮護国家では、経典の受持と読誦の功徳を説く『金光明最勝王経』が重視されたが、密教経典の導入

で、声・言葉・絵画・所作・法具を総合的に駆使する多様な「修法の実践」へと展開し、仏教の民衆化への道を切り開いた。密教は神仏習合の展開に主導的役割を果たし、山岳信仰を含む幅広い民間信仰との接点を創り出した。

③空海は請雨経法《しょううきょうほう》による雨乞いなど現世利益の修法を行った。特に天長年中（八二四〜八三四）の神泉苑での祈禱が名高い。密教には龍の信仰が加わった。仏法を守護する龍や龍王は水を根底に置く山岳信仰と結びつく［トレンソン二〇一六］。真言宗寺院の鎮守とされる清瀧《せいりゅう》権現は、空海が長安で滞在した青龍寺の地主神とされ、高雄山神護寺の清滝に祀られた。聖宝は醍醐寺開創に際して、青瀧権現を鎮守神・護法善神として蛇瀧に祀り、各地の寺に広まった(44)。龍神信仰は空海が請来したとされる舎利や如意宝珠と結合して、王権儀礼に展開した［藤巻二〇一七］。

④曼荼羅の思想、特に両部（両界）の考え方を導入した。『大日経』に依拠する胎蔵界曼荼羅と、『金剛頂経』に依拠する金剛界曼荼羅は全く別の教理や思想だが、恵果は双方を結び付け、空海が教えを受け継いで、両界曼荼羅、金胎一如として広めた［田中二〇〇四：二〇二〜二一二］。十一世紀中葉以降に本地垂迹説が生成され、十二世紀には広まって、『麗気記』などの両部神道書が書かれて多くは空海に仮託された。伊勢の内宮外宮が両部に見立てられ、後に外宮の渡会氏が伊勢神道に展開した。修験道は密教の両部思想を取り込み、峯入りで金胎不二や金胎不二の実現を目指す思想と実践に転化する。両界や両部の思想は世俗社会との接点を創り出

し、曼荼羅に自然観を取り込むことを容易にした。両部曼荼羅の日本化の過程で山岳観が取り込まれた。

⑤曼荼羅の思想や表現と山岳信仰を結合させた。密教の曼荼羅は寺院の内部での儀礼に際して観想に使用する絵画であったが、修験道では野外での儀礼に曼荼羅を取り込み、山全体を曼荼羅と見なし、仏菩薩の居処とされる峰々をたどる「峯入り」の修行を儀礼の中核に据えた。大峯山では吉野側を金剛界、熊野側を胎蔵界とし、金胎一如の修行とした。「曼荼羅を歩く」修行という発想は日本独自である。曼荼羅の持つ生命観も山をいのちの源泉と見る山岳信仰とうまく適合した。

⑥護摩の儀礼の導入と加持祈禱の現世利益がある。如来の加持力を不動明王を介して受け入れる。修験は山中の柴や木を集めて井桁状に組んで護摩壇とし、護摩を室内でなく山中や野外で焚く柴燈護摩に展開し、終了後に火渡りを行って験力を誇示した。火渡りは不動明王を本尊とする火生三昧である。羽黒修験の秋の峯では、護摩木を修行者の骨と観念して、四門出遊の葬送儀礼に擬し、柴燈護摩を肉体を焼尽して再生する儀礼に展開した(45)。空海が請来した不動明王は中国大陸ではほとんど信仰の対象ではなく、日本で独自の展開を遂げた。

⑦胎蔵界曼荼羅と中台八葉が山岳信仰との結びつきを強めた。山はものを生み出す場所で、「母なる山」や「胎内」に喩えられ、胎蔵界と融和した。山中では岩の割れ目で胎内潜りを行って生まれ変わる。密教の胎蔵界は母親の胎内と重なり合った。修験道では「胎内修行」が重視さ

れ擬死再生の儀礼を行う。胎蔵界曼荼羅の中央にあたる中台八葉院で、峯中灌頂や柱源神法《はしらもとしんぽう》など修験道独自の儀礼が行われた。峯入りは天台系は「胎金不二」の修行と表現し胎蔵界優位の傾向がある。中台の重視も修験道の特徴である。胎蔵界は大陸では根づかず日本で独自の形で定着した。

⑧曼荼羅の日本化への展開を齎した。曼荼羅は仏菩薩の世界のみを描くのが本来だが、日本では山岳の景観表現が導入された。山岳霊場を描く吉野曼荼羅、熊野本地仏曼荼羅、熊野垂迹曼荼羅、那智参詣曼荼羅などが出現し、鳥瞰的な風景の浄土曼荼羅、宮曼荼羅、春日曼荼羅、富士曼荼羅、白山曼荼羅、立山曼荼羅などが現れ社寺も風景の中に描き込まれた。信仰の中核には自然への畏敬がある。本地垂迹に基づき、本地曼荼羅と垂迹曼荼羅も描かれた。仏菩薩を絵画表現として、山に溶け込ませた曼荼羅が数多く描かれ、山の神が権現として化現する思想が一般化した。権現とは日本で創造された神号である。

⑨即身成仏の思想が広く深く展開した。主尊の大日如来との同体化を目指し、肉身のままで仏となる。即身成仏は全てに仏性を求める思想を根底に、この世での救済を求める現世中心主義を定着させた。即身成仏への道は民間の巫術の身体技法と類似した意識変容を伴う。即身成仏を目指す修験者は、民間の人々には「人神」として受容され、「成仏」は教義を越えて多義的に解釈されて定着した。究極には自然との一体化が成し遂げられる。

⑩入定留身の信仰の広がりがある。入定は永遠の悟りの世界に入る意味から、不死の生命を得る

意味に転化された。空海は永遠の生命を獲得し肉身を留めて入定し高野山の奥之院で修行を続けているとされる。(46)現在も高野山では奥之院の御廟に朝夕二回「生身供《しょうじんく》」を献じる。四国霊場八十八ケ所巡礼では、空海が現在も救済のために歩き続けているとされる。遍路と大師が共に歩く「同行二人」が説かれ、道々では「御接待」が行われ供養と功徳を合体させる。和讃や御詠歌が心になじむ。出羽三山の湯殿山では、近世中期に民衆の罪穢れを背負う代受苦を志し、一世行人となって木喰行を行い、最後は肉体をミイラ状で残し民衆を救済する即身仏として信仰の対象となった。(47)空海を祖として、鉄門海や真如海など「海」号をつけた三文字の法名を名乗った。即身成仏の現前化を意図した実践であったとも言える。入定留身や即身仏は「人神」へと転化して民衆を救済する。

⑪開山や開創に関わる伝承がある。東北地方を中心に大同元年（八〇六）や大同二年に空海が開山したと伝える山や開創を説く寺が多く見られる。(48)始祖や起源の伝承に仏教の権威者が求められた。空海は大同元年十月の帰朝後も長期の唐での滞在を二年余りで切り上げたとして筑紫に留められた。大同四年（八〇九）七月十六日付の嵯峨天皇の勅令で、都に呼び戻されるまでは空白の二年間である。この時期に仮託して空海が各地を巡錫した伝説が作り出された。空海の開山や開創は権威付けになって広く展開した。

⑫日本各地に伝わる弘法大師伝説がある。弘法清水や独鈷水など空海が水を湧き出たせたという伝承が残り、霊山にも数多く伝わる。特に、霊験があるとされる聖水信仰は、空海に仮託され

て霊威を高めた。また空海は、毎年の冬至の頃や大師講の夜に家を訪れて人々に幸を齎すとされ、足跡を消すために雪を降らすと伝えられる。この頃は霜月（十一月）で日照時間が最も短く、一陽来復の時で、心身の蘇りを果たす神楽の季節とも重なる。神霊と交流する時期に巡錫する空海は来訪神（カミの大子《おおいご》）と見なされて民間に定着した。日輪大師、秘鍵大師、鯖大師、修行大師、子安大師、稚児大師など民格化した大師も数多く生まれた。

⑬高野山と民衆を結びつけたのは、半僧半俗の聖とされる。高野山では中世には学侶・行人・聖の高野三派が形成された［松長二〇一四：一三四、一四六］[49]。五来重は聖の原型は行人で、浄土信仰を説いて念仏を広め、納骨を掌り、勧進聖・念仏聖となって各地を遊行・唱導して高野山参詣の功徳を説き大師信仰を広めたという［五来一九七五］[50]。蓮華谷の高野聖は鎌倉時代初期に活躍し、平家物語の話材を提供したとする説もある［兵藤二〇〇九：六九］。その後、一遍が文永一一年（一二七四）に熊野本宮で御神託を得て遊行を本格化し、遊行聖は熊野と修験と高野山を民衆の間で結合させた。

⑭高野山は死者の霊魂が山に鎮まるという山中他界観を基盤として、大規模な納骨供養の霊場となり、奥之院は日本の総菩提所と呼ばれて、庶民から貴族や武士に至るまでの幅広い死者供養として定着した。空海への祖師信仰がその基盤にあった。民俗の仏教化と仏教の民俗化の拠点となったのが深山幽谷の高野山で、庶民の願いを叶える開かれた霊場に変貌していった。

空海は密教の日本的展開や「山岳仏教」に大きな貢献をしたが、その思想と行動は、山岳信仰や民間信仰と強い絆や接点を持ち、日本社会の中に深く浸透したのである。

十二　比叡山の山岳信仰とその周辺

最澄（七六六〜八二二）も空海とほぼ同時代に「山岳仏教」を展開した［村山一九九四。武二〇〇八］。修行の場の比叡山は最澄以前から仏教の影響が及んでいた。『懐風藻』（七五一）に「神叡《ひえい》は寔《まこと》に神仙なり、山は静かにして俗塵寂まり…宝殿は空に臨んで構え、梵鐘風に入って伝う」とあり、神仙の修行場で仏を祀っていた。神仙思想の影響が色濃い。古い記録では、藤原仲麻呂の父武智麻呂は、霊亀元年（七一五）に託宣で気比神宮寺を創建した後に、比叡山に登って「遊息之処」としたと、『藤氏家傳』下巻が記す［村山一九九四：四一］。気比から比叡山への移行は、仏教化の進展を推定させる。

最澄の生地は伝説では近江の坂本の生源寺《しょうげんじ》付近という。最澄は父の三津首百枝《みつのおびとももえ》が子授けの願を比叡の山の神にかけて生まれたとされ、山神の加護が色濃い(51)。地主神は八王子山の金大巌《こがねのおおいわ》を居処とする大山咋命で、最澄は後に延暦寺守護の山王として祀った。最澄は十三歳で近江国分寺で行表の弟子となり法相宗と華厳宗を学んだ。延暦四年（七八五）に東大寺で具足戒を受けて出家したが、三ケ月後に山林修行を志して比叡山に登り草庵を営み一乗止観院と称した。山林修行者が最澄の実態であった。延暦七年（七八八）に根本中堂を建立して修行の根拠地とした。延暦二十三年（八〇

図２―12　比叡山。本願堂跡。虚空蔵尾。撮影＝鈴木正崇

四）に渡唐して天台宗の奥義を学び、死後に桓武天皇から寺号として延暦寺を賜る[52]。比叡山は天台宗の拠点となり、真言宗の拠点の高野山と並ぶ「山岳仏教」の聖地となった。比叡山は修学研鑽の山、高野山は修禅信仰の山として異なる道を歩んだ［渡辺・宮坂一九九三：二一二］。

最澄の原点は山岳信仰である。時代は下るが『叡岳要記』（永和五年・一三七九）[53]が記す開山伝承によれば、最澄は延暦四年（七八五）七月中旬、二十歳の時に初めて比叡山に登って草庵を開いた[54]。険しい山中で手掌のごとき平坦地があり、仙人数十人[55]が『法華経』を誦し仏道を習っていたという。ここは仙人経行の処、明星天子来下の庭の明星尾（虚空蔵尾）[56]で、仙人から霊木の「御衣木《みそぎ》」の在処を教えられ、薬師如来を刻み一乗止観院の本尊としたとされる[57]。「虚空蔵尾自倒之木」の彫像と伝えられる。一乗止観院創建より六年後の延暦十年（七九一）には、初入山の地に「本願堂」を建立して（図2―12）、延暦寺第一代天台座主の義真自刻の三尺の薬師如来を本尊に祀って桓武天皇の御願寺としたと伝える。(58) 根本中堂の裏手の山には、最澄が霊木の「御衣木」に一刀三礼して薬師如来を刻んだとされる伝承地があり、仏母谷と呼ばれている。仏像を造る木をミソギと呼ぶことに関して定説はないが、木が有する不浄性を清めて、木の霊性を発現させることかもしれない。

一乗止観院の故地は、東塔北谷、根本中堂の裏手、二本の小川の合流点の平地で、「虚空蔵尾」と呼ばれ、別名は「明星尾」「白狐尾」「八部尾」という。虚空蔵菩薩の化身とされる明星天子の聖地である。(59) 最澄の師匠の行表は来唐僧の道璿の弟子で、道璿は吉野比蘇山寺に籠って虚空蔵求聞持法を修行した。大比叡山には「七星降臨処」（伏拝）と呼ばれる拝所があり「虚空蔵峯」ともいう。百日間に百万遍の虚空蔵菩薩の真言を唱えると、成就の暁には明星が来臨するという。最澄と虚空蔵求聞持法との繋がりは明確ではないが、比叡山でも虚空蔵信仰は山岳信仰から山岳仏教への移行に大きな役割を果たしたと考えられる。北斗七星や妙見の信仰は、比叡山の地主神の山王七社として取り込まれた。比叡山の影響で日光山でも北斗七星の信仰が残る。最澄の入山伝承は後世のものではあるが注目しておきたい。日本各地に残る虚空蔵山は秀麗な山が多く、主峰を支える山として信仰されてきた。

山岳信仰から山岳仏教への展開では、第三代天台座主の円仁の弟子、相応和尚《そうおうかしょう》（八三一～九一八）が後世に大きな影響を与えた。相応は加持祈禱で病気治療を行う「験者《げんざ》」として知られ、宮中で活躍したことで知られる。験者の言葉は十世紀半ばに一般化し、十二世紀以後は憑座《よりまし》加持の実施者の意味に限定されたという［徳永二〇二二：二一～二七］。験者は密教僧で、相応は山林抖擻を行い、憑ける者―憑けられる者の二者併存による憑祈禱《よりぎとう》に秀でたという伝承があることを考えると、後世の修験との連続性は推定できる。相応の伝記としては、鎮源『大日本国法華経験記』（長久年間・一〇四〇～一〇四四）、大江匡房『続本朝往生伝』（康和年間・一〇九九～一一〇四）、三善為康『拾遺往生伝』（天永二年・一一一一）などがあり験力に優れた密教の行者として描かれる。葛川息障明王《かつらがわそくしょうみょうおう》院《いん》を貞観元年（八五九）に、無動寺を貞観七年（八六五）に開創したと伝える。『天台南山無動寺建立和尚伝』（以下、『相応伝』。十世紀前半？）[60]によれば、相応は『法華経』「常不軽菩薩品」に接して菩提心を起こし不軽の行を志したという。後の回峰行の根幹とされる思想である。『相応伝』は貞観四年（八六二）に金峯山で三年安居《あんご》したと記すが史実とは言い難い。相応は修行を参籠から山林抖擻へ展開し、千日回峰行の創始者とみなされた。ただし、回峰の用語は後世で、亮海『諸国一見聖物語（聖の記）』（至徳四年・一三八七）は巡礼と記し、幸運『北嶺行門記』（寛永十一年・一六三四）が廻峯と記すのが初見である。[61]相応は不動明王信仰を祈禱の根幹に据え、葛川で得た霊木で一木三体の不動を刻み、息障明王院、無動寺、伊崎寺の本尊としたと伝える（『相応伝』）。不動は、天台では円珍、安然、真言では石山寺の淳祐《しゅんにゅう》などが広め、蔵王権現と共に、山林修行者の本尊に祀り上げられていった。

　山林修行者の験力の語りは「空鉢譚」で伝えられる。大江匡房『本朝神仙伝』（十一世紀）の第三十五「比良山僧事」は、比良山の僧が護法童子を使役し鉢を飛ばして琵琶湖を渡る船から米を運ばせたと記す。『伊崎寺縁起』は相応和尚の霊験と説く。[62]「空鉢譚」は、白山の泰澄の弟子の臥行者《ふせのぎょうじゃ》、信貴山の命蓮、播磨の法道、書写山の性空、彦山の静暹《せいせん》などの伝承があり、山林修行者の験力の証しであった［阿部一九八〇：六一～八八］。比叡山では、修験への流れは、伊崎寺と関連が深い葛川では十四世紀に顕在化した。「葛川行者衆議陳状案」（文保二年・一三一八）では、葛川行者は学侶で、「南山」（大峯山）に対して「北嶺」で「修験之道」に励む者としている［村山編一九六四：二九三］。十四世紀の時点で、学侶の自覚をもつ修験として、大峯修験とは異なる修行を展開した。慈円（一一五五～一二二五）の作と言われる『葛川縁起』によれば[63]、相応は生身の不動を求めて安曇川源流に入り葛川の清瀧で祈念していると、老翁が現れ土地を譲ることを申し出て信興淵《しこぶち》大明神（志古淵大明神）と名乗る。相応は不動を感得して三の瀧に飛び込み、抱きかかえようとすると木になったので不動の尊体に刻んで造像して祀ったという由来が語られる。縁起は由緒を語り

図２―13　葛川の太鼓乗り。出典：比叡山延暦寺 HP「回峰行の聖地　葛川明王院」展（https://www.hieizan.or.jp/archives/2410）

寺社の四至を明確化する意図を持つ。十三世紀に胎動した修験者の自覚を伝える。北嶺での動きは相応が創始した学侶の修行である。十三世紀末の「顕・密・修験」兼修（兼帯）の前段階ともいえよう。

相応の葛川の修行は現在でも追体験されている。北嶺回峰行の修行者は葛川で七月（元は六月）の蓮華会（夏安居《げあんご》）に参籠し、十八日の地主神の祭礼日には、「太鼓乗り」と称して修行者は太鼓を転がして瀧の水音に擬し、太鼓から一人ずつ飛び降りて、相応の不動感得を擬似的に再体験する（図2—13）。原初の出来事に立ち戻り修行者の心身を新たに再生させる。葛川では相応を案内したと伝える常喜・常満（浄鬼・浄満）の奉仕が現在も続く。比叡山西麓の八瀬の童子や大峯山の前鬼の五鬼と同様に山人の子孫であろう。平安時代後期には、修行者に対する山麓や山中の生活者の山人との協力体制が確立した。

相応と同時代の聖宝（八三二〜九〇九）も重要な働きをした。空海の高弟の真雅の下で出家し、三論宗、法相宗、華厳宗、真言宗を学び、貞観十六年（八七四）醍醐寺を開いて、後には真言宗小野流の祖師とされた。『醍醐寺根本僧正略傳』（承平七年・九三七）は、聖宝は金峯山に堂を建立し、「金色如意輪観音」と「彩色多聞天王、金剛蔵王菩薩像」を造立したと記す。金峯山に蔵王権現像を祀ったとする初見史料である。『七大寺巡礼私記』（十二世紀）は、石山寺は如意輪観音を本尊に、脇侍に金剛蔵王と執金剛神の「二神王」を祀ったと記す。石山寺に倣った造像とみられる。聖宝は学僧だが山林修行に励み、役行者以来、大蛇のために途絶した金峯山への峯入りを再興したと伝える。『醍醐寺縁起』（正安元年・一二九九）の「役行者修行之後、大峯在大蛇、抖擻中絶、尊師避除之、其後修験之道、如本興行矣」の記事は「修験之道」の初見史料で、十三世紀後半での修験道の自立化の動きを伝える。聖宝は仏教と山岳信仰を橋渡し、金峯山修行を確立した僧侶であった。江戸時代には、聖宝が開創した醍醐寺の三宝院が当山派修験の中核寺院になり、聖宝は始祖に祀り上げられた［関口二〇〇九：二六～二七］。役行者と並ぶ開祖としての位置づけである。

九世紀初頭までに、京都周辺には多数の山岳寺院が建立され、山岳仏教は隆盛を迎える。承和三年（八三六）三月十三日官符で、伊吹山、比良山、比叡山、愛宕山、神峯山《かぶさん》、葛城山、金峯山の七高山で阿闍梨が薬師悔過を春秋四十九日間修した[64]。最上位は金峯山で、十世紀には唐にまで女人禁制の修行場として知られていた[65]。金峯山の名称は、『日本霊異記』中巻二十六話は金峯《かねのみね》、『令義解』や『令集解』は金嶺《かねのみたけ》で、その後、金御嶽《かねのみたけ》や金峯山《きんぷせん》にかわり、十一世紀頃には山上ケ岳が金峯山となった。吉野と熊野を結ぶ山脈は大峯山と呼ばれ、十一世紀から個人の修行場となり、集団での縦走修行路に変わっていく。吉野と熊野を結ぶ奥駈道の整備は十二世紀頃と推定される。その根拠は『諸山縁起』（十二世紀）で百二十宿が記されている。本格的な集団での峯入りの確立は十三世紀頃で、修験道の成立へと向かった。

十三　女人結界・女人禁制

山の聖域観の変遷に伴って顕在化したのは女性の登拝への規制であった。明治以前は、日本の霊山の大半には女人結界が設けられ、女性の登拝は禁じられた。この習俗を女人禁制という［鈴木二〇〇二。鈴木二〇二一］。厳格に言えば、女人禁制は法制用語、女人結界は儀礼用語で［牛山二〇〇八：五五八］、結界の概念には仏教の影響が加わる。設定の理由としては、女性の穢れ、特に血穢の忌避が大きな要因で、清浄地の山の修行場では禁忌となった。ただし、理由付けには多くの要因があり、時代的変遷が考慮されなければならない（本書第四章）。女人結界や女人禁制の発生を探ることは困難だが仮説を提示する。

女人結界の発生に関する仮説の第一は、仏教以前の禁忌に基づくとする考え方で筆者の主張でもある。生活者の立場からの構想で、平地に住んで農業を営む農耕民と山地で狩猟焼畑を営む山地民の間には「境界」があり、各々の世界を棲み分けていた。また、山と里の「境界」が設定されて、特定地点から上を神霊の居所で清浄地として敢えて立ち入らなかった。しかし、登拝者が発生したことで、聖域観の変化が生じて禁忌が再編され、「境界」は仏教の影響で「結界」となった。さらに清浄地の山への女性の立ち入りが禁忌として顕在化し、「山の結界」が「女人結界」へと展開したと推定した。登拝に際しての越境に課せられた禁忌の一つが「女人結界」であったと考えたのである。ただし、「境界」から「結界」への変化に関する史料は乏しく仮説に留まる。

仮説の第二は、仏教の戒律の「不邪淫戒」に基づくとする説で、戒律の重視と寺院の建物の内外の「堂舎の結界」を強調する。僧侶を中心とする知識人が設定した結界の思想が中核にある。官僧官尼体制の仏教界では出家・在家を問わず、僧寺への女性の立ち入り禁止、尼寺への男性の立ち入り禁止が守られていた。『僧尼令』（養老令）第十一条と第十二条（天平宝字元年・七五七）によれば、僧尼の扱いは平等であった。[66]当時は律令国家体制の鎮護国家の政策の下で仏教寺院が支えられ僧と尼がその管理下にあった。元々、日本では最初の出家者が尼で女性への許容度が高かったが、[67]八世紀中期以降に女性の地位低下が生じた。不邪淫戒は、僧と尼の双方に対して異性との接触や性交渉を禁ずるが、規制は次第に尼に一方的に課せられるようになり［牛山一九九〇：一二］、九世紀を境に女性の出家制限が始まり官尼も尼寺も一時的に消滅する。他方、男性出家者が増大し、律令制の弛緩により僧の破戒行為が増大し、一部の山岳寺院の持戒僧には厳しい修行を課して女性を排除する傾向が強まり、戒律を遵守して女人禁制を強化した。寺院が男女を問わず、俗人の参籠場になることへの危機感の表れとみられる。いずれも個々の寺院の「自主規制」で男性側の「一方的な主張」であった。そして、次第に仏教経典を典拠に、女性劣機観が僧侶の世界に広まり、寺院の清浄性の維持を重視して女性の穢れが強調されて、女性は儀礼の場から排除されていった。

歴史学者の見解によれば、平雅行は「山の女人禁制」は実態としては九世紀後半以降に明確化し、十世紀から十一世紀初頭に確立したとする。史料の初見は『菅家文章《かんけぶんそう》』巻十二所収の仁和二年（八八六）十一月二十七日付「為清和女御源氏修功徳願文」の「台嶽は婦人の攀《のぼ》るべき所にあらず、仁祠豈《あに》塵累の触れる所ならんや」だという。比叡山では女性を塵と見なし参詣する資格なしとする記事である［平一九九二：四一二］。牛山佳幸も同様で、史料上では九世紀後半に遡り、「高野山や比叡山を含む各地の山岳霊地に盛んに宣伝されてくるのは、十一世紀中頃以降」［牛山一九九〇：五一］とする。そして「女人禁制が差別的事象に転化する時期は、寺院や山岳霊場などで女性排除の理由を血の穢れで説明づけるようになる中世後期と見るべきであろう」［牛山二〇〇八：五五八］とする。他方、西口順子は、女人結界は神祇思想の浄穢観が仏法に取り込まれ、寺院で増幅して「聖域」の見方が強まり、十一世紀後半頃に定まったと推定した［西口一九八七：一二四］。

ただし、女人禁制の用法や類似表現が寺院の「恒常的規制」として文献に現れるのは十五世紀前後で、女性の穢れを強調した『血盆経』の伝来の時期と重なる。四字熟語の「女人禁制」の文献上の初見は、室町時代の文明七年（一四七五）の周防興隆寺法度七条の「於法界門之内、女人禁制事」だという［牛山二〇〇五：三六］。用例としては謡曲が目立ち、女性が禁忌を破って寺社の境内や内陣に侵入する演出に際して、女人禁制の言葉が使われる。『柏崎』（榎並左衛門原作、世阿弥（一三六三〜一四四三）改作）での善光寺内陣への侵入、『竹生島』（金春禅竹（一四〇五〜一四七〇？）作か）は竹生島への渡島、『道成寺』（喜多流。原型の『鐘巻』は観世信光（一四三五〜一五一六）作か）は紀州道成寺の境内への侵犯を描く。能の演出として禁忌の侵犯や女人結界の越境は効果的であった。女人禁制を犯す主題は、白拍子の曲舞《くせまい》を経て、幸若舞曲や語り物の古浄瑠璃に展開した［阿部一九八九]。能の舞台での「女人禁制の演劇化」は緊張感を高めたのではないか。女人禁制の四字熟語は謡曲の中で効果的に使われたと言える。他方、四字熟語の「女人結界」の初見は、江戸時代の仮名草子の『恨之介』(慶長十九年・一六一四)で[牛山二〇〇五]、読みやすい仮名が多用され民衆の娯楽や教養のための版本で普及した。謡曲や仮名草子が「女人禁制」や「女人結界」の用語を普及させたと推定される。

十五世紀が大きな転換期であった。第一に『血盆経』の請来と民間への浸透、第二は「女人禁制」の四字熟語の出現と流布、第三は能による女人禁制の演劇化、第四は修験道の教団化と禁忌の厳格化、第五は女性劣機観と女性罪業観の結合、第六は女性の社会的地位の低下などの要因が考えられる。女性の穢れの強調で、特定期間の一時的規制の対象の穢れが恒常的規制となり、女性の穢れの日常化が生じ、女人結界や女人禁制は定着した。

女人結界は江戸時代を通じて継続し、明治五年(一八七二)三月二十七日付け太政官布告第九十八号によって解禁とされた(68)。「神社仏閣の地にて、女人結界の場所これ有り候の処、自今廃止され、登山参詣等勝手たるべきこと」とされ(69)、女人禁制の廃止ではなく「女人結界の解禁」であった。寺院や神社の「堂舎の結界」が対象であって「山の結界」は意識されていない。ただし、結果的には全ての女人結界に拡大した。しかし、この指令は山岳信仰や修験道の根幹を揺るがした。京都での第一回博覧会の開催が解禁の契機で、外国人の比叡山の訪問が予想されたので、「文明開化」の観点から遅れた旧弊を改める意図で決定された。日本初のインバウンド対応とみることもできる。明治五年は「迷信」「陋習」の撲滅、巫女、陰陽師、虚無僧、御師の廃止、撫物の禁止など大転換の年で、第一回京都博覧会（三月十日～五月三十日）、学制公布（八月三日）、新橋―横浜間鉄道開業（九月十二日）、芸娼妓解放令（十月二日・九日）、富岡製糸場操業開始（十月四日）などの制度改革や新事業の開始が相次ぎ、その仕上げが、明治五年十二月五日を新暦の明治六年正月一日として世界基準に合わせたことであった。女人結界の解禁は文明化に伴う一連の施策の文脈の中で捉える必要がある。

明治政府が推し進めた神仏分離政策によって「神と仏の多次元的関係性」は崩壊・変容・再構築された。二〇二二年は女人結界解禁百五十年、修験宗廃止百五十年、僧侶妻帯許可百五十年であった。近代という時代を改めて検討する機会が訪れたともいえる。

十四　吉野から熊野へ

山岳信仰から修験道への展開では、吉野と熊野の結合、特に熊野信仰の勃興が大きな要因となった。熊野は独立峯ではなく、平安時代中期以降、特に院政時代に権力者の庇護を受けて、熊野三山として確立し、日本各地の山岳信仰と修験道に大きな影響を及ぼした。日本各地の三山の信仰、羽黒山・日光山・彦山・白山・立山などにも直接的間接的に熊野の影響がある。護符の牛玉寶印、三本足の烏の伝承、湯立、三山修行など伝播の要素は数多い。

図２―14　熊野本宮并諸末社圖繪。江戸時代後期。熊野本宮大社蔵

熊野の祭神の初見は『新抄格勅符抄《しんしょうきゃくちょくふしょう》』で、大同元年（八〇六）には、「熊野牟《む》須《す》美《び》神」と「速玉神」の神名が天平神護二年（七六六）条に記されている。『延喜式』「神名帳」（延長五年、九二七）は「熊野坐《くまのにいます》」と「熊野早玉」の二神である。本宮と速玉が組になり、神階から判断すると早玉（速玉）が上位であったが、次第に川の中州の大湯原（大斎原）に鎮座する本宮の優越に移行していった（図2―14）[70]。熊野三山の初見は、『三宝絵』（九八四）下巻「熊野八講会」の「紀伊国牟婁郡に神居ます。熊野両所、証誠一所…両所は母と娘也。結、早玉と申」の記事で、両所は「結《むすび》、早玉」で「結」は那智であろう［小山二〇〇〇：六］[71]。本宮で法華八講が営まれ滅罪と浄土往生が願われていた。当時は、「山の熊野」（証誠一所）と「海の熊野」（結早玉両所）のセット構成で、「海の熊野」から

那智が独立して「三所権現」が成立した。那智の初見は『扶桑略記』永保二年（一〇八二）十月十七日条の熊野大衆《だいしゅ》神輿上洛の記事の「新宮・那智」、次いで『熊野御幸略記』（永保三年・一〇八三）「熊野《くまの》本宮別當《ほんぐうべっとう》三綱《さんごう》大衆《だいしゅう》等《とう》解《げ》」の「三所権現・本宮」である。[72]

熊野三山の成立と共に本宮の地位が上昇し、熊野本宮が阿弥陀如来の極楽浄土に見立てられ、「証誠《しょうじょう》」の地とされた。証誠とは極楽往生を確証させる意味で本宮に参籠して極楽往生を願い現世利益の祈願も籠められた。新しい動きの要因の第一は浄土思想の流行による山中他界観の仏教化である。熊野は阿弥陀の極楽浄土、吉野や金峯山は弥勒の兜率天浄土、那智は観音の補陀落浄土とされた。浄土思想は、源信『往生要集』（九八五）や永承七年（一〇五二）が末法初年という危機意識の中で広まり、[73]十一世紀に極楽往生を生前に確証する動きが活発化した。[74]第二の要因は本地垂迹説の広まりである。本地はインドの仏菩薩で日本の神はその垂迹で権現として顕れるという神仏一体の思想が十二世紀に広く流布した［上島二〇一〇：一〇三～一〇四］。浄土思想と本地垂迹が結合し、熊野の祭神の本地は阿弥陀如来、垂迹は熊野権現とされた。神が仏と一体化し「目に見える」姿でこの世に出現する。

熊野詣は、院政時代（一〇八六～一二二一）に集中し政治的要因が大きい。上皇、法皇、貴族などが道者となり、女性の参詣を忌避せず、「蟻の熊野詣」と呼ばれる程の隆盛を極め、「日本第一大霊現所」として、再生と蘇りの場所となった。熊野詣の画期は寛治四年（一〇九〇）白河上皇（嘉保三年（一〇九六）に出家して法皇）の熊野御幸である。園城寺の増誉が先達を務めた功績で、後に熊野三山検校に補任され、熊野の主導権を天台宗が握った。熊野信仰の隆盛の後に修験道が生成された。

他方、吉野と熊野の関係に変化が齎された。吉野山を指した金御嶽は青根ケ峯から奥の山を指す名称となり、平安時代中期には山上ケ岳が金峯山とされた。奥の弥山・釈迦ケ岳を経て熊野に至る大山塊は大峯山と呼ばれた。『大日本国法華経験記』上巻第十一には「沙門義睿諸山を巡行し仏法を修行す。熊野山より大峯に入り、金峯山に住す」とあり、大峯山で修行した義睿の事績を記す。吉野と熊野を繋ぐ修行は十一世紀には確立していた。上皇や貴族が厳格な「御嶽精進《みたけそうじ》」の潔斎を経て登拝する動きが活発化し、藤原道長は寛弘四年（一〇〇七）に御嶽詣で金峯山に登拝し、弥勒下生まで経典を残すために埋経し、その功徳で浄土往生と現世利益を願った。最初の経塚の記録である。浄土思想の広まりが背景にあった。埋経した金銅製経筒の銘「南無教主釈迦蔵王権現」は、蔵王権現の表記の初見で釈迦の化身とされていた。経塚は十一世紀に多く営まれ十二世紀には盛んであった。熊野本宮の旧社地大湯原の熊野川の対岸、大峯修行の順峯の第一の宿にあたる備崎《そなえざき》に大規模な経塚が作られたのは十二世紀であった。埋経されるのは岩陰が多く、磐座信仰を基盤に受容されたのではないだろうか。熊野の経塚は、本宮だけでなく、新宮の権現山と神倉山、那智は山腹の金経門に営まれた。金峯山や熊野では、浄土思想、本地垂迹、権現思想が一体化したのである。

熊野信仰を大きく転換した動因は本地垂迹の思想である。成立時期に関しては諸説がある。上島亨は十一世紀中葉に、護持僧が宮中で天皇の身体護持を祈念して神勧請した儀礼に際して唱えた本地呪に由来し、十二世紀を通じて本地垂迹は社会に浸透したという［上島二〇二〇：一〇三～一〇四］。十三世紀には仏菩薩が衆生済度のために本来の姿を隠し煩悩の塵をまとって俗世に現れる表現を「和光同塵」とした。垂迹の利生を強調する言葉だという［伊藤二〇一二：一二九］。吉田一彦は、本地の用法は『大日経疏』の「本地法身」が典拠で、伊勢神宮の内宮で十一世紀後半に提示され［吉田二〇二四：二七〇～二七一］、十二世紀に確立して流布したとする。(75) 熊野で本地垂迹が明確になるのは十二世紀で、藤原宗忠の『中右記』の天仁二年（一一〇九）に証誠殿と両所権現とあり、『長秋記』長承三年（一一三四）に三所と五所の神の「本地」が記されている。(76)『熊野権現御垂迹縁起』（長寛元年・一一六三）では祭神は家津美御子《けつみみこ》、証誠大菩薩とある。熊野は本宮に参籠して「現当二世」の願を成就する霊験の地とされた。十二世紀が画期であった。

院政期を通じて、大峯山の行場が整備された。当時の実態を伝える『諸山縁起』（鎌倉時代初期）は、大峯山・葛城山・笠置山の縁起である。大峯山では山中百二十の宿（実際は七十八）の所在を記し各嶺を仏菩薩の居所とし、山岳修行の実態を伝える。峰々を曼荼羅として、行場を経辿る修行が大峯山では展開していた。『諸山縁起』は興福寺の学僧の慶政（一一八九～一二六八）が蒐集した写本で伝わる。慶政は九条良経の子、東福寺を建てた九条道家の兄、笠置山に山岳寺院を開創した貞慶の弟子で、『比良山古人霊託』を著し山岳信仰に強い関心を寄せ、法隆寺の北の山岳寺院の松尾寺を拠点として活動した。九条家本『當麻寺流記』も慶政の写本で伝わる。修験道の成立の前段階の十二世紀には、金剛山、葛城山、箕面山などの縁起が書かれ、霊山の歴史的由緒や正統性を主

図2―15　二上岩屋。撮影＝鈴木正崇

張する動きが高まった［川崎二〇二一］。特に役行者が龍樹から伝法を受けたとする『箕面寺縁起』（承安三年・一一七三）が密教の正統的後継を説き修験道の権威生成に大きな役割を果たした［川崎二〇一七］。大峯奥駈道の整備、熊野信仰の隆盛は連動し、修験道の生成へと時代は動いた。

鎌倉時代には奈良の大寺の興福寺東西堂衆や、東大寺法華堂衆などの「堂衆」の階層が古代の山林修行を受け継いで、大和国の諸寺院の行人と共に入峯修行を行うようになった(77)。南北朝時代に堂衆は吉野から熊野までの大峯山を踏破し、金剛山から二上山までの葛城山系を七十五日で駈ける峯入りを行い「二上山岩屋大念仏」で結願を迎えた［徳永二〇二三］（図2―15）。修験と念仏、真言陀羅尼と称明念仏を一体化した究極の場所が、『法華経』陀羅尼品の峯、二上山だった。経呪とされる陀羅尼の聖地である。興福寺は大和国の霊山の主導権を握り当山派修験への道を切り開いたのである。
十一世紀以降、吉野と熊野が結びつき、山岳信仰の天台・真言の密教による体系化と組織化が本格的に進んだ。仏教寺院の関与は、吉野側は真言宗、熊野側は天台宗が主体となった。修験道は本地垂迹説や権現思想の確立後の十三世紀後半に明確に姿を現したのである。

十五　熊野詣から修験道へ

熊野信仰が修験道の展開に果たした役割は大きい。沢山の研究業績があるので、山岳信仰から修験道へという流れの中で熊野を考えてみたい。熊野詣は極楽往生を確証させるために、都から離れた遠い聖地に参詣する苦行であった。参詣の道々では、和歌を詠み、色紙を書き、相撲、馴子舞、神楽を奉納するなど総合的な文化の伝播と創造の運動であった。道者は上皇・法皇・貴族が中心であったが、女性の参詣を忌まないことは大きな特性であった。ただし、熊野詣は荘園経済に支えられ、院政期においてのみ実現できた文化・経済運動であった。地元の支配層や多くの民衆の協力を得て、支配者の権力を活用して権威を誇示した。

最初の熊野御幸は、宇多法皇と伝えられる。延喜年間（九〇一～九二三）は比叡山・高野山などを巡り、延喜五年（九〇五）に金峯山へ御幸、(78)延喜七年（九〇七）には切尾港から船で熊野へ参ったとある。伝承では花山法皇が正暦三年（九九二）に御幸を行ったと伝える。ただし、本格的な熊野詣は寛治四年（一〇九〇）の白河上皇の熊野御幸が始まりで、園城寺の増誉（一〇三二～一一一六）が先達を務め、その功績で初代熊野三山検校に補任され、熊野別當長快の上位につけた。これ以後、熊野詣が本格化して園城寺の勢力が拡大し、天台宗と熊野との繋がりが強化された。増誉は京都の聖護院の開基となり、二代目検校の行尊も熊野詣の先達を務めた。三十四回熊野詣を行った後白河上皇（嘉応元年（一一六九）に出家して法皇）は、永暦元年（一一六〇）京都東山に新熊野社《いま》を創祀し、熊野三山検校が管理して、聖護院と共に京都での熊野信仰の中心地となった。都と熊野を結ぶネットワークが確立した。熊野詣の先達は山林修行者が務め、道者は神霊を身体に憑ける。都周辺は伏見稲荷、辺路は熊野の御子神や護法が守護神霊であった。護法は法力によって使役され、仏法を守護する童形神である。

熊野詣は、白河上皇九度、鳥羽上皇二十一度、崇徳上皇一度、後白河上皇三十四度、後鳥羽上皇二十八度と多くを数え、貴族や上皇が多数参詣したが、承久の乱以後に衰退し、弘安四年（一二八一）三月、亀山上皇の御幸で終結した。院政期に熊野詣を支えた荘園経済が崩壊し、熊野の御師による勧進や唱導の活動が必須となった［太田二〇〇八］。熊野先達は檀那場を巡って霊験を説き、牛玉寶印を配り、室町時代後期からは熊野比丘尼が加わり絵解きで民衆化を更に推し進めた(79)。

修験道は熊野詣が終結した十三世紀後半以降に生成され、十四世紀に山岳修行で験を獲得するという修行体系が確立し、組織化が進むのは十五世紀以降である。園城寺は、熊野を中心とした天台系の修験道の中核を占め、熊野から吉野へ抜ける「峯入り」を順峯として修行した。京都では聖護院が中心となる。静恵法親王が入って宮門跡となり、十四世紀の覚助法親王以後は三山検校職は聖護院に固定化した。聖護院は十五世紀には修験道本山派の拠点となった[80]。熊野詣は修験道の生成・成立・展開の前段階に位置し、山岳修行の再編成に関与したのである。

熊野信仰の担い手は、十三世紀後半以降に貴族から民衆へと変化した。転機は一遍である。『一遍聖絵』によれば、一遍は文永十一年（一二七四）の夏に高野山から熊野に参詣して本宮の証誠殿の御前で、「白髪なる山臥」が示現して「信不信を選ばず、浄不浄をきらわず、その札を配るべし」との神託を受けた。時衆はこの体験を「熊野成道」と呼んで重視した。熊野詣には、身分の違いや老若男女を問わずという一遍の思想の影響が大きい。時衆が唱導活動を本格的に開始した十三世紀後半は、修験道の生成期にあたる。来世往生を勧める時衆と、現世利益に応える修験は、熊野信仰を中核にして相乗的に活躍した。

熊野詣の実態は十二世紀には山岳修行になぞらえられていた。『本朝世紀』康治二年（一一四三）二月二十八日条によれば、鳥羽上皇の熊野詣の行衣は「白布御浄衣、同頭巾、絹小袈裟」で杖を持ったとされ「山臥《さんが》」の似姿になった。一般の参詣者は『長秋記』大治五年（一一三〇）十二月二日の条で女院が熊野詣から帰る時に「山臥装束」の下衣を贈るとあり、山臥が山岳修行の苦行性を高めて抖擻へと展開していく行法が熊野詣に浸透していたことを物語る[81]。本宮では修験の秘伝書の「大峯縁起」の披見を許される慣行が生まれ〔宮家一九八八：四七二～四七三〕、熊野詣は徐々に儀礼化していく[82]。道中では毎日「暁夕《ぎょうせき》の所作」を行い、特定の王子で[83]「道中祓」や「非巡水《ひずこり》」など垢離と禊祓を厳格にした。王子では御禊（祓）、奉幣、御燈明供養、御経供養を行い、五体王子（藤代・切目・稲葉根・瀧尻・発心門）では神楽と馴子舞《なれこまい》、和歌などを奉納した。和歌は陀羅尼《だらに》と同様の働きをするとされた。詠まれた和歌は、熊野懐紙として現在にも伝わる。発心門王子では持参の杖を金剛杖に変える儀礼も行われた。熊野詣の目的は現世利益の立願と極楽往生であるが、『両峯問答秘鈔』（弘治三年・一五五七）巻下第三十九では滅罪浄化を説く。法華滅罪の思想も姿を変えて熊野詣に流れこんだのである。

熊野詣の道者についても独特の見方があった。光宗《こうじゅう》『渓嵐拾葉集《けいらんしゅうようしゅう》』（文保二年・一三一八）巻六「神明部」には「参詣ノ路次ニハ道詞《ミチコトバ》トテ、男サヲト名ク。女イタト名ケタリ。尼ヲバソキト名ク。法師ヲバソリト名ク」と忌詞で言うとあり、日常用語は使わない。サヲ（棹）とは男巫、イタとは巫女の名称である。在家の道者は熊野詣の道中を神霊と交流をしながら歩く。護法が身体に憑依して守護している感覚に基づくのであろう。出家の尼や僧のソリとソキは剃髪と円頂を意味して憑依の感覚はなく、半僧半俗の道者とは区別されていた。熊野詣は、帰路、京に入る前に伏見稲荷で「護法送り」を行う慣行がある。道中の護法神は都の地主神の稲荷に変わるので、護符として身に付けていたナギは伏見稲荷の御神木の杉に変える。延慶本『平家物語』「康頼熊野詣」では「三山奉幣遂にければ悦の道に成しつつ、切目の王子のなぎの葉を稲荷の椙《すぎ》に取り替えて、今はくろめに着きぬと思て下向し給けり」とある。クロメとは日常に復帰する場所であった。山の神霊は熊野の眷属や使役霊が護法童子に転化して守護霊となった。メ（目）は障礙にも守護にも転換できる境界の場所と言える。熊野権現の眷属は熊野詣の道者を守護し、役目を終えて元に戻る。

熊野詣の道筋が整備されていくと道筋の山中や海辺に祀られていた神霊は熊野権現の眷属となり、道中安全を祈願する九十九王子として祀られた。九十九とは沢山あることの形容である。王子の初見は増基《ぞうき》の『いほぬし』(正暦五年、九九四以前)[84]の「わうじのいはや」(王子の窟)で、滅罪の修行で熊野に詣で海岸沿いの辺地《へじ》を辿り岩屋を巡った。本宮は「御山」と尊称され、「御山」には多数の庵室があり、御堂では「霜月の御八講」の仏事が行われていた。十世紀頃の本宮では法華八講の滅罪行が行われ、参籠の聖地の様相を整えていた。本宮への道中の木の根元に「手向の神」が祀られていた。王子社の萌芽と見られる。王子は熊野の御子神で、参詣道の王子に展開したが、峯入りに際しては山中の危険に対処する守護神とされ、大峯山の要所には八大金剛童子、葛城山には七大金剛童子が祀られた。修験が山中の神霊を統御して「守護霊」や「使役霊」や「護法童子」に変貌させたのである。山中は仏法に帰依した護法神に満ちる。本宮の摂社の「満山護法」はその集約とも言える。護法の用語は十二世紀以降に多く登場し[小山二〇〇三]、十三世紀以降の修験道の展開に大きな影響を与えた。

鎌倉時代中後期以降は、修験の影響が浸透して、熊野詣が山林抖擻《とそう》の様相を帯び擬死再生も説かれた。当山派修験の教義書の『小笹秘要録《おざさひようろく》』(元禄十六年・一七〇三書写)[85]「熊野参詣品」によれば、参詣は「葬送ノ作法ナリ。故ニ死門ニ向カフ所ヲ表ス粧ナリ」として、「上ノ死門ニ詣ヅルハ入胎、下ニ向カフハ是レ生門ノ出胎ノ義ナリ」と説く。道中は擬死再生で意味付けられ、熊野詣に修験の峯入りと同じ用語が使われていた。

神仏の形象化も進む。聖護院本「熊野本地曼荼羅」（鎌倉時代後期）では、大峯山や熊野の山々を背景とし、役行者、蔵王権現、大峯八大金剛童子、五体王子（藤代・切目・稲葉根・瀧尻・発心門）などの尊像が山に溶け込むように描かれている。熊野三山の神々は総称では十二所権現とされ、三所権現に五所王子[86]と四所明神が加わり、祭神と本地が定められた[87]。王子は熊野権現の御子神、明神は眷属で仏教化された神である。本地と垂迹を列記する。

三所権現　本宮［家津美御子大神］　新宮［速玉大神］　那智［熊野夫須美大神］
（本地・阿弥陀如来）（本地・薬師如来）（本地・千手観音）

五所王子　若宮　禅師宮　聖宮《ひじりのみや》　児宮《ちごのみや》　子守宮
（十一面観音）（地蔵菩薩）（竜樹菩薩）（如意輪観音）（聖観音）

四所明神　一万宮・十万宮　勧請十五所　飛行夜叉《ひぎょうやしゃ》　米持《めいじ》《よなもち》金剛童子
（文殊菩薩）（普賢菩薩）（釈迦如来）（不動明王）（毘沙門天）

本宮の配置は、第一殿は那智の結宮で西御前、垂迹伊弉冉尊、第二殿は新宮の速玉宮で中御前、垂迹伊弉諾尊で、併せて「両所権現」、第三殿は証誠殿で垂迹は素戔嗚尊で、両所権現と併せて三所権現となる。五所王子の若宮・児宮・子守宮は御子神、禅師宮・聖宮は巫覡神、四所明神は勧請神・眷属・童子で、三所権現に従属する。熊野信仰は、在地の神霊を主神に従属させて新たなパンテオンを生成した。三所権現を中核に御子神や眷属を取り込み聖数の十二に統合した。十二所権現は山の神の仏教化かもしれない。熊野十二所権現は異質なものを本地垂迹説で統合し、在地性を再構築して新たな神として垂迹した。熊野三山の各々では、地主神が摂社に祀られ土地の個性が現れる。那智は、第一殿が地主宮の瀧宮《たきみや》で本地千手観音、垂迹飛龍権現として加わり、十三所権現となった。那智の滝の信仰の強さを伝える。本宮では、大峯山全体の満山護法、新宮では阿須賀大行事と神倉権現を合わせ祀る。三所の総てで金剛童子が祀られ、大峯山中の守護霊は三社共通の守護神となった。

山岳を曼荼羅とする思考は絵画の図像表現で顕在化する。「熊野本地曼荼羅」では熊野十二所権現の配列は金剛界曼荼羅の概形の場合と、胎蔵界曼荼羅の中台八葉院の概形の場合がある。熊野曼荼羅は、自然の神霊、浄土信仰、密教、修験道などが混然一体となって描かれている。抽象的な曼荼羅が、日本では具体的に山全体で表現された。修験道は、山岳信仰を基盤に密教を多様な形で取り込み、「異種混淆の想像力」で結び合わせた。経文・陀羅尼・儀礼、絵・声・言葉など多様な表現媒体を通して融合したのである。

熊野信仰は陸上だけでなく海上交通を介して各地に広まり、東北地方は十二世紀以降に本格化した。仏教伝播は飛鳥→奈良→京都のルートだけでなく、飛鳥→吉野→熊野のルートによって神仏習合を介して広がりを見せたのである。

十六　熊野信仰と切目の王子

熊野の山中では善なる神霊だけでなく魑魅魍魎が蠢く。特に五体王子の一つで西海岸の切目の王子は、負性を顕在化させる境界神で、修験に統御された。『諸山縁起』は記す。

熊野の本主は麁乱神《そらんしん》なり。人の生気を取り、善道を妨ぐる者なり。常に忿怒《ふんぬ》の心を発して非常を致すなり。時々山内に走り散りて、人を動かし、必ず下向する人の利生を妨ぐ。その持する事は、檀香《だんこう》、大豆香《だいずこう》の粉《こ》なり。面《おもて》の左右に小し付くれば、必ず件《くだん》の神遠く去る。その故に、南《なん》岳大師《がくだいし》の御弟子一深仙人の云はく、「人、もろもろの麁乱神を招き眼《まなこ》を奪ふことあらば、檀香・豆香を入るれば皆 悉《ことごと》く去り了んぬ」と。その故に、大豆を粉に作《な》して面に塗れば、必ず障碍《しょうげ》する者遠く去るなり。その処は、一に発心門《ほっしんもん》、二に瀧本《たきのもと》、三に切目《きりめ》なり。山中に何の笠をばも尤もにせん。那木《なぎ》の葉は何ぞ。荒れ乱るる山神、近く付かざる料なり。金剛童子の三昧耶《さんまや》形《ぎょう》なり。而るに不詳なるは松の木なり。この事を能く知り、末代の人に伝え御《まし》ませ。

熊野の本主は麁乱神《そらんしん》と説いた上で、参詣道の発心門、瀧本、切目の三か所は危険で大豆の粉を顔に塗って通れば、障礙を避けることが出来るという。修験の教義書の『両峯問答秘鈔』巻五十八は、ソラン神は「祓殿発心門瀧尻切目」において「大豆香ヲ目ニ入テ眼ヲクラマス」と記す。『諸山縁起』の「瀧本」は「瀧尻」の誤記の可能性が高い。瀧尻は富田川と石船川の合流点で、行者の「常行の地」であった。ソラン神の居処のうち、祓殿は熊野本宮に入る前の祓いの場、発心門は熊野本宮の入口で杖を替える場、瀧尻は熊野の霊域への入口、切目は西岸の紀州熊野道の重要な境界の拝所で、各々丁寧になごめる必要があった。切目王子では、熊野詣では奉納歌会が行われ、「切目懐紙」が今に伝わる。和歌は陀羅尼でもあった。

切目王子の特色を示すのは大豆粉に関する伝承である。室町時代の住心院実意の『熊野詣日記』應永三十四年(一四二七)年十月六日条に詳しく記されている。

切目の王子の御まゑにて、御けしょうの具まいるまめのこなり、御ひたい、御はなのさき、左右の御ほうさき、御おとかひ等にぬりましまして、まさに王子の御まへをとひらせ給時ハ、いなりの氏子こうこうとおはせらるべきよし申入。

王子社の前を通過する際には、額、鼻、頬、頤などにきな粉をつけて化粧して、人間でないものに変身し、コウコウと狐を真似る擬声を発して難を逃れたとある。同時期の『宝蔵絵詞』(文安二年・一四四五)は別の伝承を伝える[石塚一九七〇]。それによると、切部王子が随侍していた僧侶が、王子が疎ましくなったので「腐った椰の臭うものに鰯を入れて頭から浴びればよい」という古参者の智慧で、その通りにした。切部王子は怒って僧侶の鼻を弾くと死んでしまった。王子は熊野権現のもとに帰り僧侶の死を報告すると、熊野権現はひどいことをしたとして捕縛して右足を切られ、切部の山に放逐された。ところが王子は熊野詣をして利生《りしょう》をうけて下向する者たちの「福幸《ふくさいわい》」を奪うようになった。熊野権現は参詣者が嘆き悲しむのを見て稲荷明神を呼び出して相談した。稲荷は仲のよい「あこまち」（阿古町）という者を王子のもとに遣わした。「あこまち」は王子と会い、「まめのこ」（大豆粉）で化粧する者は自分の信者なので「福幸《ふくさいわい》」は奪わない旨を約束させた。王子は「まめのこ」の匂いが嫌いだという。このことを稲荷が聞いて熊野権現に伝えた。かくして熊野詣の道者は大豆粉の化粧をして切目を通って害に遭うことがなくなった。この伝説から道者が守護神の稲荷のお使いの狐の鳴き声を発する理由も解ける。熊野権現と稲荷明神の間には道者を守護するという確約があった。切目山は熊野と稲荷の二つの信仰の接点であったが、切目王子は稲荷ではなく「あこまち」という土地の霊の言うことしか聞かない。伝承の発端となった僧侶は護法童子の加護を受けていたものの、神木であるナギを腐らせたり、鰯という生臭物を使うなど熊野権現を冒涜する行為を行う。一連の伝承は切目に関わる負の属性を表す言説であると言える。「阿古《あこ》」の名称は死霊、悪所など負性の表象でもある。[88]

『両峯問答秘鈔』巻下五十六は以下のように記す。

> 切目ノ王子ノソバニテ、谷ニ向テ祓在《ハラヒアリ》。是ハ行者御参ノ時、谷ヨリ青色鬼形ノ女人来テ行者

図2―16　切目金剛王子。熊野垂迹神曼荼羅。室町時代。和歌山県立博物館蔵

ニ申云《モウシテイ》、我此谷ニ住シテ年久クナレリ、人ヲ食スル問罪障《ザイショウ》深重《ジンチョウ》也、願ハ行者救給《スクヒタマヘ》ト申。時ニ大中臣祓《オオナカトミノハラヘ》ヲシテ、大ヌサヲ打フリ給ヘバ、ヨロコビテ帰畢《オワンヌ》

切目の付近は魔物が徘徊する場所であった。近くの谷には食人鬼を呪法で救済する行者の説が伝わる。切目王子は熊野曼荼羅の図像では、伝承に基づいて描かれ、右足がなく杖をついた姿である［山本二〇一二］（図2―16）。容姿は不動明王に付き従う制多迦《せいたか》童子に類似し、悪性の者を統御して従者にしたと伝える。荒ぶる性格を残し両義性を帯びる護法童子に通じる(89)。切目王子の一本足の姿は紀州東西牟婁郡や熊野川上流域、大和の十津川村などに伝わる山中の怪物「一本ダタラ」を想起させる(90)。熊野の地主神や山神は『諸山縁起』が「熊野の本主は麁乱神なり」と記すように荒ぶる霊であり、修験者が駆使する護法童子によって統御されるものに変化したと見られる。切目王子は負性を帯びたものとの出会いの場であり、修験者が勧請した熊野権現と稲荷明神の加護を得て乗り越える境界点であった。

十七　熊野信仰の伝播

熊野信仰は十二世紀以降、日本各地に広がった。海上交通など交通路の整備が大きいと見られる。一例に過ぎないが、熊野の根本縁起の『熊野権現御垂迹縁起』(長寛元年・一一六三)は彦山との関係を強く示す。時代は後三条天皇の御代で、院政期(一〇八六年から)の前で熊野詣に先立つ。縁起に拠れば、熊野権現は、元々は天台山の王子信の故地にいて、彦山に水晶となって天下り、石鎚峯、遊鶴羽峯を経て切部山へ移った。これは切目である。その後、新宮の神蔵山、石淵谷を経て、熊野の大湯原に三体の月形として櫟の木の上に示現した。犬飼の千与定は、猪を追って大湯原にたどり着くという狩人伝承が語られる。『神道集』「熊野権現事」では千代包が、『熊野山略記』では千與兼が、熊野権現の顕現に立ち会い権現を祀ったと伝える。

熊野の縁起は『彦山流記』(建保元年・一二一三)と類似する[五来編一九八四：四六三～四七四]。ただし、熊野権現は中国の天台山の「王子信」の故地から日本への渡来を説くのに対して、彦山権現は天竺が発祥地で、天台山の「王子晋」の居地を経て渡来し、渡来後の経路は熊野の縁起と同じだが、石淵谷で引き返して彦山に鎮座する。歴史的に見れば、熊野信仰の彦山への導入は、永暦元年(一一六〇)に、後白河上皇が聖護院の鎮守神として、院御所の法住寺内に熊野権現を勧請し新熊野《いまくまの》社としたことが契機と指摘されている[長野一九八七：一四～一六]。養和元年(一一八一）には社の維持費を燈油料として、不輸権を持つ荘園が寄進され「立山外宮」と彦山が含まれていた（「新熊野神社文書」）。恐らく荘園を西の彦山と東の立山が守護する体制をとったと見られる。『彦山流記』は今熊野窟に「熊野十二所権現幷若王子等悉奉崇之」と記す[91]。彦山三所権現は熊野三所権現に倣って構築されたと見られる。今熊野窟近くの岩屋には嘉禎三年（一二三八）刻銘の梵字と勢至菩薩像が残る。阿弥陀は熊野本宮の本地である。平安時代後期から鎌倉時代中期にかけて、彦山では四十九窟の参籠修行が熊野信仰を受け入れて独自の発展を遂げた。

日本各地の山岳信仰は、熊野信仰と修験道を通じて新たに再編成されていった。熊野は経済基盤の荘園を喪失し、熊野の御師は地元に留まって、各地の熊野先達を組織し、地方の檀那に熊野詣の御利益を伝えた。最も大事なことは霊力が籠った牛玉寶印を配札することであった。牛王寶印は眷属の動物や鳥類を図案とする文字と、種字・宝珠を描く料紙で、朱印や墨には万能薬の牛黄を入れ、護符、薬、誓約書、そして神仏そのものとされた。熊野は山岳修行の拠点から現当二世の聖地へ、完全な現世利益の霊場へと変貌した。その実態を描いたのが「那智参詣曼荼羅」や「熊野観心十界図」であり、絵画という視覚表現を使って、文字だけでなく言葉や語りで伝えたことの影響が大きい。熊野比丘尼は各地で絵解きを行って、熊野参詣の御功徳や御利益を説いた。勧進と唱導を通じて、熊野は山岳霊場として本格的な庶民の信仰の場になっていった。修験道の生成・伝播・隆盛の基盤には熊野信仰があったのである。

（注）

（1）狭義には三月二十八日の布告を「神仏判然令」という。

（2）マタギは山に入る前の一週間は女性に近づかず、精進潔斎して身綺麗にして、山の神の機嫌を損ねないようにした。山中の神の多くは女性である。日常生活では女房を山の神とするが、一貫した説明は難しく、様々の解釈がある〔千葉一九八三：四三〜五〇〕。

（3）山の神信仰の研究には膨大な蓄積があるが、本質主義の傾向が強すぎて、多様性を見失っている。山の神は祖霊であるという五来重の言説はその典型である。

（4）富士山の吉田口や村山口では、身を清める場所を不浄と称した。不浄祓いを意味するか。

（5）彦山については、上宮・中宮・下宮《げぐう》があり、下宮は大講堂の上部に位置する。山麓の大行事社が里宮ではないかと言う〔長野一九八七：四六〕。

（6）清水の「西のオヤマ」に対して、白狐山光星寺（庄内町三ヶ沢）は「東のオヤマ」と呼ばれ、八月二十一日から二十四日までが死者供養で、死者の歯骨を納めにくる人が多い。温海町（現・鶴岡市）の小岩川の西光寺や、酒田市日吉町の持地院、酒田市八幡町の観音寺にも「モリノヤマ」があり、死者供養を行っている。海での遭難者の霊も供養する。

（7）圭室諦成は、十二世紀頃までは十仏事、十二世紀から十四世紀の間に十三仏事になったと考えている。

（8）幸運『北嶺行門記』（寛永十一年・一六三四）に廻峯と記すのが初見である。

（9）映像作品、姫田忠義監督『越後奥三面―山に生かされた日々―』民族文化映像研究所、一九八四年。詳細な記録は、『山に生かされた日々―新潟県朝日村奥三面の生活誌』民族文化映像研究所、一九八四年。

（10）明治元年に新政府は、律令時代に遡及して「神祇官」を復活させ、古代の慣行に従って、神祇官が祀る官幣社と、地方官（国司）が祀る国幣社に倣って格付けが決定された。

（11）毎年六月には高野山で最も重要な行事の「竪精《けんせい》」が山王院で行われる。三鈷の松から神迎えをして神前法楽論議を行う。山神を迎え法楽を御社山の地主神に奉納する。開山以来の仏教と山神の出会いが息づく。

（12）仏教公伝には後世の記事が混入し時代が下る可能性が高い［吉田二〇一二：一六八～二八九］。

（13）三鈷繞は、東大寺修二会の堂司が使用する繞と類似し、古密教（初期密教）との関連が指摘されている。

（14）真済《しんぜい》編『性霊集』巻二（弘仁五年・八一四）［渡邊・宮坂校注一九六五］。

（15）『泰澄和尚傳記』（正中二年・一三二五）［平泉編一九五三］。『大日本国法華経験記』（長久年間・一〇四〇～一〇四四）、『本朝神仙伝』（承徳二年・一〇九八頃）、『元亨釈書』（元亨二年・一三二二）等に伝記が記されている。

（16）開山者は、『類聚既験抄』（鎌倉時代末期）は狩人、『伊呂波字類抄』十巻本「立山大菩薩顕給本縁起」（鎌倉時代初期）と『神道集』（正中十三年・一三五八頃）巻四「越中立山権現事」は佐伯有若、

『和漢三才図会』（正徳二年・一七一二）「立山権現」は有若の子の佐伯有頼とする。
(17)『彦山流記』（建保元年・一二一三）［五来編一九八四：四六三〜四七四］。
(18)『大山寺縁起絵巻』（応永五年・一三九八奥書）。「伯耆國大山寺縁起」『続群書類従』第二八輯上（文政十四年・一八三一）。『大山寺縁起』（室町時代の摸本）［五来編一九八四］。
(19)『羽黒山縁起』（寛永二十一年・一六四四）［神道大系編纂会編一九八二］。
(20)『富士浅間大菩薩縁起』（建長三年・一二五一）［西岡二〇〇四］。
(21)原文は「凡諸僧徒、勿使浮遊。或講論衆理、学習諸義、或唱誦経文、修道禪行、各令分業、皆得其道…其居非精舎、行乗練行、任意入山、輙造庵窟、混濁山河之清、雑煙霧之彩」で法門の師範に足る僧侶を顕彰せよという命令である。
(22)玉殿岩屋は越中の人が参籠し、隣の虚空蔵窟は越中以外の人が参籠したと伝える［廣瀬・清水一九九五：一七六〜一七七］。
(23)前方後円墳の天皇陵の最後は六世紀の欽明天皇陵で、次の世代からは小型化して方墳や上円下方墳・八角形墳になるとされ、仏教の影響が指摘されている［三橋二〇一三：三八］。七世紀には律令国家が形成され神祇祭祀も再編成された。
(24)『東大寺要録』（嘉承元年・一一〇六）巻第七雑事章第十による。東大寺修二会は、現在は三月一日から十四日まで行われ、「お水取り」や「お松明」として広く知られている。
(25)「金鷲」は呉音の類似で「金鐘」と書かれたという福山敏男の見解を入れて金鷲と金鐘は同じと解

する。良弁像は金鷲行者を意識した造像だという［川瀬二〇二三：六五〜六七］。三月堂の後戸の執金剛神は蔵王権現の先駆と推定されている。

（26）華厳宗は唐の賢首《げんしゅ》（法蔵）が大成し、天平八年（七三六）に唐の道璿が章疏を伝え、天平十二年（七四〇）新羅学生の審祥が東大寺で華厳宗を講じ日本の華厳宗の第一祖とされ、良弁はその後を継ぎ第二祖とされる。

（27）『続日本後紀』承和元年九月戊午条。深山は比蘇寺と推定されている。

（28）実在を疑問視する説もあり、複数の山岳修行者を役行者に仮託した可能性もある。

（29）「誠に知る、仏法の験術広大なることを」と誉め讃え、「験術」の表現が使用された。

（30）後世の人々は、大宝元年を役優婆塞の没年とした。役行者伝承には、反体制側が行者に仮託して創出した対抗言説（counter discourse）の諸相もある。

（31）『建久御巡礼記』（建久二年・一一九一）に、當麻寺創建伝承として記されている。

（32）『修験道章疏』第三巻［日本大蔵経編纂會編一九一九b］。

（33）「山寺」は史料上の表記である。天智七年（六六八）創建とされる近江の崇福寺が古く飛鳥時代に遡る。暫定的に、奈良時代までは「山寺」や「山林寺院」、比叡山延暦寺、高野山金剛峯寺は「山岳寺院」、中世の遺跡は「山の寺」とする。議論は継続中である［時枝編二〇一二。時枝二〇二四］。

（34）醍醐寺本『諸寺縁起集』は龍蓋寺（岡寺）と龍門寺の開基を義淵とする［大西二〇一六：一一二］。道昭（六二九〜七〇〇）は白雉四年（六五三）に唐に渡り、玄奘三蔵に唯識を学び、斉明七年（六六一）に帰朝し、元興寺を根拠地に法相宗を広めた。道昭の弟子が智通、智達、智鳳で、智鳳の弟子が義淵である。『日本霊異記』は道昭は役行者と新羅で遭遇したと伝える。

(35) 比蘇寺は、比蘇山寺、吉野寺、現光寺、放光寺などと表記され、江戸時代に世尊寺として再興した。比曾寺の表記は昭和二年（一九二七）四月八日に国史跡「比曾寺跡」に指定されて以後である。

(36) 善無畏訳『虚空蔵菩薩能満諸願・最勝心陀羅尼求聞持法』に基づく。

(37) 男女とも数え年の十三歳で行う祝いで、子どもが無事に成長したことを感謝し、立派な大人になれることを社寺で祈願する。旧暦の三月十三日前後に行う。

(38) 南北朝時代以降に十三仏思想が定着すると、最後の十三番目の仏とされ、三十三回忌を掌る仏になって弔い上げによる往生が祈願された。

(39) 最初に『聾瞽指帰《ろうこしいき》』（延暦十六年・七九七）を著し、晩年に改訂されて『三教指帰』とされた［渡邊・宮坂校注一九六五］。相互の内容や意図には微妙な差異がある［藤井二〇二二］。

(40) 『性霊集』の正式名は『遍照《へんじょう》発揮《はっき》性霊集《せいれいしゅう》』で、空海の詩、碑銘、上表文、啓、願文、公文書、諷《ふ》誦文《じゅもん》などを弟子の真済《しんさい》が集成し十巻とした。巻八から巻十は早くに散逸した。仁和寺の済暹が逸文を集成したのが『性霊集補闕抄』（承暦三年・一〇七九）である。

(41) 『空海僧都傳』の成立年代は『御遺告』（九五〇年頃）の後とされる［苫米地二〇二四］。『続群書類従』第八輯下。『覚禅鈔』『朝熊山縁起』などに同様の記述があり広く知られた話であった。

(42) 初見は『土佐州郡誌』。土佐史談会編『土佐州郡誌』土佐史談会、一九八三年に復刻版。原本は宝

永元年（一七〇四）から正徳二年（一七一二）に成立している。

(43) 密教では護国経典の『仁王経法』が重視され、鎮護国家を否定したわけではない。

(44) 伝承では、清瀧権現は元々は善女龍王が転じて密教の守護神となったという。空海は帰国時に海上守護を祈念し無事に帰朝できたので、高雄山麓の清瀧に清瀧権現として「氵（さんずい）」を加えた表記にして祀り、水神の様相が強まった。

(45) 羽黒修験の秋の峯二の宿の最後で、柴燈護摩を行い、六道を抜けて四聖に向かい即身成仏を目指す。

(46) 空海が奥之院で生身のまま修行を続けているという入定留身信仰の初見は、雅眞『金剛峯寺建立修行縁起』（奥書。康保五年・九六八）だが、実際は十世紀以降の成立で［武内二〇〇八：一九三、二二三］、十一世紀末から十二世紀頃かともいう［苫米地二〇二四：一二九］。入定信仰の成立は十一世紀が定説で、藤原道長の治安三年（一〇二三）の高野参詣が画期のようである。ただし、二十五ケ条『御遺告』（九五〇年頃）には弥勒下生の時に空海も下生すると記され、入定の先駆的表現とも言える。

(47) 湯殿山の即身仏に関する従来の見解は再考が進んでいる［中村・鹿野二〇二二］。

(48) 田村麻呂の開基と説く寺院もあり、蝦夷遠征の英雄に仮託された。

(49) 高野山と山岳信仰に関しては、［日野西二〇一六］参照。ただし、聖は元来は高僧の意味で、持戒堅固で別所を拠点にした遁世僧であった。五来説は未だ実証されていない。

(50) 五来は聖の原型には隠遁性・苦行性・遊行性・呪術性・世俗性・集団性・勧進性があると考え、承仕・夏衆を発祥とし、後に行人と聖に分化したとする。行人は山岳信仰と苦行と呪術を、聖は浄土信仰と念仏と納骨信仰を掌る。高野聖は行人の性格を残し、廻国と勧進を行うと共に十穀断ちの苦行を重ねたという。善光寺聖、圓空、木喰行道などの遊行聖もこの系譜であるとした。ただし、五来説は後世の文献上の聖を遡らせて考える傾向がある。

(51) 最澄はこの地に十一面観音を祀ったとされる。当初は神宮禅院、後に神宮寺となった。現在は日吉大社の神域である。

(52) 延暦寺の寺号は最澄没後(弘仁十三年・八二二)の弘仁十四年(八二三)に与えられた。令和三年(二〇二一)六月四日には、伝教大師一千二百年大遠忌御祥当法要が行われた。

(53)『群書類従』巻第四三九 上、下 釈家部一五。国立国会図書館デジタルライブラリー。

(54)『叡山大師傳』(九世紀初頭)には入山の願文が収録されている[村山一九九四:四六]。

(55)『渓嵐拾葉集』は「天龍八部」と記す。霊木は『山門堂舎記』は拘留孫仏《くるそんぶつ》の依頼で二人の鬼が守り伝えたと記し、『山王利生記』は地主権現の命で青鬼が守ってきたとする。鬼は山の荒ぶる霊である。

(56)『叡岳要記』(永和五年・一三七九)の原文には明星尾の脇に虚空蔵尾と添え書きしてある。山王の北斗七星の信仰や摩多羅神の祭祀、星宿信仰に展開していく素地がここにあった。天台宗は金剛界・胎蔵界・蘇悉地界の三部の密教を説き、蘇悉地界は虚空蔵院の働きを成就させるとされたので、胎蔵界曼荼羅の下部の虚空蔵を重視したのかもしれない。

(57)『叡岳要記』は薬師・釈迦・弥陀の三尊仏と多聞天・摩訶伽羅天の五体の仏像を刻んだと記す。

(58) 根本中堂修造の折には、「本願堂」に中堂本尊を遷して外遷座道場の機能を果たした。慶長十三年（一六〇八）に堂宇が再興され、その後も修理が行われたが、平成二十一年（二〇〇九）に礎石のみを残して伝教大師入山の聖地として整備した。

(59) 山側には「星の峯稲荷」があって荼枳尼天を祀る。星の伝承が多い場所である。

(60) 国立公文書館デジタルアーカイブ。

(61) 重華『行門還源記』（享保十年・一七二五）は回峰行の由来と修行の根拠を明確にした。

(62) 琵琶湖畔の伊崎寺は役行者開基と伝え、鎮守は熊野三所権現で、本尊は相応が刻んだとされる不動を祀る。八月一日に竿に鉢を付けて湖に飛び込む竿飛びの捨身行で知られ、空鉢と関連付けられていた［阿部一九八〇：七二］。葛川の夏安居の蓮華会を終えた回峰行者の行であった。伊崎寺は伊吹山修験との交流もある［増山二〇二四：五五～七六］。

(63) 『続群書類従』第二十八輯上釈家部。『門葉記』に引用。

(64) 『釈家官班記』上。『三代実録』元慶二年（八七八）条。

(65) 『善隣國寶記』は天徳二年（九五八）条に『義楚六帖』を引用して、吉野の金峯山に女性が登ったことはないが、男性は三ケ月精進すれば登れると記し、中国にも金峯山の禁忌は知られていた。

(66) 第十一条では「僧房に婦女を」「尼房に男夫を」泊めた時の罰則、第十二条には僧が尼寺に尼が僧寺に入ることを禁止する。僧尼は平等の扱いである。

(67) 『日本書紀』敏達天皇十三年（五八四）、蘇我氏が帰化人の女性三人（善信尼、禅蔵尼、恵信尼）を

出家させ善信尼は十一歳とある。識字能力者や巫女と推定される［櫻井一九七七：三〇三］。

(68)法令の原文は、『太政類典』及び、『法令全書』第一巻。国立国会図書館デジタルアーカイブ。https://www.digital.archives.go.jp/dajou/。

(69)寺院や神社など「堂社の結界」に対してであって、「山の結界」が意識されていない。

(70)貞観五年（八六三）に早玉神が正二位、延喜七年（九〇七）には早玉神に従一位、熊野坐神は正二位、天慶三年（九四〇）に同時に正一位、以後本宮が上位になる。

(71)「三所」の初見は、藤原為房『大御記』の永保元年（一〇八一）十月五日条の「三所の御殿」に幡・花鬘《けまん》を供奉した記事である。

(72)熊野信仰には多くの研究書がある。仏教民俗の観点からは［豊島一九九〇］を参照。

(73)釈迦の入滅年を周の穆王五十二年（紀元前九四九）以後、正法千年・像法千年とする。『扶桑略記』永承七年（一〇五二）一月二十六日条に「今年始めて末法 に入る」とある。

(74)『今昔物語集』（天永～保安年間、一一一〇～一一二四）巻十四第七・第八は、立山の極楽と地獄を記す。現在も山中に浄土ケ原や弥陀ケ原、地獄谷などの地名が残る。

(75)吉田一彦は、本地と垂迹を結び付けた人物は、仁和寺の真言僧の済暹と推定している［吉田二〇二四：三〇八］。

(76)三所の本地は阿弥陀、千手観音、薬師、五所王子の本地は十一面観音、地蔵、龍樹、如意輪観音、正観音。吉田一彦は「本地」の史料上の初見は、伊勢の『大神宮諸雑事記』巻一の天平十四年（七四二）十一月三日条の記事で［吉田二〇二四：二八六］、『長秋記』の熊野の記事がこれに次ぐという。

(77)特に元興寺（南寺）、興福寺（北寺）は山林修行と深く関わった。

(78)『日本紀略』延喜五年（九〇五）九月某日には再度、金峯山に行幸している。

(79)熊野詣関係の史料は、［新宮市史史料編纂委員会編一九八三・一九八六］。

(80)聖護院の活動は室町時代に熊野詣の再興をもたらした［川崎編二〇一一］。

(81)『仲資王記』元久元年（一二〇四）九月十六日条に「山臥装束三具御精進屋へ進入」の記事がある。

(82)「大峯縁起」は延久二年（一〇七〇）に本宮の証誠殿に安置されたと『熊野権現金剛蔵王宝殿造功日記』（真福寺本）に説かれ、寛治四年（一〇九〇）に白河上皇が被見して、大江匡房が読み上げたというが虚構である。蓑笠を着て大魔に備えて相伝せよなど話は増殖する［阿部二〇〇一：二一一～二一三］。

(83)『両峯問答秘鈔』巻下第五十三によれば七か所で、紀伊御河、角河、出立、瀧尻、近露、湯河、音無とある。『修験道章疏』第二巻［日本大蔵経編纂會編一九一九a］。

(84)『群書類従』巻第三二七「紀行」部。

(85)小笹《おざさ》（小篠）を拠点とした当山派修験に伝わる秘伝を記した書である。

(86)五所王子の第一位の若宮は若一王子《にゃくいちおうじ》ともいう。『中右記』は若宮王子、『長秋記』は若宮、『梁塵秘抄』は若王子、『寺社元要記』は若一王子、『壒嚢抄』は若女一王子と記す。童子や少女の姿で現れる。

(87) 祭神の本地垂迹に関しては、『紀伊續風土記』〔仁井田編一九七〇：五五〜五六、一〇九〜一一〇、一九三〜一九四〕。熊野権現の本地垂迹は、古くは『金峯山秘密傳』(十三世紀)に記されている〔日本大蔵経編纂會編一九一六：四四七〕。

(88) 山上ケ岳後方の阿古谷には悪龍が棲むという。羽黒山の阿久谷は開山能除太子が観音の示現を得た所である。五来重はアコヤは「悪谷」の意味で葬場・風葬の地のため死穢で近づかないとした。六波羅蜜寺の阿古屋という平安時代末期の宝塔から連想したようである。

(89) 書写山円教寺は乙天若天の両護法、葛川息障明王院は乙護法、背振山、阿蘇山にも乙護法の伝承がある。

(90) 各地に一本ダタラの伝承が残る。『紀伊續風土記』巻八十の牟婁郡色川郷樫原村王子権現の由来は一踏鞴《ひとだたら》を退治した刑部左衛門を祀るという〔仁井田編一九七〇：八六〕。

(91) 『彦山流記』〔五来編一九八四：四六八〕。梵字ケ岩には釈迦・胎蔵界大日・阿弥陀の月輪《がちりん》梵字が刻まれ、近くの勢至菩薩の刻銘は嘉禎三年(一二三七)造立とある〔添田町町教育委員会編二〇一六：八七、一四三〕。

第三章　修験道の成立と展開

一　修験道とは何か

修験道は山岳修行の実践として日本文化に広く深い影響を与えた。修験とは山岳修行で験という特別な力を得ることをいう。修験者（山伏）は験力に基づいて自他の救済にあたり、特に民衆から篤い信頼を得ていた。山岳信仰と仏教を独自に結びつけた点に修験道の特徴がある。山を密教の教義で意味付け、峯や谷を曼荼羅と見なし、山岳修行を心身を浄化する意味の抖擻《とそう》と呼んで独自の思想と実践を展開した。曼荼羅は、本来、仏菩薩を描き観想するための絵画であるが、修験道は修行場の山岳景観に適用して、「曼荼羅を歩く」という独自の思想を醸成して、十界修行という即身成仏への修行を確立していった。民衆は修験者が山岳修行で獲得する験力への信頼を強く持ち、加持祈禱や護摩を依頼し、五穀豊穣、病気直し、薬草の処方、文字教育等、多岐にわたる現世利益の願いを修験者に託した。修験とは和製漢語である。修験道は、日本独自の儀礼・芸能・文学・絵画などを生み出す母胎になった。

修験道の発祥の地は、吉野の金御嶽《かねのみたけ》、後の金峯山《きんぷせん》で、吉野と熊野の間に聳える大峯山を修行場として鎌倉時代中後期に成立した。修験道は近畿地方から全国に広まり各地の山岳信仰に大きな影響を与えた。中心から周縁へという展開が明確でモデルは金峯山や大峯山であった。各地には「国御《くにみ》嶽《たけ》」「国峯《くにみね》」が選定されて地域の拠点となり[(1)]、大峯写しの霊場・霊山・修行場が成立した。修験道は熊野信仰とも重なって各地に伝えられた。琉球・沖縄の聖地が御嶽（うたき）の名称で呼ばれるのは、熊野修験の活躍による。ただし、日本の大半の山が修験道の山になったわけではなく、影響には濃淡がある。修験者の定着に伴い山麓には修験集落が形成され、江戸時代以降は村落や都市で「里修験」が活躍した［宮本一九八四］[(2)]。「里修験」は山岳修行による験力への民衆の信頼を基礎にして、病気直しや疫病退散、雨乞い、人生儀礼、小祠小堂の祭りなどを行い、多くは妻帯して、生活者として地域社会に溶け込んで生きてきた。

修験道は山岳信仰と仏教の融合の典型例で神仏混淆が根幹である。修験道は元々は開祖や宗祖を持たなかった。依拠する特定の経典を定めず、ひたすら山を歩く。役行者が修験道の開祖として登場するのは鎌倉時代以降で、法然・親鸞・日蓮・一遍などによる民衆仏教が勃興して、祖師を強調したことに対抗する動きであったのかもしれない。

修験道に関しては、和歌森太郎［和歌森一九七二（一九四二）］、宮家準［宮家一九七一、一九八五、一九九九、二〇一二］、五来重［五来一九八〇、二〇〇八a、二〇〇八b］、鈴木昭英［二〇〇〇

三、二〇〇四a、二〇〇四b〕などの研究が積み重ねられてきた。明治の神仏分離で修験道は崩壊したが、基礎史料として『修験道章疏』〔日本大蔵経編纂會編一九一六、一九一九a、一九一九b〕が編纂され、各地の史料や報告が次第に蓄積されてきた。特に『山岳宗教史研究叢書』全十八巻（一九七五〜一九八四）の刊行で全国規模で山岳信仰や修験道の歴史や伝承、芸能や文学などが総合的に明らかにされたことは大きな成果であった。その刊行から約五十年近くを経て、改めて修験道の学史を振り返るために重要論文を収載した論集〔川崎・時枝・徳永・長谷川編二〇二三a、二〇二三b、二〇二四〕が刊行されて、研究の回顧と展望が試みられた。近年、修験道史の再検討が進み、修験道の成立は鎌倉時代中後期が有力視され学史の見直しが進んでいる〔時枝・長谷川・林編二〇一五〕。「修験道研究」から「修験道史研究」への展開である。海外の研究者の修験道への関心も高く、英文論集『Defining Shugendō 修験道を定義する』〔Castiglioni,Andrea, Rambelli,Fabio, Roth,Carina eds.2020〕の刊行は画期的であった。考古・美術・宗教・民俗などを取り込んだ総合的文化史の研究が期待される。

日本山岳修験学会（昭和五十五年・一九八〇創立）[3]は、毎年各地の霊山や寺社などで研究大会を開催し、成果は『山岳修験』に特集号としてまとめられ、研究の蓄積は進んでいる。各山々の調査や研究に関しては、出羽三山、鳥海山、日光山、武州御嶽山、富士山、白山、立山、戸隠山、木曽御嶽山、大峯山、石鎚山、英彦山、宝満山など個別の霊山の研究が刊行された。他方、霊山や霊場、巡礼地などが、世界遺産や日本遺産の登録で文化資源や伝統文化とされ、観光化が推進されるなど大きく変容してきた［鈴木二〇二一b］。山岳信仰や修験道の研究は再検討する時期になった。

二　修験道の定義と成立年代

修験道の定義は、宮家準によれば「日本古来の山岳信仰やシャーマニズムに神道・仏教・陰陽道が習合した宗教」［宮家二〇〇一：三］とされ、平安時代後期の成立と説かれてきた。この定義は、宗教学の観点から、修験道を習合宗教、シンクレティズム（syncretism）と見る立場で、宗教の宗派性を意識している。ただし、シンクレティズムは、異端・不純・非正統性など負のニュアンスがつきまとい中立性を欠く。神道・仏教・陰陽道という概念も再検討が進んでいる。神道の用語の初見は『日本書紀』で、仏法などに対抗する「在来の伝統的な信仰」として使用され［井上二〇二四：五五、六九］、単に日本の神々を意味するに過ぎないという［三橋二〇一三：四〇～四二］。天武朝が初見の「神祇」の用例はあるが、実態としての神道や古神道は存在しない。他方、テーウンは漢語の「神道」は日本ではジンドウと読まれて「仏教下の神々を指す仏教語」となり、十四世紀にシントウと読まれて習合名詞から抽象名詞に展開したと説く［テーウン二〇〇八］。また、平安時代中期以降に現れた「神道」は、「仏法でなだめる神」の意味で、神を仏菩薩の化身とする本地垂迹説の文脈の中で、十三世紀には「馴致すべき神」という意味になったという［テーウン二〇一七：一〇］(4)。「神道」の概念は、中世では宗派性とは無縁の仏教用語となったのである。伊藤聡によれば、現在の神道の認識に近いのは両部神道や伊勢神道などで、中世の神仏習合的状況の中で形成されたと考える［伊藤二〇一二：一五］。他方、陰陽道は、中国伝来の占いや術数などの曖昧な知識や実践ではなく、陰陽師が専門的に掌った学術・技能・職務が一体化して、九世紀後半から十世紀以降に日本で成立した［山下一九九六］。陰陽道の宗派性は薄い。道家思想に淵源を持つ神仙思想に関しては、山岳信仰に大きな影響を及ぼし、併せて陰陽五行説も受け入れたが、選択的受容で断片的知識に留まる。神道・仏教・陰陽道など、習合宗教を構成する概念は全て再検討を要する。

他方、仏教は六世紀に経文と仏像を伴って伝播し、宗祖・教義・組織・儀礼、思弁の体系性によって強力な外来思想として深く浸透した。経典読誦の功徳や経典受持の呪的効果も多くの人を引付けた。仏教は伝来以来、約二百年後の奈良時代には、神宮寺が出現し、神身離脱や護法善神などのいわゆる神仏習合を生み出し、十一世紀中葉以降には本地垂迹説が現れて十二世紀に広まり、顕密体制や中世神道に強い影響力を持った［上島二〇二〇：一〇三〜一〇四］。「目に見える」姿をとって、神が仏と一体化してこの世に出現するという垂迹思想や、山の神が権現として化現する思想は一般化した。密教の影響を強く受けて修法の実践に特化した修験道は、従来は平安時代後期の成立とされてきたが、鎌倉時代中後期の形成が有力で、組織化が進むのは十五世紀である。近年は、修験道研究に歴史学の成果が取り込まれ、宗教学・民俗学・地理学とは異なる見解が提示されている。

修験道の定義に関しては、山岳信仰を基盤とすることを重視し「山岳を仏法や神仙思想で意味付け、山の霊力を身体化する体系的実践」と再定義してみたい。宗教の概念は西欧思想の影響が強いので使わない(5)。山岳宗教の概念は再検討を要する。修験道は教義よりは実践を主体にして、在地の山岳信仰を基盤とし、外来の仏教、特に密教を意味付けに取り込み、中国の陰陽思想や神仙思想を選択的に受容して、日本の民間信仰と融合して展開した［鈴木二〇二五］。

古代の山林修行者には、山中で辟穀《へきこく》（穀断）、服餌《ふくじ》（服薬法）、調息《ちょうそく》（呼吸法）などを実践して仙人になり不老長生を得ようとした神仙思想の影響もあるが、次第に影を潜めていく。山を結節点として外来思想が取捨選択され鎌倉時代中後期に密教を山岳修行に取り込んで体系化した修験道が姿を現す。そして役行者を開祖に仰ぐという言説が広まっていった。修験道は山での修行で獲得した霊力を、仏教を通して法力や験力に読み替えて独自の展開を遂げた。修験道の特徴については、第一章で試論的に敢えて本質主義の立場から十項目に分けて整理しておいた。以下では、修験道研究の近年の成果に学びながら、修験道の歴史的変遷を概観して、問題点を検討する。

三　修験道の形成

修験の文献上の初見は『日本三代実録』貞観十年（八六八）七月九日条、「大和国吉野郡深山沙門、名道珠、少年入山未出、天皇聞有修験(6)」で九世紀に遡る。この記事は吉野の深山で修行した密教僧の道珠が発現した能力の意味で、「修験」と評価された。文字通り「験を修めた」状態に由来する［長谷川二〇一六：二四］。『小右記』天元五年（九八二）三月二十五日条では験者の勝算《しょうさん》は

「年臘共に浅く難有りと雖も、修験と聞く有」と評される。十一世紀以降に、山岳修行と修験が結びついていく。『新猿楽記』（十一世紀中葉）には、大験者の次郎が大峯山・金峯山・熊野・葛城を経巡る「山臥修行者」とあり、山岳修行が験力獲得の実践として重視され、山臥や山伏が修験と同義になっていった。『今昔物語集』（天永～保安年間。一一一〇～一一二四頃）巻十七第十八は、備中国の阿清に関して「天性として修験を好み、諸の山を廻りて海を渡て難行苦行す。(7)」と記し、修験は験力獲得のための行為や過程を意味する言葉に変容した。

平安時代中期に活躍し、従来は修験の先駆とされていた「験者《げんざ》」については再検討が進み、多くは病気直しをする密教僧で、占いを主とする陰陽師とは役割分担して加持祈禱を行っていた［小山二〇二〇。徳永二〇二二］。ただし、密教僧は事相面の活動に関わり、験者は験力を発揮する時の呼称という説もある［長谷川二〇一六：二七］。十二世紀は大きな転換の時代で、大和の大峯山・金剛山・笠置山・箕面山などの縁起が作成され、興福寺が大和の霊山の統御に乗り出した［川崎二〇二一］。『諸山縁起』（十二世紀）は興福寺の慶政の書写で、山中の行場の宿や嶺の所在と仏菩薩が明記されて修行路の整備が進んだと思われる。『七天狗絵』（永仁四年・一二九六頃）第五「山臥・遁世」は大峯山を「両部曼荼羅の山」と明記する［阿部二〇一八：四六一～四八六］。十三世紀後半は、大峯山での山岳修行の密教による体系化が進み、伝法の正統性が確立し、修験道に至った。

修験道の成立に関して歴史学の立場から新しい見解を示した長谷川賢二［長谷川一九九一・二〇

一六〕や徳永誓子〔徳永二〇〇一、二〇〇三〕の成果をまとめれば以下のようになろう。修験の意味は、十二世紀には験者の能力や評価から、験力の獲得行為という実践面に転化した。十三世紀末から十四世紀にかけて修行の体系化が進み修験道の成立に至る。「修験道」の表記の初見は『醍醐寺縁起』（正安元年・一二九九）の「役行者修行之後、大峯在大蛇、斗藪中絶、尊師避除之、其後修験道之道、如本興行矣」(8)である。北嶺では「葛川行者衆議陳状案」（文保二年・一三一八）に記載がある〔村山編一九六四：二九三〕。『天狗草紙』（永仁四年・一二九六）の園城寺巻は、顕教・密教と共に「修験の一道」を挙げ、顕・密・修験の「三事」を兼ねることが園城寺の優越を表すと記す。(9)山門派の『諸国一見聖物語』（至徳四年・一三八七）も「顕・密・修験三道」の兼修（兼帯）を説く。(10)十三世紀から十四世紀に修験は顕密仏教の一部門として形成された。験の獲得も、「参籠の験」から「抖擻《とそう》験」へと変わる。修験は山岳修行に特化し、顕教・密教と兼修されて、十五世紀に教団化した〔長谷川二〇一六。徳永二〇一五〕。天台系の本山派の成立は十五世紀頃で確立は「修験道法度」以後である〔近藤二〇一七〕。

　遡ると本山派の創始は、遡行すると寛治四年（一〇九〇）白河上皇の熊野御幸に際して、園城寺の増誉が先達を務めた功績で、熊野三山検校に補任され寺門派に連なる聖護院を賜ったことに求められる。十四世紀末頃から熊野三山検校職は、聖護院門跡の重代職となり、十五世紀には聖護院門跡は京都東山の若王子乗々院を熊野三山奉行とし、住心院、積善院などの院家の協力の下に全国の熊野先達を統轄した。主要な二十七先達の下に年行事を置き、霞と呼ばれる一定地域の山伏の支配や参詣の先達・配札の権限を認めた。本山派は園城寺の開祖円珍（智証大師、八一四〜八九一）を派祖に挙げる。他方、真言系の当山派は、醍醐寺三宝院を棟梁とし、聖宝を派祖として、十六世紀後半以降に本格的に成立した［関口二〇〇九］(11)。

十五世紀には女性の穢れを強調する『血盆経』が伝来し、「五障三従」を女性固有の罪業とする社会通念が広まって、女性劣機観と女性罪業観が結合し［川内二〇一六］、女性の穢れが恒常化する。女人禁制・女人結界の四字熟語が顕在化したのは十五世紀から十六世紀である。修験道の教団化の影響も大きいと見られる［鈴木二〇〇二、二〇二一a］。十五世紀が変化の転機であった。

修験の語彙や用法は日本独自である。山岳修行は「抖擻《とそう》」と呼ばれる。原義では欲望を断ち切り心身を浄化して雑念を祓って修行することである。サンスクリット語ではドゥータ（dhūta）であり、漢語で音写して「頭陀」となり、「抖擻《とそう》」や「斗藪」と訳された。「抖擻《とそう》」は「振り払う」ことで執着をなくす意味だが、「斗藪」は藪を振り払うとも解され、山林跋渉で執着を断つ山岳修行の苦行を指す用語として定着した［小林二〇一〇：三四〜三五］(12)。「抖擻《とそう》」には「穢れを祓う」意味もあり、清浄地の山での修行を正当化した。日本では「抖擻《とそう》」や「斗藪」の漢語を独自に読み変え、山中修行は仏教の正統的な裏付けを得たのである。

修験道の独自の修行である「峯入り」は、山々を縦走して「験」を得ることにあったが、参籠が「峯入り」の前段階である。中世の彦山は天台宗の山林修行場で『彦山流記』（建保《けんぽう》元年・一二一三）(13)によれば、四十九窟を兜率天の内院とし、参籠が主体で臥験として活躍した。戸隠山では天台宗の事相書『阿娑縛抄《あさばしょう》』戸隠寺の条「戸隠寺略記」（弘安二年・一二七九）によれば、(14) 洞窟を「験処」と記し参籠で験を得た。いずれも修験化以前の状況を伝える。修行者を表す言葉としては、「臥験《がけん》」「山臥」「山伏」「修験」の用語が文献には散見し重なり合う。室町時代の修験者の儀礼教義の伝授を証する印信切紙の集成の智光・蓮覚編『修験三十三通記』や即傳『修験修要秘決集』（大永年間・一五二一～一五二八）によれば、(15) 修行して自己の心の中で真理を悟る内証山伏を「山臥」、修行の後に下化衆生《げけしゆじよう》のために出峯した外用山伏を「山伏」とする。彦山では教義上は、内証と外用を区別し、山臥から山伏へと質的変化を遂げた。山で修行や参籠を行うだけでなく、修行で得た体験と力を生かして広い世間で活躍する山伏へと変貌し、個人を救済し地域社会を安定させる利他行は、次第に重要性を増していった。教団化に伴い修験道の名称が総称になった。

修験道の特徴を、峯入り、独自の崇拝対象、祖師化とテクスト化、修験と自然の荒ぶる力、修験と芸能の一体化に分けて論じてみたい。

四　峯入りの思想

修験道の特徴の第一は「峯入り」である。山中で修行し、仏菩薩や自然との感応によって「験」と呼ばれる霊力を身に付け、山中の霊を身体化する。春峯・夏峯・秋峯・冬峯の四季の峯入りが行われた。修行の基本は、尾根筋の山の峰々を忠実に辿る縦走の形をとる。ミネ（峯・嶺）のミは尊称でネは根源や根元に通じ聖性を帯びる。漢字表記では、山冠の「峯」の文字にこだわる。峯には力が籠るのである。現代の行者の話であるが、峯を歩くことで大地の力が足の裏から体内に取り込まれるのだという。峯は天地の境で力が凝縮している。峯々に籠る大地の力を重視する。山は「御山」や「御嶽」と言われ、ヤマ・タケ・ミネは通底する。大峯山の主峰は弥山で、宇宙の中心にある須弥山に喩えられる。尊称の「御山」、オヤマあるいはミヤマは、ミセンと読めば弥山に通じ、仏教の山岳観に読み替えられる。吉野が頭で熊野が尾になり、山上ケ岳の近くの御亀石が背中だという。亀の背に乗る大峯山は世界の中心の須弥山に喩えられた。大峯山ではインドや中国からの霊山の飛来伝承も説かれる。『吏部王記《りほうおうき》』承平二年（九三二）二月十四日条には、醍醐天皇の護持僧の貞崇《じょうすう》禅師からの伝聞として、金峯山は中国にあったが金剛蔵王菩薩と共に山ごと日本に来て、金剛蔵王は金峯山に住む龍を退治したと記す。『諸山縁起』（十二世紀）は「仏生国の巽《たつみ》、金剛窟の坤《ひつじさる》の方」の飛来、『金峯山秘密傳』（十三世紀）『金峯山創草記』（十四世紀）はインドの王舎城（ラージギル）東北にある霊鷲山（耆闍崛山。グリドラクータ）の角が飛来したと説く。特に釈迦説法の地の霊鷲山からの飛来伝承は大峯山の権威を高め、日本は「粟散辺土《ぞくさんへんど》」の辺境ではなく、仏法興隆の地とされた。天竺・震旦・本朝の「仏教的三国世界観」で周縁と中心を逆転した。日本を至上とみる「神国思想」の影響もある。大峯山は仏教の聖地と直結し聖性は高まった。

修験道は山を曼荼羅に見立てる。曼荼羅とは「本質を有するもの」の意味とされてきたが、真理を一つに集めたもの「輪円具足」とも説かれる［正木二〇二一：一七〜一八］。仏菩薩の観想のための霊的な法具で、中央に本尊の大日如来、周囲に多くの仏菩薩を順位に従って秩序正しく幾何学的に配置して描く。本尊が全ての根源でいかなるものにも姿かたちを変えて現れる。この世の森羅万象が全て仏の顕れで意味のないものは一つもないという真理を表す〔正木二〇一二：一三四〕。曼荼羅は密教の法要に際して本尊の左右にかけられる。修験道は、寺院内の修法で用いられる曼荼羅を、大自然そのものと同体と見なし、山や谷を仏菩薩の居処の曼荼羅として修行する。

曼荼羅の思想を日本に導入したのは空海（七七四〜八三五）で、恵果阿闍梨から『大日経』に基づく胎蔵界と『金剛頂経』に基づく金剛界の双方の行法を伝授され、「金胎一如」を究極の到達点として思想を深めて、後の修験道に大きな影響を与えた。金剛界は事物の本性を見抜く「智」を、胎蔵界は現実にある宇宙や世界の「理」を象徴する〔正木二〇一二：一六二〕。瞑想と智慧が相即融合する。しかし、金剛界と胎蔵界は別系統の経典で内容も全く違う[16]。金剛・胎蔵の「両部不二」を説く発想は、不空の愛弟子で善無畏の弟の玄超から伝法を受け、『大日経』と『金剛頂経』の双方の系統の伝法を得た恵果阿闍梨に発すると推定される。両部曼荼羅（両界曼荼羅[17]）や両部不二の思想は空海が発展させた〔正木二〇一二：一八三〜一八四〕。両部は多くの思想を結び付ける日本独自の展開の可能性を開いた。両部曼荼羅は中国では定着せず、特に胎蔵界の思想は普及しなかった。修験道は山を両部曼荼羅に見立てると共に、胎蔵界を重視して山中を「胎内修行」とし、「擬死再生」を目指す。胎蔵界は母親が胎内の子供を育むように仏が慈悲で菩提心を育てる。この思考は、山をものを産み出す「母なる山」、母胎や胎内と考える山岳信仰と適合的で「擬死再生」の実

図3―1　羽黒修験。秋峯修行。笈からがき。撮影＝鈴木正崇

践に展開した。根源には山を「死と生の始源」と考える民衆の想いがある。

山中修行への入峯は「入成《いりなり》」、出峯を「出成《でなり》」という[18]。「入成」は胎を宿すこと、「出成」は出産の意味である。「入胎」「出胎」とも言う。「峯入り」は胎児が胎内で成長し赤子として誕生する過程に準えられる。山中修行では岩の割れ目で「胎内潜り」を行い、男根女陰に擬した岩を拝み、胎児を育むと観念する。性もまた力の源泉である。羽黒山の秋峯修行では、修行に先立ち、「笈からがき」によって、断末魔の作法を行い霊魂を笈に祝い籠めて亡者となる。肉体と霊魂を分離する擬似葬儀である（図3―1）。登拝の前に黄金堂に参拝して梵天投じの男女和合で新たないのちを宿すと観念する。山中では母胎とされる笈に抱かれ、胞衣に喩える斑蓋《あやいがさ》をかぶせ、念仏を唱えて自ら供養して登る。山中はあの世であり他界遍歴をする。一の宿と二の宿は「六道輪廻」の行で、柴燈護摩で肉体の穢れを焼尽し、発心・修行・等覚・妙覚の四門を潜り、擬似葬式の逆修を行って、三の宿の「四聖」に入る。最後は阿久谷に向けての大懺悔の後に山上から産声を上げて「参道」を「産道《さんどう》」に見立てて駈け下り、「場柴燈」を飛び越えて生まれ変わる。火即水で「産湯をつかう」と観念する。修験者は「峯入り」で山中の霊力を身につけ、悟りを身体化し、自らを新たな仏と観念して再生する。身体観の変容が修験道の極意である。

「峯入り」では曼荼羅を歩き、不動明王、蔵王権現、金剛童子などの守護の下に主尊の大日如来との一体化を目指し、肉身のままで仏となる「即身成仏」が目標とされた。究極には自然と一体化し自然によって包摂され森羅万象と融合する境地を目指す。「峯入り」の発祥の地は、吉野と熊野を結ぶ大峯山で、両部曼荼羅に見立てられ、峰や尾根を金剛界、谷や洞窟を胎蔵界と観念して胎金不二の修行を行うとも説く。天台系は金胎不二でなく胎金不二を使い、胎蔵界重視の傾向がある。吉野側が金剛界、熊野側が胎蔵界で孔雀岳南方の「両部分け」が境界である。胎蔵界曼荼羅の中台八葉は熊野側の深仙《じんぜん》で最高の聖地とされる。円珍を本尊に祀る御堂と護摩壇が残る。深仙は神山・深禪・深山・神仙《じんぜん》とも表記され神仙思想が色濃い。役行者は七度の生を受けて大峯山中に閼伽井《あかい》と大壇を設けて修行したとされ、『諸山縁起』は、深仙の三重の岩屋の初重に阿弥陀曼荼羅、中の重に胎蔵界曼荼羅、上の重に金剛界曼荼羅を築き、岩を削って二種の縁起を納めたと説く。深仙では正平九年（一三五四）に聖護院門跡良瑜の創始と伝える本山派修験の「深仙灌頂」が授けられる（図3―2）。天の臍を源とするという香精水《こうじょうすい》が訶梨帝母《かりていも》の岩（四天岩）から流れ落ちる。訶梨帝母は

図3―2　深仙。護摩。撮影＝鈴木正崇

山の女神が仏教化された姿で、修験にとっては「山の聖水」で山の神と一体化する秘儀である。四海の水を頭上に注いで世界と一体化するインドの即位儀礼を、密教では峯中灌頂として即身成仏を目指した(19)。深仙では修験独自の柱源神法《はしらもとしんぽう》も行われた。陰と陽の二本の乳木を据えて観想で合一する。乳木は天と地を繋ぐ柱とされて神・仏・自然が一つになる。宇宙の中心の中台で行われる秘儀である。峯中灌頂は役行者が箕面山の瀧窟で龍樹から伝法されたと伝わる。密教の始祖とされる龍樹からの師資相承の系譜が、役行者を介して法脈の正統性が保証され(20)、弟子にも受け継がれていく。龍樹は密教の開祖の龍猛と同一人物とされてきた［松長一九八九：一〇四～一〇六］。密教の正統的法脈の継承を修験は主張した。「峯入り」を顕密仏教で意味づける動きも生まれた。『私聚百因縁集』（正嘉元年・一二五七）は葛城山を法華一乗峰とし、『七天狗絵』（永仁四年・一二九六頃）第五「山臥・遁世」では、大峯を「両部曼荼羅の山」、葛木峯を「一乗法花の峯」と記す。大峯山は真言密教の金胎両部の「密の峯」、葛城山は法華経信仰に基づく「顕の峯」と考えるようになった［宮家一九八五：三三〇〜三五九］。江戸時代には、役行者が葛城の峰々に『法華経』八巻二十八品を埋納したとの伝承が起こり、峯入りの意義を法華思想で正統化した。

大峯山の峯入りは室町時代以降に整備され、本山派（天台系）と当山派（真言系）[21]が確立して教団化が進んだ。大峯山では、本山派は熊野から吉野へ向かう順峯《じゅんぶ》を、当山派は吉野から熊野へ向かう逆峯《ぎゃくぶ》を行った。順峰は春峯で胎蔵界、従因向果（迷いから悟りへ順を追っての修行）、逆峰は秋峯で金剛界、従果向因（悟りを開いた者が衆生済度《しゅじょうさいど》のために身を落して苦しみをともにする修行）と説かれる。自利行と利他行、上求菩提と下化衆生は一体である。近世に入ると逆峰が大半となった。この理由は熊野の修験が近世以降に弱まり、熊野からの入峯が難しくなったこと、逆峰の衆生済度の教義が強調されたこと等が挙げられる。羽黒修験が専門の山伏を養成する秋峯も逆峰で下化衆生とされ、民衆と共に生きる修験の生き方が示されている。江戸時代には、「修験道法度」（慶長十八年・一六一三）が制定されて聖護院と醍醐寺三宝院のいずれかの配下に組み込まれた。羽黒山・戸隠山・彦山は、幕府の意向を受けた寛永寺が管轄した。近世には修験道は制度化が進んで組織が整えられ、政治性を強く帯びた集団へと変貌したのである。

五　山林修行から「峯入り」へ

「峯入り」に先立つのは古代の僧侶や優婆塞による山林修行である。奈良時代の山林修行者は修行の適地の「清浄地」の山に参籠した。白鳳時代（七世紀後半）の成立とされる吉野の比蘇寺などの「山寺」では僧侶が参籠して虚空蔵求聞持法を行った。[22] 本尊の虚空蔵菩薩を前に、真言を一定の場所で百万遍唱えて無限の記憶と智慧を会得する行法でかなりの苦行である。[23] 特徴は、第一には僧侶にとって不可欠な経典読誦の記憶力の増強を齎すこと、第二には常人では不可能な加持祈禱の呪力を獲得することにある。山林での修行が習得に最も望ましいとされ、吉野の山寺が修行の適地とされた。薗田香融は、比蘇寺では山林修行で「自然智」を得て、僧侶達は「自然智宗」を形成したと考えた。自然智とは「学知」に対する「生知」で菩薩から付与される天賦の智慧である［薗田一九五七：四五〜六〇］。しかし、自然智や虚空蔵に関しては再検討が進む［井上二〇一六：二四七〜二五一］。比蘇寺（図3―3）では、唐僧で法相宗の神叡《しんえい》（?〜七三七）や道璿《どうせん》（七〇二〜七六〇）などが参籠した。治病も目的で山林修行は医術にも効験を発揮した。虚空蔵求聞持法は、陀羅尼でもあり、[24] 言葉の力を通して霊力を身につけた。『陀羅尼集経』などと同様な初期密教の受容で、基本は優婆塞の行法である。虚空蔵求聞持法の修行のために山に入った空海も優婆塞であった。朝廷は、当時、山での修行者への禁令を出したが、逆に言えば山林修行が盛行していたことの証左とも言え

図3―3　比蘇寺西塔跡。現・世尊寺。撮影＝鈴木正崇

る。虚空蔵求聞持法は、寂静の地での山林修行と結びついて奈良時代に盛行した。『続日本紀』養老二年（七一八）十月十日の条の僧綱への布告では、当時の僧侶は学問と修行の二つの群があり、僧侶には山で修行した者が多くいた［蓑輪二〇一五：一四〜一五］。

山林修行者を検討する。代表的な人物は、文武天皇の御代に活躍したとされる役行者で、『続日本紀』文武天皇三年（六九九）五月二十四日条や『日本霊異記』（弘仁年間、八一〇〜八二四）上巻第二十八に事績が載る。役小角は優婆塞で在家者で、巫者の系譜に属すると推定され、山に登って特別な力を得て神霊を使役した。広く知られていた話のようである。

金峯山での修行の実態を伝えるのは禅師広達《こうだち》で、『日本霊異記』中巻第二十六に「吉野金峯に入り、行樹の下で経を読み、仏道を求む」と記す。聖武天皇の御代である。広達は宝亀三年（七七二）に十禅師に任じられ、山林修行が評価されたと見られる。『令義解』

は『僧尼令』に注記し「山居して金嶺《かねのみたけ》に在る者は、判じて吉野郡に下る類也」とあり、複数の修行者の存在を示唆する。聖武天皇の御代に東大寺の創建に関わった行基も若い頃は山林修行を行った。孝謙天皇の御代に天皇の護持僧になった道鏡は悪名高いが、葛木山で修行したと伝える。熊野では法相宗の永興禅師《えいごうぜんじ》が称徳天皇の御代に牟婁郡熊野村で『法華経』によって海辺の人を教化して南菩薩《なんぼさつ》と尊称されたと『日本霊異記』下巻第一は記す。永興に教化された僧は、後に麻の縄で足を縛り、崖に身を投じて捨身したが髑髏のまま『法華経』を唱え続けていたという(25)。禅師とは霊力のある修行僧であった。

空海は吉野や四国で修行した。『三教指帰』序文には一沙門の勧めで虚空蔵求聞持法の修行を志し、四国の大龍嶽《たいりゅうがたけ》に登り室戸岬では明星来影を受けたとある［渡邊・宮坂校注一九六五］。『聾瞽指帰』（延暦十六年・七九七）には大龍嶽・室戸岬で求聞持法を修し、金嶽（金峯山、或いは金山出石《いずし》山）と石峯（石鎚山）で山林修行を行ったと記す［武内二〇〇六：四九九］。『性霊集補闕抄』（承暦三年・一〇七九）巻九収載(26)の弘仁七年（八一六）の上奏文では、若き日に吉野から高野へ行き修行したと記す。高野山は上奏文のみの記載である。空海と山林修行の接点は虚空蔵求聞持法で、記憶力増強と特別な神力を得る修行は、山が行法の適地であった。時代は下るが修験の霊山には、虚空蔵山があることが多く、影響を後世まで及ぼした。

山林修行は、①吉野から奥山の大峯山に展開し、②修行も参籠から峯入りに移行して、③個人の行から集団主体の修行となった。大峯山の修行僧には円珍《えんちん》、行尊《ぎょうそん》、浄蔵《じょうぞう》、道賢（日蔵）、高算《こうさん》、霧

図３―４　笙の窟。出典：日本遺産ポータルサイト（https://japan-heritage.bunka.go.jp/ja/culturalproperties/result/2152/）

島山・背振山・書写山には性空、播磨には法道の伝承が残る。浄蔵の弟の道賢は天慶四年（九四二）に金峯山で参籠中に頓死し、執金剛神や蔵王菩薩の導きで他界に赴いて、太政威徳天（菅原道真）に出会い十三日後に蘇生したとされ、参籠の行者として名高い（図３―４）[27]。醍醐寺を創建した真言僧の聖宝《しょうぼう》（八三二～九〇九）は大峯山中興とされ、役行者以降、蛇が跋扈して荒れ果てた大峯山の修行道を復興し、山上ケ岳の山頂の堂舎に金剛蔵王菩薩を安置したとされる。『扶桑略記』は宇多法皇が昌泰三年（九〇〇）に金峯山に登り、延喜五年（九〇五）に再登頂したと記す。『大日本国法華経験記』には、比叡山の陽勝仙人[28]が延喜元年（九〇一）に金峯山に登り、義睿[29]が熊野から金峯山へ抜けた伝承が記される。聖宝の伝説は、七つ池、講婆世宿、平治宿など奥駈道の宿に現在も伝わる。山中での参籠は、虚空童子を祀る冬籠りの行場の笙の窟が名高い。『撰集抄』（一一八三）には行尊が「笙の窟」で詠んだ歌が載せられ、『扶桑略記』（寛治八年〈一〇九四〉）引く天慶四年（九四一）条所引の「道賢冥途記」は、参籠中の道賢の冥界遍歴譚を伝え、『北野天神縁起絵』は笙の窟参籠を描く。寛弘四年（一〇〇七）の藤原道長の金峯山埋経で経筒に「蔵王権現」の名称が明記された。『新猿楽記』（十一世紀中葉）には大峯山・葛城山・熊野・金峯山を踏破した「大験者」次郎が「山臥修行者」として登場する。『梁塵秘抄』（嘉応元年・一一六九頃）には「聖の住所はどこどこぞ、大峯、葛城、石の槌、箕尾よ勝尾よ、播磨の書写の山、南は熊野の那智新宮」と謡われた。十一世紀には吉野と熊野が繋がって修行が展開し、十二世紀には集団の峯入りが確立した。西行は峯入りに加わり、笙の窟、深仙、前鬼などの峯中歌が『山家集』に収められている。西行にとって「歩くことは祈ること」であり和歌はその表現であった。『諸山縁起』は役行者の熊野参詣を記す。十三世紀初頭以降、役行者を修験道の祖師とする伝承が現れ、修験道生成への道筋が徐々に整えられていったのである。

六　法華持経者

奈良時代から平安時代にかけて『法華経』が独自に受容されて山林修行と結びついた。特色の第一は『法華経』を受持読誦する法華持経者の吉野や熊野での活躍で、『法華経』を肌身離さず持ち歩き読誦し続ければ往生が出来ると信じられた。第二は『法華経』の力への信仰で、経文の功力を信じ、貪欲や虚偽などの悪行で龍蛇の姿になった者も、功徳に預かって菩提を得るとされる。第三は『法華経』「普門品」が説く観音への信仰の強さで、本尊を聖観音とし現世利益が願われた。第四は山中修行との結びつきで、『法華経』を滅罪経典として重視し、山岳修行を苦行による滅罪と考え、経文を読誦し罪障消滅を願った。(30) 第五には、法華持経者は持経聖として里に住む人々と仏教をつなぎ呪的効果に信頼が寄せられ、雨乞いや病気平癒など現世利益の修法が行われた。第六は『法華経』読誦の呪的効果で、法華懺法などの仏教儀礼も山岳修行に取り込まれた。羽黒修験の秋峯では六根段で罪障消滅を願い、出峯時に法華懺法を執行した。第七は経文の書写が山岳修行と結びつき『如法経』の山頂奉納が行なわれた。精進潔斎し心身を清浄にして経文、主として『法華経』を書写し、山頂に奉納して浄土往生の祈願をする。この修行は富士山や伯耆大山などで行われた。(31) 山中で特別の筆や水を使って紙に書写すると効果が高まり、経文の功力と文字の呪力が結合した。法華持経者は聖の系譜に属する。聖とは元々は高僧の意味で、別所での隠遁僧を指した。十世紀から十一世紀には、京都周辺の東山・西山などを修行の場とする持戒堅固な「山の聖」が独自に活動していた［繁田二〇二二］。修験道以前の聖の系譜は多様であった。

更なる展開は、『法華経』信仰に、欣求浄土・厭離穢土を説く浄土思想が結びついたことである。平安時代には永承七年（一〇五二）から末法とする思想が広がった。(32) 十一世紀前半には山岳を浄土と見なして、山上に埋経する経塚の慣行が発生し、十二世紀から十四世紀に及ぶ。熊野の経塚は本宮の備崎《そなえざき》、新宮は権現山と神倉山、那智は山腹の金経門にある。浄土思想と山中他界観が結合し、山中に地獄・極楽があるという思想も定着した。浄土思想の興隆に先行して、十世紀末から十一世紀半ばには、捨身行の焼身（火定《かじょう》）が熊野の那智や戸隠などの霊山で行われた。(33)『法華経』「薬王菩薩本事品《ほんじほん》」に見える喜見《きけん》菩薩の焼身供養譚に倣った行法で、『法華経』の実践行としての捨身で、穢れなき肉体のままで直接に浄土に赴く。捨身とは仏や生物のために身を投じて供養することで、菩薩精神に基づく布施行でもある。山岳修行も捨身行の実践とされた。法華持経者は、『法華経』を滅罪経典とする捨身行の実践者の聖《ひじり》とも言える。鎮源『大日本国法華経験記』（長久年間・一〇四〇〜一〇四四）、大江匡房『続本朝往生伝』（康和年間・一〇九九〜一一〇四）、三善為康『拾遺往生伝』（天永二年・一一一一）などに描かれている。

後世の修験者は山林修行者の系譜を引き、法華持経者の流れを取り込み、『法華経』の実践の滅罪行の山林抖擻を行い、輪廻を断ち切り苦の世界から抜け出て、即身成仏を目指す。最終的には、自利行を利他行に転換して民衆救済にあたったのである。

七　死と再生

峯入りの特徴は「擬死再生」による死から再生への生まれ変わりにある。山には生と死の意味づけが同居していた。死者の魂が鎮まる山という山中他界観がある一方で、山は水の源泉で人々の

「いのち」を支え暮らしを維持させる生命力の原点であった。生と死という対極にあるものを結び付けるという日本人の山岳観を仏教的に意味付けて説いたのが修験道であった。山を「死と生の始源」とする民俗の思想を仏教的な再生観に再構築し、「生死《しょうじ》一如」を山中で体験するとも言える。

大峯山の奥駈けは死と再生を体験させる修行である。吉野から山上まで多くの門を越えていく。『峯中秘傳』は、「鳥居は生死の門」と説明する。銅の鳥居の「発心門」、金峯神社の鳥居の「修行門」、お亀石の上の「等覚門」、山上の「妙覚門」の四門を潜る。葬式作法の「四門くぐり」に準えて自身自供養で成仏させ、精神の覚醒を齎し、生死を超克する。山上ケ岳の西の覗きで宙吊りになって死に、裏行場の胎内潜りで生まれ変わる。東の覗きで死んで西の覗きで懺悔して再生すると説く人もいる。楊子の宿には峯中亡霊一切の供養塔、七曜ケ岳には念仏橋、深仙の六道の辻の御骨の岩屋には、役行者の第一生の時の墓がある。山は死の世界を身近に体験する場である。山上に乱立する「大峯山修行三十三度供養塔」では弔い上げが意識される。死者の霊魂は、山中で清まって神になるという民衆の思考は、人間が神仏と合体する即身成仏や人神の思想と重なる。

修験道の特徴は「胎内修行」にある。羽黒修験の秋峯が典型で、修行の前に一旦象徴的に死んだと観念して亡者となり、他界とされる山へ念仏を唱えて供養しつつ登る。登拝に先立ち黄金堂前での「梵天倒し」での男女和合で新たにいのちを宿したと観念する。山中の宿移りでの笈渡しは母胎に抱かれた形で、松明の火の突き合わせも受胎とする（図3—5）。山中は生まれる前の「未生」であると共に、「死後」であり、「日常世界」の生から死への過程を逆転させた「非日常世界」であ

図3―5　羽黒修験。秋峯修行。二の宿移り。撮影＝鈴木正崇

る。修行者は父母の赤白の二渧の和合で母胎に宿り、「胎内五位」（黄金堂で和合し、松の礼で成肉、白山堂で成血、五重塔で成凝骨、山上で成支節）に充当される修行[34]の段階を経て徐々に安定化し、最後には産声を上げて、参道を産道に見立てて出峯する。これを「出成」といい、「新たないのち」を獲得する。山中の修行日数は母親の「胎生十ケ月」に充当され、二百七十五日が本来であるが七十五日となったと伝承されている。『三山雅集』（宝永七年・一七一〇）は「入峯七十五日の修行は金胎合わせて一百五十日なり。胎内に宿する五ケ月に至って五輪形を得る故に胎内の五位を修し胎外の五位を行すといふ。是併せて本迹二門の妙理也」と説く〔『三山雅集』一九七四：九二〕[35] 修行は「母胎回帰」で、根底には山を「胎内」「母なる山」とする観念がある。「胎蔵界」や「胎内修行」の重視は民俗と仏教を結びつける。山は「水分《みくまり》」で豊かな水が山麓の田畑を潤し作物を

生み育てる。「いのち」の源である。山は動植物から鉱物に至るまで生産の源で豊穣性を齎す。修験道の思想と実践の根底には、生と死の双方の根源である山に関する民衆の生命観や死生観がある。

修験道の「擬死再生」の思想は、口伝が基本で、文字よりも象徴や実践によって伝えられる。室町時代後期の『修験三十三通記』『修験修要秘決集』[36]、江戸時代の行智『木葉衣』[37]などの教義書では、儀礼や絵画や法具などの細かい説明が記されている。修験道の特徴は、独特の衣装を使用し、過剰な意味付けをすることであり、修験十二道具や十六道具と呼ばれた。頭上の頭巾は五智の宝冠・十二因縁・六道輪廻の滅滅を意味し、前八分に付けて八葉蓮華を表す。法衣は鈴懸といい、上衣の九衣は金剛界九界、下衣は胎蔵界八葉で金胎不二、袴の後ろの三つの襞は三悪趣、前の六つの襞は六波羅蜜を表し、六波羅蜜を目指す。色は柿渋で染めた赤色無紋の「柿色」で母の胎内に住する姿を現し、山中修行で仏果を得る。笠は斑蓋《はんがい》（山笠）と称し、丸い形は金剛界の月輪、三角の尖がり帽は胎蔵界の八葉蓮華を表し金胎不二の天蓋の下で仏になる。結袈裟は不動袈裟ともいい九条袈裟を織りたたむ形で不動明王と同体とする。当山派の使う磨紫金袈裟は役行者が修行中に母親が現れ臍の緒を懸けてくれた形とする。白衣は死装束を意味する。法螺貝を吹いて煩悩を滅して悟りを得て、錫杖を振って魔物を祓う。動物の骨で造形した最多角《いらたか》念珠《ねんじゅ》は煩悩即菩提を表す。羽黒修験道は、笈は母胎で、斑蓋は胞衣、笈は胎蔵界、形箱は金剛界と説き、金胎一如の思想を展開した。行衣は獅子の文様を描き、獅子座に座る不動明王と同体で守護尊格と一体化する。言葉を越えた絵画表現や象徴としてのモノを通して思想実践を会得するのである。

山中の修行は室町時代後期には「十界修行」として体系化された。阿吸坊即傳の『三峯相承法則密記』の「十種所役事」や『峯中十種修行作法』[38]によれば、山中では六道輪廻（地獄・餓鬼・畜生・修羅・人間・天）と四聖《ししょう》（声聞・縁覚・菩薩・仏）の各段階に相当する十段階の修行を行い、究極には灌頂で「即身成仏」を目指すと説く[39]。修験道は独自の灌頂儀礼を創出した。室町時代の三十三の切紙を集めた『峯中灌頂本軌』が詳細で十種修行の最終の儀礼としている。即傳は抜き書きして『彦山峯中灌頂密蔵』[40]を編集した。修験道の灌頂は応永年間（一三九四〜一四二八）の成立とされるが、当初は三昧耶形中心の簡単なもので、十界修行の確立と共に仏教の教義を取り込んだ「峯中灌頂」に展開した。山中の中台で行う「峯中灌頂」には修験道の教義と実践と独特の意味付けが加わり秘儀として伝承された。

十界修行の内容は「床堅《とこがため》・懺悔《ざんげ》・業秤《ごうはかり》・水断《みずだち》・閼伽《あか》・相撲・延年・小木《こぎ》・穀断《こくだち》・正灌頂」である。床堅は自身即大日如来と観ずる坐法、業秤《ごうはかり》は不動石で修行者の罪の重さを量る作法、延年は天道快楽の歌舞、正灌頂は仏の秘印を授かり自身即仏の境地に入る。学峰雲外の『峯中秘伝』（元禄七年・一六九四）によれば、「十界一如」を通して真如《しんにょ》を悟り即身成仏すると説き、山中修行を「胎内修行」と呼び、修行者が自己を形成していく過程を母胎内での成長になぞらえる。

教義上では、胎内は一切諸法の根源で、金胎一如の世界であり、「不変真如」（永遠の真理）を表すとされる。十界修行は、「峯入り」を仏教胎生学に基づく言説で再構築して修験道の独自性を強調した［小川二〇二一］。修験道は仏教と山岳信仰を独特の言説と実践で融合して日本化したと言える。

修行者は山中で大地の力を身につけて自然と一体化する。山伏や山臥の名称はその特性をよく表す。修験道は山中の修行で即身成仏の成就を目指すが、民衆側から見れば、人間が山中での苦行を経て神霊と一体化する修行であり、「人神」となった修験の法力や験力に信頼を寄せた。修験道は仏教を外被としつつ巫術を中核にして自然との融合を目指した。

八　独自の崇拝対象①――不動明王

修験道の特徴の第二は、独自の崇拝対象で、不動明王と蔵王権現を中核に据えたことである。不動明王は儀軌（密教の実践の規則を説いた経典）に記されているが、蔵王権現はない。修験は「外来」の不動明王と「在来」の蔵王権現を守護尊格とした。共に忿怒の形相で荒ぶる山の神と性格が通底する。不動明王は空海の『入唐請来目録』に儀軌や修法等が記載され、空海の請来は確実である。像容は胎蔵界曼荼羅の中の図像が原型で東寺講堂の不動が古いとされる。後に円珍の感得した黄不動、安然の不動十九観が加わる。様々の伝承が創出され、二十五箇条『御遺告』では久米寺東塔で空海は『大日経』を披見して感得し奥義を窮めるために渡唐したとか、『大日経』により不動尊や曼荼羅や護摩の知識に触れたと説く［渡邊一九七五：三〇］。不動明王は密教の五大尊の信仰を基盤にして、修験道を介して普及した（図3―6）。五行、五方、五大、五臓へと意味付けも拡大した。

密教は五つの智慧、法界体性智、大円鏡智、平等性智、妙観察智、成所作智を表す五智如来を祀る。金剛界では大日・阿閦・宝生・阿弥陀・不空成就、胎蔵界では大日・寶幢《ほうどう》・開敷華《かいふけ》・無量寿・天鼓雷音《てんくらいおん》である。[41]五智如来の教令輪身《きょうりょうりんじん》の忿怒形が五大明王（五大尊）で、不動を中央に、降三世、軍荼利、大威徳、金剛夜叉を東・南・西・北に配置する。[42]中尊の不動明王は衆生を救うために忿怒相で悪心を調伏する。五大明王の壇を並べて五人の阿闍梨が同時に各本尊に修法を行う「五壇の法」は日本密教の独自の行法で［渡邊一九七五：六二］、密教の日本化とも言える。修験は更に独自に展開して不動明王を主尊とした。

図３―６　不動明王。恵林寺。武田信玄を模したと伝える。撮影＝鈴木正崇

以下では、不動信仰と日本の民俗との融合も考慮して、不動明王と修験道の結合について検討する。

第一は、「峯入り」の守護尊格としての不動明王である。「峯入り」は厳しい修行で危険にも満ちているので、荒ぶる自然から修験者を守るには強い力を持つ守護尊格が必要で、忿怒相の不動明王は守護尊格に相応しい。修験者は不動の助けを借りて自然の荒ぶる力を統御して駆使する。不動明王は山の神の荒々しい性格を受け継いで、修験者の修行を守護した(43)。

第二は、不動明王は大日如来の教令輪身で、不動明王が大日如来の実際の働きを司る。本体と実体の二重性が不動明王の特徴で、背後の宇宙全体に遍満する働きが修験者の信仰の拠り所となった。究極の崇拝対象は法身《ほっしん》の大日如来で、歴史的な存在ではなく、真理を具現化し、法そのものを人格化した。山川草木、現象界の全てが大日の顕れとなる(44)［松長一九八九：七二］。唯一絶対の法身は一即多で、無量無辺の仏身が大日如来に内在し、曼荼羅の諸尊は大日の分身とされた。密教独特の法身説法と即身成仏は不動明王を通じて展開する。

第三は、火の行法の主尊としての働きである。修験者は不動明王を野外の実践の場で信仰した。修験独自の柴燈護摩は野外で行う火生三昧法で、主尊の不動明王と一体化し、智慧で煩悩の火を焼き尽くす。最後に信者と共に火渡りを行い厄祓いと無病息災を願う。

第四は、水の行法の主尊としての働きである。瀧行は不動明王を祀り、護身法で九字を切って魔物を祓いのけ障りを攘却して水行を行う。瀧そのものが不動にもなる。那智では大瀧が不動明王として信仰された（『作庭記』正應二年・一二八九）。室町時代後期の那智参詣曼荼羅では滝の中の火炎として図化され、五智の瀧の中に不動明王が火炎として登場し、瀧壺で修行中の文覚上人を制多迦童子・矜羯羅童子が救済する。水の龍神と火の不動明王は同体で、不動明王は岩や瀧に溶けこみ火や水と一体化し、火神・水神として民衆に親しみある尊格となった。

第五は、龍の信仰との一体化である。不動明王の剣は龍と観念される。右手には剣を左手には綱を持ち、炎の前に立ち悪魔や煩悩を折伏させる。剣は智慧の利剣で正しい仏教の智慧を表し、迷いや邪悪な心を断ち切り、綱は悪い心を縛り、良い心を起こさせると説かれる。剣には不動明王の化身の倶利迦羅龍王が巻き付き、剣は不動明王の三昧耶形で貪瞋痴の三毒を破ると説かれる。不動明王は水や岩の形象化とも言える。

第六は、修験者と不動明王や五智如来との一体化による身体観の再構築である。修験者は五智の宝冠に擬した頭巾《ときん》を頭上に頂き、五智如来の中尊、大日如来の教令輪身の不動明王と同体と観念する。羽黒修験の行衣は獅子の文様を描き、獅子座に座る不動明王との同体を表す。不動の真言の慈《じ》救咒《くじゅ》(45)は、修行中に『九条錫杖』や『般若心経』と共に常時唱えられる。修行は身・口・意の三密行が基本で、身体と言葉と心を一体化し宇宙と合一して、身体を変容させて宇宙の生命を感得する。修験道は、密教を山岳信仰に接合して独自の修行を創造した。

第七は、不動明王の化身としての多様な展開である。飯縄山大権現、秋葉山三尺坊大権現、高尾山大権現は、各々の山の神であるが、不動の化身とされ、白狐に乗り火炎を背負い剣を持った烏天狗として現れる。荼枳尼天や稲荷とも習合して、天狗ともいう。山岳信仰の根源にある動物霊や荒ぶる神が、不動を介して多様な像容や図像になったとも言える。飯縄大権現は、呪詛や憑物など邪悪な作用を及ぼすとされ、負の側面も持つ。

不動明王はインドや中国では崇拝されず、日本で独自に信仰され、修験道の守護尊格になって日本仏教の一画を担うことになった。不動明王の信仰は、空海以降の真言宗に引き継がれたが、天台宗では別の動きを見せた。円仁は、渡唐して密教を学び大量の経典類をもたらし、比叡山の第三代座主となり、止観業《しかんごう》（法華）と遮那業《しゃなごう》（密教）を修行の根本に据える天台の行法を確立した。園城寺を開創した円珍の働きも大きい。園城寺の黄不動（九世紀）や青蓮院の青不動（十一世紀）が不動信仰の盛行を伝える。円仁の弟子の相応（八三一〜九一八）は、『法華経』の常不軽《じょうふきょう》菩薩品二十の精神を受け継いで山川草木ことごとくに仏性を見出して礼拝する山岳修行を創始し、後に千日回峰行の開祖とされた。回峰行者は未開の蓮華を象る檜笠を戴き、生死を離れた白装束をまとい、八葉蓮華の草鞋をはき、腰に死出紐と降魔の剣をもつ。不動明王そのものに成り代わる。白装束は死者の姿で、死と再生の修行を行う修験の先駆である。相応は葛川の修行中に三の瀧で生身の不動明王を感得したが、瀧壺に飛び込んで抱きつくと桂の木になった。不動明王を刻んで造像して祀ったという(46)。相応開基と伝わる葛川息障明王院は、無動寺と共に比叡山の回峰行者の拠点になった。相応は無動谷や葛川を根拠地に、比叡山や比良山で修行し、宮中での加持祈禱で験力への信頼を高めた。

山中修行者は、羽黒山、大峯山、比叡山等いずれも不動明王が守護尊格である。修験者は、不動明王に守護され、回峰行や峯入りで得た力で、山中や在地の神霊を金剛童子、王子、眷属などの守護霊に転化し従属させて統御して駆使した。護法童子も修験の使役霊である。自然の霊力を宿す山中の諸霊は、仏菩薩に従う童子として形象化されたのである。

九　独自の崇拝対象②——蔵王権現

不動明王と並んで修験道が崇拝対象にするのは蔵王権現である（図3—7）。権現とは本地の仏菩薩が日本の在来の神として「権《か》りに現れる」という意味で、本地垂迹の思想に基づき、仏教化された神に与えられた尊称である。権現の名称の初見は、八幡神を「権現菩薩」と呼んだ承平七年（九三七）十月十四日付け大宰府牒（石清水八幡宮所蔵）で、蔵王権現の図像の初見は長保三年（一

図3—7　蔵王権現像。山上ケ岳出土。東京国立博物館蔵。撮影＝鈴木正崇

図3—8　線刻蔵王権現。国宝。1007年。西新井大師蔵。東京国立博物館寄託。撮影＝鈴木正崇

〇〇二）銘の線刻蔵王権現像（西新井大師總持寺所蔵）である（図3―8）[47]。寛弘四年（一〇〇七）に藤原道長が金峯山に埋経した金銅製経筒の銘には、「南無教主釈迦蔵王権現」とあり釈迦の化身とされた。権現の思想は十世紀初頭には発生していた。経筒収納の長徳四年（九九八）書写の『法華経』奥書には「金剛蔵王」とある。埋経は五十六億七千万年後の兜率天浄土からの弥勒下生まで経典を保持することを目的として行われた。権現思想と深く関わる本地垂迹説は吉田一彦によれば十一世紀後期に広く流布し、『大日経疏』の「本地法身」が典拠で伊勢神宮の内宮が発祥かという[48]。権現の思想が本地と垂迹を繋ぎ合わせた。浄土信仰の盛行も十一世紀中期で、熊野本宮の本地が阿弥陀とされて熊野詣の隆盛に繋がった。権現、本地垂迹、浄土思想は連動する。

蔵王権現は、初期には金剛蔵王や金剛蔵王菩薩と呼ばれた。良弁開基の東大寺法華堂（三月堂）の後戸《うしろど》に祀られている執金剛神は、金剛蔵王の金剛杵の直接的な威力を現わすとされる。『三宝絵』（永観二年・九八四）下巻に拠れば、東大寺の良弁は大仏鋳造に必要な黄金を求めて金峯山の金剛蔵王に祈ると、霊夢の中に示現して、近江国志賀郡の琵琶湖畔の観音の霊地で祈れと言われ、湖畔で祈願すると、老翁の比良明神が出現し大岩に導かれ、祈念すると、陸奥国で砂金が見つかり朝廷に献上されることになった。岩上の観音は動かず、この地に寺院が建立された。石山寺の始まりである。正倉院文書によれば石山寺には天平宝字六年（七六二）に観音と神王二体が祀られ、神王一体の「立像心木」の形態は蔵王権現である[49]。応和二年（九六二）には神王は金剛蔵王と執金剛神と呼ばれていた。東大寺・金峯山・石山寺の関連は深い。蔵王権現は胎蔵界曼荼羅の金剛手院に根拠を求めたり、『別尊雑記』の金剛童子の像容との類似を説いたり諸説がある［猪川一九七五］。金峯山と金剛蔵王が結合する十世紀以降に蔵王権現の信仰は広まっていった。三徳山三佛寺に多数奉納された蔵王権現像は仁安三年（一一六八）が最も古く隆盛の様相を伝える。権現思想の定着は鎌倉時代以降だという［藤岡二〇〇四］。現在、東大寺修二会の行法中の「神名帳」で勧請される神々の筆頭「金峯大菩薩」は金峯山の神格と推定され［首藤二〇〇四：三六～三七］、菩薩と権現が長く混融して現在に至った歴史を伝える。

貞観十六年（八七四）に醍醐寺を創建した聖宝の伝記『醍醐寺根本僧正略傳』によれば、聖宝は金峯山に堂舎を建立し、本尊を如意輪観音、多聞天と金剛蔵王菩薩の二脇侍を造立安置したと伝える。金峯山の造像は石山寺に倣ったとみられる［猪川一九七五］。この『略傳』は延喜九年（九〇九）の聖宝没後の承平七年（九三七）の編纂だが、信憑性が高く史実として評価されている。伝承では聖宝は白鳳年間に役行者が大峯山を開山して以後、大蛇が出て荒れ果てていたのを、吉野の鳥栖の百螺山《ひゃくらさん》で退治して峯入りを再興したと伝える。[50] 大峯山での御堂の建立と本尊金剛蔵王の安置は、十世紀に遡ることが確実である。

同時代の大峯山参籠では道賢（日蔵）の地獄巡りが名高い。『扶桑略記』（巻二十五）所収「道賢上人冥途記」によれば、道賢は天慶四年（九四一）金峯山の笙の窟で参籠中に夢を見て執金剛神、次に「牟尼仏化身《むにぶつ》蔵王菩薩」が顕れ、その導きで他界に赴いて、太政威徳天（菅原道真）や地獄に堕ちた醍醐天皇と出会い、自らも蘇生して現世に戻ったという。[51] 金峯山は十一世紀には金剛蔵王、蔵王権現の聖地になった。

不動明王は大日如来の教令輪身とされ、経典に説かれて儀軌があるのに対し、蔵王権現は、十一世紀中葉に現れて十二世紀に一般に広まった本地垂迹説と並行して普及したが、経典で説かれる儀軌を持たない。権現は仏菩薩と神を一体化し、仏が化身した神で、山の神が荒ぶる尊格として仏教的な装いをもって出現したと推定される。権現号は、各地の山岳で祀られる神の尊称として広く一般化した。権現は本地垂迹の思想と共に広がり修験道の成立への道を指し示したのである。

蔵王菩薩の出現については、『今昔物語集』（十二世紀）巻十一第三では、役優婆塞が金峯山で蔵王菩薩を祈り出したと説く。衆生済度・魔障調伏の為に祈って、大地から出現した蔵王菩薩を感得したのである。大地からの湧出は地中の力の形象化で、荒ぶる山の神霊が仏教化された姿である。山上ケ岳に涌出岩が残り、藤原道長が経文を埋経した経塚でもある。『沙石集』（弘安六年・一二八三）巻一ノ四は役行者は吉野の山上で祈ると、釈迦、弥勒、次いで蔵王菩薩が忿怒形で現れたと記す。権現ではなく菩薩とされていた。『金峯山秘密傳』（延元二年・一三三七）巻上には役行者が降魔の尊の出現を願うと、最初に釈迦、次いで千手観音、弥勒が現われたが満足せず、最後に金剛蔵王が出現したとする。[52] 同様の由来は『金峯山創草記』（十四世紀）[53] にも記される。室町時代の『三国伝記』では岩屋で金峯鎮護の出現を願うと柔和で慈悲に満ちた弥勒が出現し、次に千手観音、釈迦如来が現われた。これでも救い難しというと堅固不壊の身の金剛蔵王が化現したとある。伝説は様々に展開し、祐誠玄明『役公徴業録』（宝暦年間・一七五一〜一七六四）は、役行者が大宝元年

（七〇一）に大峯山を去る時、守護神を求めたところ、弁財天が現われ女性のゆえに天河に去り、次に地蔵菩薩が出現したが悪魔を制し得ないとして吉野の川上に去り、その後に大地から蔵王権現が湧出したと説く。蔵王権現は釈迦と観音と弥勒が合体した姿で吉野に祀られた。引き続き十五童子が地面から湧き出て、役行者は八人を大峯山に八大金剛童子として留め、七人の童子を葛城山におくった。その後、行者は箕面山に移り六月七日に入寂した、とある。現在では、金剛蔵王権現は釈迦の教令輪身、或は本地を釈迦・観音・弥勒の三体の三世超越の仏として金峯山寺に祀られている。

外来の不動明王と在地の蔵王権現は共に荒ぶる性格で忿怒相とする共通性があり、山の神霊との融和度が高く、日本で独自の尊格として展開を遂げた。忿怒相の仏教の尊格が荒ぶる山の地主神霊を統御できると信じられたのである。『諸山縁起』（十二世紀）[54]では「熊野の本主は麁乱神《そらんしん》なり。人の生気《せいき》を取り、善道を妨ぐる者なり。常に忿怒《ふんぬ》の心を発して非常を致すなり。時々山内に走り散りて、人を動かし、必ず下向する人の利生を妨ぐ」と説く。峯入りではこうした在地の荒ぶるカミの力を統御して身体に取り込んだ。自然そのものを体現する荒ぶる神霊が、不動明王や蔵王権現として仏教化・修験化されて守護尊格に変容していった。山中での修行は祖師の行法の再現であり、回峰行や峯入りでは不動明王と一体化するという修行の基本理念が固まった[55]。仏法の経文や行法に基づく山中の修行によって身体化した験力で、自然の力を制御するのである。大峯山寺の本堂内内陣の下には秘所の龍ノ口があり覗けばたちどころに死ぬと言われている。奈良時代後期には龍ノ口の周辺で護摩を焚き、平安時代初期には護摩壇を築き、後に蔵王権現の本尊を据えた。大地から現われ役行者が感得した蔵王権現の湧出岩《ゆじゅついわ》の脇には埋経が行われた。大江匡房『江記』逸文(「御造仏並宸筆御經供養部類記」所収)によれば、寛治六年(一〇九二)の金峯山の山上ケ岳への白河上皇の御幸に際して、修験練行の和尚の活躍を記し、南庭を埋経の地とし「役行者行道之跡」として辿る儀礼が行われていた［川崎二〇一四：六九。Blair 2015］。この記事は、文献上の「役行者」の初見かもしれない。後に祖師信仰が高まり「秘密の行者像」が内陣に祀られた。山上ケ岳には龍ノ口と湧出岩の二ケ所の聖地があり、龍ノ口では護摩を焚き、湧出岩では埋経を行っていた。祖師の役行者が山上で岩から祈り出して涌出した蔵王権現は山での守護尊格となった。いずれも仏法の力による自然の力への働きかけで、仏教の日本化の様相が顕著である。

十　「祖師化」とテクスト化

修験道の特徴の第三は、十三世紀初期以降の役行者の「祖師化」とテクスト化である。役優婆塞から尊称の「役行者」に変化していく。『今昔物語集』巻第十一第三に「役優婆塞、誦持呪、駆鬼神語」と記し、金峯山の蔵王菩薩は役優婆塞が祈り出したとある。『三宝絵』巻中、『本朝神仙伝』第三、『扶桑略記』大宝元年条は総て役優婆塞と記す。役行者は統一名称ではなかったが、鎌倉時代には定着する。法然、親鸞、一遍、日蓮などの鎌倉時代の民衆仏教の勃興で様々な「祖師」が出現すると、対抗して山岳修行者が役優婆塞を「役行者」と尊称して祀り上げる「祖師化」が進行したのであろう。祖師伝の『役行者本記』は室町時代末期の成立である。

中世には役行者は孔雀明王を本尊とするという伝承に展開した。『建久御巡礼記』（建久二年・一一九二）には當麻寺と役行者の伝説が記されている。中将姫と當麻曼荼羅の由来を説いた後、元々當麻寺の土地は役行者の所有地で、寺が土地を譲られた由縁で金堂の弥勒仏座像内に役行者の本尊の孔雀明王像を納めたと記す。役行者は當麻寺と背後の二上山を含む葛城山系を修行の拠点としたという。『當麻寺流記』には役行者と同体とされる葛城の法起菩薩も現れ、念仏と修験が結びついた。南都の峯入りは大峯・葛城を駈け結願が「二上岩屋大念仏」であった。当山派修験の拠点の松尾寺には孔雀明王の図像が残る［谷口二〇一三］。法隆寺の奥之院にもあたる松尾寺には現存最大の役行者像が祀られている（図3―9）。大和では興福寺や東大寺の堂衆と行人による修験の隆盛に伴い、役行者の祖師伝承が新たな展開を見せた。修験は現在も峯入りには腰に孔雀の羽つきの菱形扇の「蒲発扇《ほきせん》」をつける。蛇の頭部を表し孔雀が蛇を抑える呪を意味する。孔雀は毒蛇を食べるので蛇除けや災難除けとなり、役行者以来の孔雀明王呪法を持するという。(56)『私聚百因縁集』（正嘉元年・一二五七）では「山臥ノ行道ノ源ヲ尋レバ、皆役行者ノ始テ振舞シヨリ起レリ」と役行者を山臥の開祖として語る。『金峯山創草記』（十四世紀）「山上勤事」には、蔵王堂で康和五年（一一〇三）から「於蔵王堂、為役行者報恩修」として役行者の御影供《みえく》が始まったと伝える。(57)御影供では図像が推定され、十二世紀初めには役行者像が現れて「祖師化」が始まった

図3―9　役行者像。室町時代。松尾寺蔵

と見られる。現存最古の役行者像は、甲斐の修験道の拠点であった七覚山円楽寺（山梨県甲府市右左口町《うばぐち》）の旧五社権現蔵の役行者像で、胎内に延慶二年（一三〇九）の修理銘があり［西川二〇二三（一九九四）］、造像は十二世紀に遡ると推定されている（図3―10）。老母像と前鬼・後鬼像を伴う。『甲斐国志』（文化十一年・一八一四）巻八十仏寺部第八や巻三十五山川部第十六は、円楽寺は役行者の開創で、役行者は富士山への道を開き頂上を極めたと記し、行者堂は円楽寺の兼帯であった。二合目の行者堂は女人結界の地でもある。二合目には富士御室浅間神社があり、社伝によれば、文武天皇三年（六九九）に藤原義忠が奉斎したと伝え、富士山の最古の社とされる。

文献上から変化を検討すると、修験道が役行者を開祖と仰ぎ修行形態を整えるのは十三から十四世紀で、役小角はこの時代に仏教色を強め役行者として修験の行法の先駆と見なされるようになったと推定される。鎌倉時代には、聖徳太子（五七四～六二二）から行基（六六八～七四九）へという日本仏教の民間の流れに優婆塞の役行者が加わった。十三世紀後半以降、修験道は形態を整えて、寺院でも「顕・密・修験」と並置して認知されるようになった。十五世紀に教団化し本山派が成立して定位された。祖師伝である『役行者本記』（室町時代末期）がテクスト化の集大成として書かれ、各地の山々に役行者の開山や登拝の話が広まっていった。開山伝承の役行者への一元化や修験道の隆盛は、十五世紀以降の本山派の生成と拡大や行政のテクスト化を歴史的背景として展開し、顕密体制の崩壊や戦国時代の大名の寄進の影響が加わったと見られる［近藤二〇一七］。

図３―10　役行者像。鎌倉時代。円楽寺蔵。山梨県立博物館提供

現在は日本の山々の多くで役行者の開山が説かれているが、法相宗の行基の役割も大きかった。行基は元興寺《がんごうじ》で学んで三十四歳までは山林修行者として行動したが、東大寺大仏造立（天平勝宝四年・七五二開眼）の勧進を行って民衆の教化に努めた。日本各地の開山・開基は行基と伝える所も多く、行基の開山伝承は役行者よりも古い可能性がある［鈴木二〇二四c：五五～五

六〕。相模の日向薬師（日向山霊山寺）は平安時代前期の鉈彫り薬師像を本尊とする古寺で、霊亀二年（七一六）行基の開山と伝える。梵鐘（暦応三年・一三四〇鋳造）の銘文や『吾妻鏡』の記録で鎌倉時代までは確実に遡る。行基開山では、九州の雲仙岳（温泉岳）は大宝元年（七〇一）、千葉の鋸山は神亀二年（七二五）、高尾山は天平十六年（七四四）、東北では山形の若松寺は和銅元年（七〇八）と説き、全国では六百ケ寺が行基の開山・開基伝承を伝える。開山が行基から役行者へ移行した事例には相模八菅山がある。八菅山には正應四年（一二九一）銘の碑伝が伝わり、熊野本宮長床衆が八菅山で秋峯修行をし、「両山・四国辺路斗藪」「瀧山千日籠」とあり〔厚木市編一九九九：九七九～九八〇〕大峯・葛城の両山修行と共に、四国辺路、那智の千日籠の修行を行い広域に活動していた。別当光勝寺の開創は、『光勝寺再興勧進帳』（応永二十六年・一四一九）には行基、『相模國八菅山縁起』（天明六年・一七八六）は役行者の大宝三年（七〇三）開山を説く〔宮家編一九七八〕。

鎌倉時代には、祖師信仰が広まり、顕密体制が確立し、伝承の文字化、修験道の生成、山号の定着など新しい動きが生じた。山号は中国由来であるが、平安時代の使用例はわずかであり[58]、鎌倉時代に禅宗寺院の五山が山号を本格的に使用して定着し、室町時代に一般化して、山と寺の結合を強化した。江戸時代には仏教寺院は寺檀制度で葬儀と年忌供養に特化し、馴染みのある山中他界観で死と山との連想が強いので、寺での葬儀を通じて山と寺は日常的に結びついた。近世には仏教寺院が再編成され、寺号が定着して各宗派の本山が「御山」と呼ばれるようになった[59]。寺院では、住職を山主、入口を山門など用例も多い。不動明王の信仰で名高い成田山新勝寺の講中は、寺までの八百メートルの表参道を辿ることを「登山」、堂内での護摩は「修行」と称する。かつては先達は修験者が務めた（図3—11）。

室町時代には修験道の教説が文字化され、修行内容の統一と体系化が進んだ。「口伝」で伝えられてきた内容が、「切紙」や「印信」として、次第に文字化され教義書も作成するようになった。最も古いのは智光・蓮覚編『修験三十三通記』で、その後、彦山の阿吸坊即傳が『修験修要秘決集』（大永年間、一五二一〜一五二八）を著し、峯入りを六道と四聖の段階を経る「十界修行」とし、最後に灌頂を受けて即身成仏を遂げるとして体系化した。登拝道を「十合」に区切る発想はこの頃生まれた。修験道は教義上では十界修行で即身成仏を目指すが、民衆は人間が神霊と一体化して「人神」になったと考える。修験道では仏教は外被に過ぎず、最終的には自然と一体化し、自然によって包摂され、森羅万象と融合する。修験は仏教の教義をどこかで越えていこうとする。最終的な秘儀は口伝である。

図３—11　成田山講中。開基1080年祭。撮影＝鈴木正崇

教義よりも実践を重視する修験道は、

民衆の強い支持を得て影響は全国に及んだ。十五世紀以降に天台系の本山派の修験が聖護院を中心に結束して教団化すると、修験道の揺籃の地である大峯山の修行形態が各地に影響を与え、国ごとの有力な山が「国御嶽」「国峯」として拠点化し、大峯写しの修行や行場が広まっていった。江戸時代には幕府は広く宗教統制に乗り出し、慶長十八年（一六一三）に「修験道法度」を定め、諸国の修験者を聖護院を本山とする本山派と醍醐寺三宝院が統括した当山十二正大先達衆を中核とする当山派に分属させた。羽黒山と彦山は輪王寺門跡直属の天台修験とした［高埜一九八九：一〇五］。

当山派は十五世紀末頃、近畿地方の諸大寺に依拠した山伏が大峯山中の小篠に拠点を置き、当山正大先達衆を組織し、東大寺東南院に住して、金峯山で修行を行った。醍醐寺を開いた聖宝を派祖として結束し、最盛期は当山三十六正大先達衆と称した［宮家一九九九：七二二］。その後、数が減少して当山十二正大先達衆となる。廻国して直接自己の弟子とする袈裟筋支配の組織を整えた。江戸時代には当山正大先達衆は醍醐三宝院を本寺に戴いて当山派と呼ばれる教派を形成した。江戸幕府は当山派に肩入れして本山派を牽制した。

江戸時代には「修験五書」「修験十巻書」として、『修験三十三通記』『修験修要秘決集』『修験頓覚速証集』『役君形生記』『修験指南抄』が基本文献とされた［浅田二〇〇〇：一九］。行智『木葉衣』『鈴懸衣』『踏雲録事』も入門書として版本で複製化されて流通した。文字によるテクスト化は、江戸時代の修験の大衆化を引き起こした。幕府は修験を本山・当山の両派に帰属させて地域社会に定住させ、加持祈禱、配札、社寺参詣の先達に当たらせた。地域に定住して活動した修験者は、

「里修験」と通称されている。「里修験」は本山派や当山派の支配や統制を受けながらも、農村・山村・漁村・都市などに定着して活動した。役行者信仰が盛んになり、修行者の原型として行者像が作られた。大峯山の峯入りでは「行者さん」と同じ修行を反復すると説かれ、実践する理想的な祖師像として確立した。大峯山の女人規制も修験道は仏教、特に密教の影響で体系化されたが、基本は山岳信仰であり、仏教の外被をまといつつ仏教を越えていく。

修験は山岳修行で獲得した霊力によって、民衆生活の中に深く入り込み、現世利益の願いに応えて豊穣祈願を行い、人生儀礼や年中行事を執行し、占いで指針を示し、薬の処方を行う「野のカウンセラー」として活躍した。神楽・舞楽・田楽・田遊び、寺院の法楽などの芸能も演じた。半僧半俗の在家者で妻帯し、生活者の日々の悩みの解消に対応したので、葬儀と死者供養に特化し檀家を基礎にした仏教寺院と相補的関係を保って、民衆の社会に定着した。江戸時代中期以降は、山岳登拝の講の指導者として関与している。

修験の多くは近世中期以降の都市や農村の経済上昇を基盤として生まれた山岳登拝講の先達として明治直前まで活躍した。江戸時代に寺檀制度が確立して僧侶は寺院を主体に「葬式仏教」に特化したのに対して、修験は次第に里に定着して民衆の現世利益に応えて加持祈禱を行った。葬儀や追善供養に明け暮れる仏教寺院とは、相互に棲み分けたのである。妻帯して在家の暮らしを営む修験は民衆にとって身近な相談相手であった。

十一　修験と自然の荒ぶる力

修験の特徴の第四は、自然との付き合い方である。修験は山中の在地の神霊を荒ぶるカミ、荒神として仏法の力によって統御することに大きな特色があった。修験など山岳修行者への奉仕者は「鬼の子孫」と呼ばれた。荒ぶる神霊を統御する修験に帰依し援助した「山人」の子孫と推定される人々で、大峯山山麓や中腹の前鬼や洞川（後鬼）、葛城山中津川の五鬼、比叡山の八瀬童子、比良山葛川の浄鬼・浄満（常喜・常満）、六甲山麓唐櫃の四鬼本家などである。修験は室町時代には天狗とも呼ばれるようになった。天狗は当初は山中の荒ぶるものの形象化で「仏敵」「外道」と見なされ、鼻高天狗や烏天狗として空中を飛翔し山に住まいするという。最大の親玉は石鎚山に住む法起坊で日本の八天狗の更に上位で別格とされていた(60)。法起坊は役行者の天狗名ともいう。天狗は山中の霊でもあり、儀礼に先立って「天狗祭」（富山村大谷御神楽）や「天狗寄せ」（東大寺修二会）を行って丁重に障礙なすものを鎮めてから儀礼を開始した。七十五膳は天狗への供物である。秋葉山での天狗の眷属への供物の七十五膳、奥三河花祭の天《あま》の祭り、諏訪の御頭祭《おんとうさい》の七十五頭の鹿の供犠、吉備の御崎祭《おんざき》の七十五膳、土公祭《どくうさい》での七十五膳の土（備後莇原《あぞうばら》）などに見られ、地鎮祭に七十五膳を供える所もある。山や森の神霊の総体が七十五と考える。典拠は『倶舎論』の五位七十五法（説一切有部による一切法の体系(61)）と見られるが、完結数として行法に転用された。日光山では延年舞は倶舎舞と呼ばれ、瀧尾での山中の供物に由来する七十五膳が供えられた。現在では五月十八日の東照宮祭礼で、御旅所で「三品立《さんぼんだて》七十五膳」が神人《じにん》によって供えられる。(62)

修験道も七十五の数にこだわる。基本的に山中は胎内修行で、母親の胎内にいる「胎生十ケ月」に準えて二百七十五日を正式期間とし、短縮して七十五日間になったという。大峯山は全山が金胎両部の曼荼羅で、吉野側は金剛界、熊野側は胎蔵界で、七十五靡の修行であった。入峯は吉野安禅寺で「入成《いりなり》の修法」、南の出峯の「出成《でなり》」は熊野玉置山で笈渡しと弓神楽を行った［森下二〇二〇：二八、九四］。現在は吉野の柳の宿は出生《でなり》の初門で母胎回帰を目指す。六田の渡しで水垢離をとり、「父母に縫うてもらひしから衣　今ぬぎ捨つる吉野川上」と秘歌を唱える。山中での秘歌は陀羅尼で神霊との交流を果たす。『峯中秘傳』（元禄七年・一六九四）によれば、吉野川は「天の三途の川」で、兜率の内院より落ちる父母の赤白二渧の水とされる。銅の鳥居は涅槃門や往生門ともいう。まさしく擬死再生の修行であった。

大峯山の根源には「いのち」の源泉の水の信仰がある。『金峯山秘密傳』は、金剛蔵王居嶽から「三宝河」が流れ出て、西流する吉野河は日前宮に、東流する宮河は大神宮に、南流する天河は熊野社壇に至り、紀伊半島の全ての水源が大峯山にあると説く。(63) 大峯山の峯入り道には役行者が祈り出したと伝える水場が各所にあり、(64) 龍や蛇の退治の伝説も豊富である。

『両峯問答秘鈔』は熊野から吉野は順峯で、因から果への百日、吉野から熊野へは逆峯で果から因への七十五日の修行と記す。(65) 靡は熊野側に多く胎蔵界重視で峯中灌頂を受ける深仙は胎蔵界の中台

図３―12　毛越寺延年。祝詞《のっと》。撮影＝鈴木正崇

八葉院である。現在の大峯山の宿は七十五靡で『修験指南鈔』（元禄六年・一六九三）二十丁に「峯中七十五靡所々金剛童子守護神也」とあり、(66) 靡には眷属の金剛童子がいて峯入りの行者を守護するという。寺島良安の『和漢三才図会』（正徳二年・一七一二）には熊野のお使いの烏は七十五とあり牛玉宝印《ごおうほういん》にも烏が描かれる。(67) 比叡山の百日行は実際は七十五日、千日回峰行は九百七十五日である。残り二十五日は衆生済度のために奉仕し完全に行を成し遂げてはいけないと言われているが、七十五へのこだわりは山中の無数の神霊との交流の時空間ではないのか。山中の無数の神霊は裏・後・床下・天井などに祀り籠められる［鈴木二〇〇一：一九八〜二六二］。儀礼に先立ってあるいは終了後に祀り鎮めなければならない。修験は「後入堂《うしろにゅうどう》」を行ない「裏行場」で修行する。山上ケ岳では本堂後方が裏行場、前鬼では三重瀧が裏行場にあたる。那智では大瀧の裏手の四十八瀧が秘所の行場で、「摩多羅神岩屋」も瀧の裏手に祀られている［二河一九七八：二五一］。摩多羅神は天台宗の常行三昧堂の後方や鬼門に鎮座する障碍《しょうげ》なす「後戸《うしろど》の神」

で［服部二〇〇九：一～二五］、玄旨帰命壇灌頂の主神、仏教の護法神、歌舞音曲の神、念仏の守護神で、性的な呪語で囃される。毛越寺の一月二十日の摩多羅神祭で奉納される延年の祝詞《のっと》は、独特の鼻高面をかぶり本地を呪語のようにひそやかに誦える（図3—12）。その中には性的な隠喩が籠められている［鈴木一九八七］。引き続く老女と若女は新たな生命力を喚起させるようにも見える。密教の僧や修験は、荒ぶる力を祀り籠めて鎮め、原初的な力を引きだすのが巧みであった。

十二　修行と芸能の一体化

修験道の特徴の第五は、修行と芸能の一体化である。江戸時代には修験は里に定着して「里修験」として日常生活では民衆の暮らしの中に溶け込んで加持祈禱を行い「野のカウンセラー」として生活していた。修験者は神楽や田楽などを演じる芸能者の性格も持った。岩手県の内陸部の早池峯神楽は、嶽《たけ》と大償《おおつぐない》を根拠地とし、農閑期には権現様の御頭をもって家々を巡り悪魔祓いの祈禱を行い、夜は有力者の家を宿として、鶏舞や山の神舞などを演じ、権現舞では火伏せを祈願した。人々は権現様の幕下を通る「胎内潜り」で健康安泰を願った。本田安次は「山伏神楽」と呼び、確かに修験色は濃いが、神道の影響も強く残る。戦前は「神道神楽」と称していたという［本田一九九四：五一－三］。江戸時代後期に盛岡藩の政策が神道に傾き、修験を冷遇した状況もあり、修験道一辺倒で解釈することは出来ない(68)。陸中の沿岸部の黒森神楽と卯子酉《うねどり》（鵜鳥）神楽は、毎年正月に地元の神社に神楽を奉納した後に、春祈禱に出て、陸中沿岸の檀那場を南と北に交互に巡行し、宿で神楽を演じた。宿では死者供養も行い、位牌を前に神楽念仏を唱えて権現舞で和めた。儀礼色が強い神楽である。

他方、岩手県の北上市や花巻市の大乗神楽の担い手は「法印」と呼ばれる「里修験」で、別当職の代替わりや本尊の御開帳には、大乗會を開催して三十三番の神楽を演じた。萬法院（現・花巻市）の嘉永二年（一八四九）が源流ともいうが、岩崎の旧伍大院（現・二前神社）の文化十四年（一八一七）の「大乗神楽番次」が初見かと思われる。明治以降も大乗會は明治八年（一八七五）と明治三十年（一八九七）に執行された。大乗神楽の権現舞の廻檀・祈禱は、火防祭と結合し秋葉山信仰を取り込んだ。火の行法は修験と結びつく。榊など重要な舞では、修験装束の玉袈裟（結袈裟）と千早（浄衣）をつけ、手次《てつぎ》という印相で九字や剣印をきり、九曜の足を使い、採り物は錫杖で数珠を繰る［鈴木二〇二三ａ］（図3―13）。神楽は「天地和合」の時空間を生成する修験道儀礼でもあった［鈴木二〇二三ａ：一三二］。

霊山の山麓では、春の修験の出峯時には法華八講や蓮華会が執行され、併せて芸能も行われた。出羽三山や鳥海山の山麓の旧修験集落では、田楽、番楽、舞楽などが演じられた。祭日は四月八日（卯月八日）が多く山の神が山麓に下りて来る日に合わせて行われた。修験者は山の神と重ね合わされ来訪神に擬せられたとも言える。春の法楽の芸能は、山中で体得した験をきそう「験競《げんくら》べ」でもあり、芸の力は験の力と同じと見なされた。

図3—13　大乗神楽。魔王。撮影＝鈴木正崇

鳥海修験は芸能と儀礼の一体化が顕著である。蕨岡（遊佐町）の五月三日の大物忌神社蕨岡口の宮「大御幣祭」の祭日は、江戸時代には峯入りの出峯日の観音の縁日にあたる三月十八日の行事であった。児舞《ちごまい》の童《どう》耶礼《やり》・童法《どうほう》・壇内入《たないり》と、振鉾・陵王・倶舎・太平楽などの舞楽が奉納される。蕨岡では舞を演じることは修験が一人前になるためのイニシエーションで、年齢に応じて舞をこなしていかないと修験の位階を上がれなかった［神田二〇一八。鈴木二〇二四b］。小瀧（にかほ市象潟）でも芸能が位階上昇と結びついていた。北方の旧鳥海町では、江戸時代に当山派修験の本海上人が舞を教えたという伝承があり、番楽は護摩を焚くことと同じと観念された。舞は「天地和合」を表すと説かれる。

　鳥海山麓の蕨岡（遊佐町）、小瀧（由利本荘市）、平田（酒田市）には倶舎舞（九舎舞）も伝わる。源流をたどれば、奈良の興福寺三十講の延年の執行記録『一

図３―14　柱源七十五膳神供。小田原秋葉山量覚院。撮影＝鈴木正崇

乗院延慶三年記』（一三一〇）に行きつく。興福寺では室町時代の延年では学僧が「番論議」を終えた後に「倶舎舞」を演じて位階を上げた［松尾一九九七：二八四〜二八九］。倶舎舞は延年に取り込まれて、担い手の修験化と共に各地に伝わったとみられる。日光山の延年舞も倶舎舞であった。『倶舎論』は修験の行法の意味付けに取り込まれた［鈴木二〇二四b］。胎内五位は『倶舎論』が説く仏教胎生学である。羽黒山の秋峯修行は、胎児が母親の胎内にいる「胎生十ケ月」に準えて二百七十五日を山中の修行期間とし、後世になって七十五日に短縮したと説く。七十五は『倶舎論』の説く完全数に由来して、山中の神霊の総数になったと推定される。大峯山は熊野からの順峯を七十五日、宿数を七十五にするなど影響は多岐にわたる。山の神霊を祀る作法は七十五膳で、三尺坊大権現を祀る秋葉山秋葉寺（現・浜松市）では、十二月十五・十六日の祭りで真夜中に秘法として行う。終了後、山から

風が吹いてくると伝えられ、天狗が満足した証だという。小田原の秋葉山量覚院では十二月六日の火防祭に、修験者が山中の霊を招く柱源七十五膳神供を執行する（図3—14）。烏を着けた日天と兎を着けた月天が登場し、湯立を行い山中の霊を鎮め信者を清め、自然の全体と天体の日月星を祀る。御供の後は柴燈護摩を行うが、火生舞を行って験力を誇示する。量覚院の山主は聖護院の修験である。

修験の儀礼と芸能は、芸力と験力が一体化していることが特徴で、身体に籠められた霊力が芸力として目に見える形で示される。習得にあたっては、山岳修行と同様にイニシエーションとみなされ、鳥海修験では積極的に儀礼に取り込んだ。複雑な修験道儀礼は神仏分離で断絶して、現在では断片化したが、修験道と芸能は、奥三河の花祭や能郷白山の能、各地の湯立神楽［鈴木二〇一八］など多岐に展開している。修行と芸能の一体化という視野から捉えれば、修験道の在地での創造的展開として芸能を見直すことができよう。

十三　修験道の想像力

修験道を支える原動力は、「異種混淆の想像力」（imaginary power of hybridity）であった。修験は山を未生の胎内と死後の世界とみなす。山岳修行では生から死へという時間の流れを、死から生へ、そして再生へと象徴的に逆転する。山は生と死、性と聖、始源と終末が矛盾せずに同居する非日常の空間であった。生と死の超越という仏教の理想は、山という具体的な修行場で実現されたと言える。

民衆は修験が山での修行で体得した特別な霊力に強い信頼を寄せた。山伏や法印と呼ばれた「里修験」は、民衆の現世利益の願いに応える加持祈禱を主体に、雨乞い、病気直し、人生相談、通過儀礼、小祠小堂の祭り、教育活動などを行い、登拝講の先達になって地域社会に溶け込んだ。山で得た豊富な薬草の知識で薬を処方し「いのれくすれ」の治療にあたった。民衆の総合的な「野のカウンセラー」として活躍したのが修験であった。

修験道は霊魂を認める立場にたって、仏教の教理矛盾を克服した。民間に修験道が広く受容された理由であろう。江戸時代には妻帯であり、世襲で受け継がれ親しみを持って地域社会に溶け込んでいた。仏教寺院が寺請制度によって檀家の葬祭・年忌など死者供養に特化したのに対し、修験者は在俗者として加持祈禱や祭りや芸能を行い、自坊や霞で活動した。仏教寺院と修験寺院は相互に補完しあった。修験道は日本各地の山岳信仰を根底に大きな影響力を持っていたが、明治五年（一八七二）九月十五日付け太政官布告第二七三号の修験宗廃止令で消滅した。その後は徐々に復活したが往年の勢いには遠く及ばない。

他方、修験道に関しての歴史学の研究は確実に積み重ねられ、文献史料の読みに基づいて組織の変遷が明らかになり、絵巻物・絵図・縁起などの研究も進んでいる。各地の修験道や山岳登拝の新しい動きは、修験三本山だけでなく、富士山の村山修験による登拝道の再興、高尾山修験の富士山

図3—15　高尾修験の富士登拝。撮影＝ Charlotte Lamott

登拝行（図3—15）、国東六郷満山の峯入り、日光鹿沼修験の峯入り、葛城修験の復興と再生など活発化している。世界遺産の登録や日本遺産の認定など、外部からの働きかけが推進力の一因である。山岳信仰や修験道は自然や環境への関心を呼び覚ます実践として評価され、大きな節目を迎えているようである。

修験にとっては文字の知識に頼るよりも、重要なことは実践や体験であり、峯入り修行をできるだけ数多く積み重ねることが根本であった。自然の多次元的世界に没入する繊細な感性を持った人びとには教義は方便にすぎない。その意味で文字は無用であり、文書による過去の復元は限界がある。その本質に迫るには、かつての修行者が行法を重ねたであろう場所をひたすら歩き、自らが現場に立って風景から追体験するしかない。社寺や祠のような建造物よりも、建っている場所自体が重要であった。修験道は、実践や体験を重視し、感性に基づき、様々な次元で凝結する「場所の力」を根底に置いて想像力を飛翔させたのである。修験道のもつ想像力を評価して、現代に生かす方策の検討は課題として残っている。

（注）

（1）御嶽の地名は全国各地に残る。金峯山は、秋田は金峯山《きんぼうざん》、山形は金峯山《きんぼうざん》、山梨は金峯山《きんぷさん》、鳥取は金《きん》峯山《ぶさん》、山口は金峯山《みたけさん》、熊本は金峯山《きんぼうざん》、鹿児島は金峯山《きんぼうざん》などである。

（2）宮本は日光山麓の男体講で使われていた「里山伏」を全国的に把握できる「里修験」として学術用語にした。近世修験の実態を史料と現地調査を組み合わせて明確にした業績として再評価されるべきであろう［鈴木二〇一三b：二六三〜二七八］。

（3）一九八〇年創立の西日本山岳修験学会に淵源を持ち、一九八四年に全国規模の山岳修験学会に発展して、一九九四年に日本山岳修験学会となって現在に至る。

（4）テーウンの見解への批判は、［三橋二〇一三：三四〜三五］。

（5）宗教の概念は、二〇〇〇年代に再検討が進み、安易に使うことは難しくなった［磯前二〇〇三。島薗・鶴岡編二〇〇四。星野二〇一二］。翻訳語の宗教には、キリスト教、特にプロテスタントの影響が濃厚で、一神教をモデルとする偏向がある。ビリーフ（belief）とプラクティス（practice）のうち、ビリーフ中心に考えすぎる傾向が強い。また、教祖・教義・教団をセット化する「宗教」概念は、日本では新宗教に適用されて、怖い、騙されるなど負の評価が強く、中立的には使えない。宗教概念を忌避することで、神道は宗教ではない、日本人は無宗教という特異な言説も生まれることになった。

(6)『新訂増補国史大系』第四巻、吉川弘文館、二三四頁。

(7)『新訂増補国史大系』第十七巻、吉川弘文館、四〇三頁。

(8)『群書類従』本の後に「醍醐寺根本僧正略伝」が付載されて該当箇所があり、巻末に正安元年(一二九九)卯月廿日書写とある。

(9)「諸寺を尋ぬれば、…たまたま顕密を習ふと雖も、修験の一道これなし。この三事を兼ねて一朝に仕ふるは、たゞ我が寺(園城寺)のみなり」[長谷川一九九一:二八]原文は『天狗草子』の「詞書釈文」による[小松編一九九三:一三三]。

(10)「吾カ山ニ於テ慈覚大師以来、顕・密・修験三道、顕・密・戒・記ノ四重トテ有、其ノ中ニ我等カ行カ行体ハ修験一道也」[長谷川一九九一:二八]。『諸国一見聖物語』(『聖の記』)[京都大学文学部国語学国文学研究室編一九八一:一三七]。

(11)江戸時代には醍醐寺三宝院を棟梁とし、松尾寺、霊山寺、菩提山正暦寺宝蔵院、内山永久寺、三輪平等寺、高天寺、吉野山桜本坊、高野山興山寺(行人方)、飯道寺梅本院、岩本院、伊勢世義寺などの十二先達となった。本山派への対抗運動である。

(12)空海は二つの意味を同時に用いた。中国の道家思想の中で展開していた可能性もある。

(13)［五来編一九八四：四六三～四七四頁］。

(14)［五来編一九八三：四五七～四五八頁］。

(15)［日本大蔵経編纂會編一九一九a］所収。

(16)『大日経』は善無畏が翻訳し一行の協力を得て『大日経疏』を書き下ろした。原型は七世紀中頃という。『金剛頂経』の漢訳は金剛智、不空、施護の三種があるが、日本では不空訳が使われてきた［正木二〇一二：一四三、一六〇］。原型の成立は七世紀後半である。

(17)胎蔵界は、元々は「大悲胎蔵生」の表記が正しく、大日如来の大いなる慈悲が、女性の子宮のように我々の菩提心（悟りを求める心）を宿し、育み、生み出し、成長させ、悟りに導く意味だという。界（dhātu、基盤、要素）は金剛界のみで胎蔵界は胎蔵が正しい。「両界」ではなく「両部」を使用すべきだという［正木二〇一二：一四九］。

(18)「入成」「出成」の言説は各地の霊山の修行に見える。大峯山、出羽三山、日光などの修験道の「峯入り」の用語として使われてきた。

(19)密教は師匠と弟子の間の法の師資相承を重視し、瓶の水を一滴も残さず他の瓶に移し替えるように付法することが望ましいとされる。これが伝法灌頂で密教の最高の秘儀とされる。

(20)密教では師資相承は金剛界系の系譜の「付法の八祖」は、大日如来→金剛薩埵→龍猛→龍智→金剛智→不空→恵果→空海とする。胎蔵系の系譜の「伝持の八祖」は、龍猛→龍智→金剛智→不空→善無畏→一行→恵果→空海と説く［松長一九八九：五四～六五］。

(21) 本山派に比べて統合は緩やかであった。袈裟筋支配により大和の三十六先達を組織し、興福寺や内山永久寺が統率を試みたが教団化は遅れた［関口二〇〇九］。

(22) 善無畏の訳で、当時師事していた大安寺の僧の道慈が持ち帰った。

(23) 一日二回、七時間から八時間かけて百日続けることで成就する。

(24) 善無畏訳『虚空蔵菩薩能満諸願最勝心陀羅尼求聞持法』に基づく。

(25) 『今昔物語集』巻第十二も同様の話を伝える。

(26) 仁和寺慈尊院の済暹が、空海の遺文を蒐集して三巻とし、散逸していた巻八から巻十に充当した［武内二〇〇六：三五九］。

(27) 「道賢上人冥途記」『扶桑略記』巻二十五所収。永久寺本『日藏夢記』（十世紀半ば）。

(28) 『大日本国法華経験記』巻中第四十四、『今昔物語集』巻十三第三話、『陽勝仙人伝』などに記され神仙思想の影響が色濃い。

(29) 『大日本国法華経験記』上巻第十一に「沙門義睿諸山を巡行し仏法を修行す。熊野山より大峯に入り、金峯山に住す」とあり、『今昔物語集』巻十三第一話も同様である。

(30) 五来重は仏教の導入以前に庶民の滅罪の論理があり、仏教がそれを取り込んで庶民信仰化して滅罪思想が展開したという独自の民俗仏教論を説く［五来二〇〇九：三七二］。

(31) 創始者は慈覚大師円仁とされる。

(32) 釈迦の入滅年（紀元前九四九年）以後、正法・像法を各千年とし、『扶桑略記』永承七年（一〇五二）正月二十六日条に「今年始めて末法に入る」とある。

(33) 妙法山の阿弥陀寺の境内には、応照上人の火定跡が残り、『大日本国法華経験記』巻上第九話に伝承が記され日本最初の焼身とされる。戸隠には釈長明《しゃくちょうめい》の焼身《しょうしん》伝承が伝わる。

(34) 出典は『倶舎論』第九巻（玄奘訳）で、胎内にいる二百六十六日間を成長の段階で五つに分けた「胎内五位」を説いた。人生を五段階に分けた「胎外五位」も説かれた。

(35) 『拾塊集』（元亀年間。一五七〇〜一五七三）は、「入峯七十五日修行者は、黒白合せ一百五十日胎内に宿り、五箇月に至って五輪形を得る、故に胎内の五位に盡す。是れ本迹二門の妙理に連なる也」と奥義を説く。入峯次第には「母胎内九箇月籠居修行也」とある〔『神道大系』一九八二：二六、二八〕。『羽黒派修験道七部集』は三十日とし、『羽黒山傳』は、「峯中七十五日は、大秘密の道場。近代略して、七月七日始て三十日之略法。一山破滅之基也」と批判する〔『神道大系』一九八二：一九〕。寛文九年（一六六九）以降は十五日となった。近代では、仏教側の秋峯は、明治四十四（一九一一）に十日、昭和二十四年（一九四九）に七日になり、現在は八月二十五日から八月三十一日までである。

(36) 『修験道章疏』第二巻〔日本大蔵経編纂會編一九一九a〕所収。

(37) 『修験道章疏』第三巻〔日本大蔵経編纂會編一九一九b〕所収。〔行智一九七五〕参照。

(38) 『修験道章疏』第一巻〔日本大蔵経編纂會編一九一六〕所収。

(39) 彦山の『峯中十種修行作法』は「即身即仏」を説く。〔日本大蔵経編纂會編一九一六〕所収。

(40) 様々の仏菩薩を象徴する持物のことで蓮華・法輪・武具などを指す。
(41) 五智如来は曼荼羅に描かれた。空海は羯磨《かつま》曼荼羅、立体曼荼羅として五智如来を造像し、東寺の講堂に彫像として現存する。羯磨はカルマ、業(働き)を意味する。
(42) 不空訳『仁王護国般若波羅蜜多経』二巻や『摂無礙経』一巻の五方配置の明王である。
(43) 不動明王のサンスクリット名のアチャラ・ナータが「山岳の主」の意味だとすれば[渡辺一九七五:五四]、日本ではインド伝来の性格を受け継いでいるのかもしれない。
(44) 大日如来は『華厳経』の毘盧遮那仏が起源で、善無畏が「大日」と意訳したとされる。
(45) 「ノウマク サンマンダ バサラダン センダンマカロシャダヤ ソワタヤ ウンタラタ カンマン」。激しい大いなる怒りの姿を示す不動明王よ。迷いを打ち砕きたまえ。障りを除きたまえ。所願を成就せしめたまえ、の意味で不動信仰の真髄を伝える。
(46) 相応の事績は『天台南山無動寺建立和尚伝(相応伝)』(十世紀前半?)、『大日本国法華経験記』(長久年間。一〇四〇~一〇四四)、『拾遺往生伝』(天永二年・一一一一)、『葛川縁起』(十三世紀)、『諸国一見聖物語(聖の記)』(至徳元年・一三八四)などに記される。
(47) 最古の蔵王権現像は長保三年(一〇〇一)銘の鏡像(西新井大師總持寺蔵)で、名称はないが形態は蔵王権現で、背面に阿弥陀、胎蔵大日、釈迦、弥勒の梵字、聖観音真言、大日真言が記されている。
(48) 本地垂迹の成立は吉田一彦によれば、『大日経疏』の「本地法身」が典拠で、伊勢神宮の内宮で十一世紀後半に説かれたとする。本地垂迹説は仁和寺の真言僧の済暹が確立したのではないかという［吉田二〇二四：二八五～三〇八］。『東大寺要録』の記録も注目されている［筒井校訂一九七一：一二］。

(49)『金峯山の遺宝と神仏』MIHO MUSEUM、二〇二三年、二二二頁。石山寺現存の白描の図像（承暦二年・一〇七八）が蔵王権現の最初期の姿と推定されているが［石川二〇〇〇：二〇～二二］、形状に関してはそれ以前に遡る。

(50)真言宗鳳閣寺派百螺山鳳閣寺があり聖宝による寛平七年（八九五）開基と伝える。寺伝では白鳳六年（六七七）の役行者開創を説き、役行者の法螺貝と退治した大蛇の頭骨は寺宝である。

(51)「道賢上人冥途記」『扶桑略記』巻二十五所収。永久寺本『日藏夢記』（十世紀半ば）にも詳細である。『新古今和歌集』（十三世紀）に、「みたけの笙の岩屋にこもりて　日蔵上人　寂寞の苔の岩屋にしつけきに　涙の雨のふらに日ぞなき」の和歌がある。行尊も笙の窟や深仙で修行した（『金葉集』大治元年・一一二六）。

(52)『修験道章疏』第一巻［日本大蔵経編纂會編一九一六］所収。

(53)『修験道章疏』第三巻［日本大蔵経編纂會編一九一九b］所収。

(54)櫻井徳太郎他校注一九七五「諸山縁起」『寺社縁起』所収。慶政の書写年は建久三年（一一九二）で、成立年代は鎌倉初期と見られる。ただし、平安時代末期と推定される『証菩提山等縁起』にも類似した記録があり、遡る可能性もある。

(55) 山林抖擻を基礎に構築された峯入りの究極の形態が比叡山回峰行で、不動明王との一体化は顕著である。羽黒山の秋峯でも不動が座る獅子座の行衣を身に付けて不動に擬する。

(56) 『本山修験諸作法』(三井寺)などの作法書で説かれる。

(57) 『修験道章疏』第三巻〔日本大蔵経編纂會編一九一九b〕所収。

(58) 山号付の寺院は『六国史』に記載はない。但し、『維摩経義疏』には「天台山修善寺」の字句があり、空海の『祕蔵宝鑰』『祕密曼荼羅十住心論』、最澄の弟子の光定の『伝述一心戒文』に引用され、官大寺僧が周知の『続高僧伝』『法苑珠林』に記す。平安時代後期の嵯峨清凉寺には五台山が使われた記録がある。上野大輔のご教示による。

(59) 曹洞宗の永平寺は越前ノ御山で「越山」、総持寺は能登ノ御山で「能山」といい、鶴見移転以後の総持寺は「武山」という。寺に修行に入ることを「上山」という。慈円は、比叡山を「世の中に山てふ山は多かれど、山とは比叡の御山《みやま》をぞいふ」と特別視し誇りを持った。現在も延暦寺の伐採・植栽は「御山を御大師様の体と思い、御山の木々を御大師様の衣と考えよ」と考えて作業する。浄土真宗では蓮如上人ゆかりの本願寺吉崎別院は「御山」で、上人に対して「御山法要」を行う。日蓮宗の池上本門寺は「御山」という。

(60) 八天狗とは、愛宕山太郎坊、比良山次郎坊、飯綱山三郎、鞍馬山僧正坊、大山伯耆坊、彦山豊前坊、大峰山前鬼坊、白峰山相模坊である。石鎚山法起坊は別格とされる。

(61) 世界は五つの範疇に分類できる七十五の要素から構成されているという主張である。世親の『倶舎論』は元来は唯識の経典で、法相宗が重視し、興福寺の維摩会では『倶舎論』を読誦する倶舎舞が行われ延年とも呼ばれた。

(62) 現在は四月二日の強飯式で七十五膳が奉納、延年舞は五月十七日の朝、東照宮御祭礼の前の奉納、十八日の神輿渡御の御旅所で「三品立七十五膳」を供える。延年舞は元々は正月の常行堂修正会の摩多羅神祭で演じられる秘舞であった(『日光山志』)。ただし、室町時代の『当内堂大衆舞楽帳』には大衆舞・延年舞は三月二日や庭立結願の七月十三日とある。冬峯の出峯、華供峯の入峯に合わせて、芸力と験力の誇示を意図したが、東照宮祭礼に組み込まれた[千田二〇一一:一一九]。白山の長瀧延年では修正会の最後の日の正月六日、毛越寺の延年舞は修正会結願後の正月二十日が摩多羅神祭であった。

(63)『修験道章疏』第一巻[日本大蔵経編纂會編一九一六、四四三頁]。

(64) 奥駈道の湧水や水流の聖地は、吉野水分神社、山上の龍ノ口、阿古瀧、小篠の龍ケ岳の龍池、稚児泊の七つ池、弥山の池宿、明星ケ岳の水の元、深仙の香精水、水呑宿の本ノ水、山麓は洞川の蟷螂の岩屋や龍泉寺などである。

(65) 大峯山中の口伝を記した『青笹秘要録』も同様である『修験道章疏』第二巻[日本大蔵経編纂會編一九一九a]所収。嘉暦三年(一三二八)に堯海書写、奥書に寛正六年(一四六五)、元禄十六年(一七〇三)転写とある。成立年代は確定できない。

(66) 具体的には『大峯細見記』(享和三年・一八〇三)に記された「七十五靡行所記」が詳しい。天理図書館保井文庫所蔵。

（67）本宮では八十八で、現在は、正月七日の夕方に牛玉神符の刷り始めの神事が行われ、八咫烏神事と呼ばれている。新宮は四十二、那智は七十二である。

（68）詳細は、『嶽妙泉寺文書』花巻市教育員会、二〇〇六年。

第四章　女人禁制と山岳信仰

一　女人禁制への視座

女人禁制は、女性の霊山への登拝を禁忌とし、寺社の神聖な場への立ち入りを禁じて、祭事や仏事への参加を不可とするなど、主として信仰に関わる禁制の総称をいう(1)。時代が変化し信仰が衰えてきた現在でも、禁忌として維持され、習俗として残り続けて、間歇的に論議を呼び起こす。女人禁制は男性中心主義の価値観から逃れられない負の様相を強く帯び、ジェンダー平等の観点からは否定的に扱われてきた。現代では女人禁制の慣行は女性差別と見なされ、男女同権、ジェンダー平等に反するとして糾弾され、男尊女卑や女性蔑視で人権の尊重にも反すると主張されている。フェミニズムの立場であれば、否定することが前提であり、維持する側の論理は当初からほとんど考慮されない。

ただし女人禁制の起源は前近代に遡り、近代の思考との間には大きな断絶があり、文脈も前近代と近代では大きく異なる。女人禁制の理解にあたっては、差別や人権などの近代の概念による解釈を一旦停止し、禁制を支えた思想や論理、禁制の生成と消滅の歴史的変遷の諸相を見つめ直す必要がある。人権の意識も時代と社会によって変わる。我々の「意識と行動」が人権を規定するという柔軟な認識の在り方も必要ではないか。

他方、女人禁制の維持を主張する人々は、女人禁制は「伝統」に基づくと主張する。しかし、伝統もまた近代の概念であり、思考様式の変化によって、従来は意識されなかったものが近代への「対抗言説」として浮上した実践や思想である。実際には「伝統」の内実の説明は難しいにも拘わらず、強い言説として機能してきた。女人禁制を問うことは、「差別」と共に「伝統」を近代の言説として再検討するという課題と表裏一体である。「伝統」の用語はtraditionの翻訳語であり、漢文学者の斎藤希史によれば、明治時代の英和辞典にはなく、大正時代半ばに現れ、昭和時代に多用されて定着したという［斎藤二〇一三：一一］。昭和に入って「連綿と続く伝統」という考え方が強く意識されたことが反映している。「伝統」は、長い歴史の中で形成され、変わらずに維持されてきたと考えられているが、微妙な形で変わり続けているのが「伝統」である。社会の変化に対応して、内容を再検討して取捨選択することも選択肢の一つである。「伝統」を再考する立場に立って、「女人禁制」を社会・文化的背景の中に位置付けて、使用される文脈に応じて考え直す必要があるだろう。女人禁制を問うことは、「差別」と共に「伝統」を再考することに繋がる。

本章は女人禁制を強固に維持してきた山岳信仰に焦点を合わせて、歴史的経緯を概観した後に、

維持されてきた経緯を多角的に論じ、今後の行方を考察する。(2)

二　女人禁制とは

現在も寺院の内陣や神社の拝殿などへの女性の立ち入りを認めない所は多い。例えば、東大寺二月堂では、外陣《げじん》は女性の拝観は許可するが、内陣は女人禁制である。法会を執行する練行衆は男性限定である。この禁忌を撤回すれば、奈良時代から続く修二会（お水取り）は実行できなくなる。祭りへの参加も男性限定の行事が多く、京都祇園祭の山鉾巡行は、女性が山鉾に上がることを認めていない。民俗の慣行であり習俗でもある。しかし、少子高齢化に伴い、急速に「男性中心の祭り」が変化する兆しも見えている。(3)

明治以前は、日本の霊山の大半には女人結界が設けられ、女性の登拝は禁じられていた。一般にはこの習俗を女人禁制という。厳格に言えば、女人禁制は法制用語、女人結界は儀礼用語で［牛山二〇〇八：五五八］、結界の語法には仏教の影響がある。女人禁制と女人結界の禁忌は、鎌倉時代中後期以降、山を行場として修行を体系化した修験道の展開によって強化され、江戸時代中期から盛んになった民衆の登拝講でも維持されてきた。

女人禁制の理由は、①血の穢れに対する不浄観、②仏教の戒律（不邪淫戒）、③仏典に見える女性蔑視思想、④日本民俗の本質に根ざすなどが挙げられている［牛山一九九六ａ：七五］。有力視されている説は①で、女性の月経や出産の血の穢れ、特に月ごとの生理を穢れとする不浄観である。前近代では、女性は不浄や穢れのゆえに清浄地への立ち入りを禁じられた。

各地の山々には女人禁制や女人結界の碑が残り、境界の地点を越えて女性が登拝すると山が荒れ大雨や土砂崩れなどが起るという伝承がある。山の神の怒りをかうのである。史料上の初見は、大江匡房編『本朝神仙伝』(十二世紀前半)で、吉野の金峯山は金剛蔵王が守る処で「戒の地として、女人を通はしめざる」とし、禁忌を犯して登拝した都藍尼《とらんに》が雷電に打たれ阻止されたという。山は「戒」の地、戒律を遵守する聖地であると仏教的な解釈を加える。時代は下るが、『弘法大師開山縁起』(正徳五年・一七一五)では詳細な伝承を記す[日野西一九八九:二七九〜二八〇]。本縁起によると、空海の母の尼公は八十三歳の時に息子に会いたいと矢立坂まで来た。ところが雷が鳴り、地震が起り、火の雨が降ってくる。山上から空海が降りてきて「この山は女人や重罪の者は参れぬ霊地」で、特に女人を禁じるのは「月水」を忌むからだと説く。尼公は四十歳以降は月水は止まったと答える。空海は九条の袈裟を岩にかけて上を通れといい、尼公が越そうとすると月水が袈裟の上にこぼれ袈裟は火焔となって燃えあがり、岩は砕けて飛散した。尼は血の池に沈み登山を諦めたという。空海は山麓の慈尊院に母の尼公の玉依御前を住まわせ、死後は舎利を石室に納めて弥勒として祀り、弥勒下生で衆生済度を約束したとされる。山中には、山上から落下してきた大石を空海が押し留めた両手跡が残る「押上石」、老母が流した悔し涙で出来た「涙川」、老母が悔しさのあまり捻った「捻石」、袈裟を掛けた「袈裟掛石」が遺跡として残る。山の女人結界に関わる禁忌では女性の生理の穢れを強調している。

三　女人結界の禁忌

女人結界の場は元々は石や木を祀る山の神（女神）の祭場だった可能性が高い。女人結界の近くには禁忌を犯した女性が変えられたという姥石《うばいし》、巫女石《みこいし》、神子石《みこいし》、比丘尼石などが残る。姥は山の神の姥神を想起させ、巫女・神子・比丘尼などミコやアマは女性の職能者の名称である。立山では女人結界を越えた女性が美女杉や禿杉に変えられ姥石もその跡という［廣瀬・清水一九九五：一五〇］。姥石は女陰の形状をしており信仰対象だった。越境を侵した女性の名は、立山は止宇呂尼《とうろに》、白山は融姥《とうろのうばば》、金峯山は都藍尼《とらんに》、伯耆大山は登藍尼《とらんに》、大峯山は役行者の母の白専女《しらとうめ》などトラ系の呼称が共通する。柳田國男はトラを巫女の総称と考え、境界で山の神の祭祀を行っていたとする仮説を提示した［柳田一九九八（一九四〇）：三六六〜三七九］。『梁塵秘抄』二六五には「金御嶽にある巫女の打つ鼓 打ち上げ打ち下ろしおもしろや」とあり、恵信僧都源信が歌占を頼んだ金峯山の巫女を歌っており、山で活動する巫女がいた可能性もある。しかし、確証できる史料に乏しい。

女人結界には、登拝が許されない女性が参籠する御堂の女人堂が設けられ、山の神の姥神が祀られて子授けや安産が祈願された。山の神を安産の神とし、子供を人間界に齎すという信仰は、山岳信仰の仏教化で山の神と開山の母、高僧の母の融合に展開した。「開山の母は、山下に祀られ、山

図4―1　女人結界。母公堂。洞川。撮影＝鈴木正崇

上の開山への信仰をとりつぎ、また里の女の信仰対象となっていった」［西口一九八七：一四二］のである。山と里の境界は、禁忌の場であると共に女性たちの民間信仰を凝結した場になった。女人堂の伝承は各地に残る。戸隠山は中院と奥院の間に女人結界があり、近くに女人堂跡と比丘尼石がある。日光山は中禅寺道の途上に女人結界と巫女石、女人堂跡と牛石が残る。比叡山は近江の坂本からの登拝道は、垢坂（赤坂）が浄刹結界で、最澄の母の妙徳尼を祀った花摘堂の跡地がある。花摘堂には最澄が母に対面した故事に因んで老母像が祀られ、毎年、四月八日は灌仏会で女人登拝を許し、女性が参詣して花を手向けたという（『近江国輿地志略』巻二十二、志賀郡第十七、花摘社）。京都側の曼殊院道の雲母坂《きららざか》には浄刹結界祉、山麓には女人牛馬結界碑がある。高野山には七つの登拝路の山上到達地点ごとに参籠する女人堂があって、壇上伽藍と奥之院の周囲の峯を巡る女人道が通じていた。現在は、不動谷道の女人堂だけが現存する。大峯山の山上ケ岳では、洞川からの登拝道には、山麓に役行者の母を祀る母公堂《ははこどう》と女人結界碑が残る（図4―1）。

吉野の地主神の金精明神の上方、愛染（安禅寺跡）にも女人結界碑が残る。近くの蹴抜塔は隠れ塔ともいい、源義経が敵に追われて隠れ、追っ手が迫った時に天井を蹴破って出たと伝える。大峯の修行者は真っ暗闇の堂内に入り、役小角像の壇の周囲を「吉野なる深山の奥の隠れ堂、本来空のすみかなりけれ、オンアビラウンケンソワカ」と唱えて、二回半ほどめぐる。鐘が堂内に突然に鳴り響きびっくり仰天する。「たまげた」という表現があてはまる。先達は、修行の障りになる利己心を祓い落とし、穢れた心を祓い去って本来の清浄心を現わすことだと説明する。しかし、これは「気抜塔」、気を抜く、魂（タマ）を抜くのであり、肉体と霊魂の分離、死を意味する。山上までには葬儀になぞらえた「四門」を越境し、他界遍歴で異界に入り込む。女人結界はこの世とあの世の境界に設けられたのである。

各地の女人結界は挙げればきりがないが、月山は野口や二合目の大満（小月山《こづきやま》）、醍醐寺は上醍醐への登拝路の女人堂（成身院）、鳥海山矢嶋口は二合目の木境、木曽御嶽山黒沢口は八合目女人堂、石鎚山の黒川道は女人還の行者堂、今宮道は矢倉の女人戻し、武州御嶽山は大嶽山頂手前の「おの子連供養塔」などで、相模大山の蓑毛道にも女人禁制碑が残る。秋葉山奥之院、園城寺奥之院、書写山円教寺など霊山の数多くは女人禁制であった。多武峯（旧妙楽寺）では西大門跡に「女人禁制」の石柱があるが、「女性の人権に関わる歴史的遺物として後世に残し、人権文化創造の教材とする」ために平成十三年（二〇〇一）三月に、談山神社と櫻井市が建てた。大峯山山上ケ岳の女人禁制の解禁が実現していないことへの批判も籠められた。

山は死者の魂が赴く所とされ、民俗学者は山中他界観と呼んできた。女人結界は現世と他界、この世とあの世の境界とも重なる。山中他界観は仏教の影響で浄土や地獄に変貌し、境界にあたる地点には三途の川が流れ、賽の河原があって地蔵が祀られることも多い。境界の女神は奪衣婆に変貌することもある。立山の場合は、噴煙があがり荒涼たる火山地形が広がって、あの世の光景を連想させる。『今昔物語集』に記されたように古くから山中に地獄と極楽があるとされた。芦峅寺の集落の東の外れの媼ケ谷が女人結界で、谷を流れる媼堂川は三途の川ともいう[4]。江戸時代までは谷には布橋がかかり、西岸には閻魔堂があった。東岸には媼堂があり、三体の主尊と日本全国六十六体のオンバサマ（媼尊）が祀られていた（図4―2）。オンバサマは大日岳の山の神で、「媼」という独特の漢字を使うように作神であり、五穀の種を齎したとされる。しかし、オンバサマは仏教の影響が強まると三途の川の畔で亡者の衣を剥ぎ取る奪衣婆ともされた。江戸時代までは、秋の彼岸の中日に女人救済を願う布橋灌頂会《ぬのばしかんじょうえ》が行われ［福江二〇〇六］、女性は布橋を渡って対岸の媼堂で結縁灌頂を受けて血脈を授与された。転女成男の御札、不浄除けの『血盆経』の経文、死後の極楽往生を確証させる経帷子も与えられた。女性を守護するオンバサマは山の女神や境界の神（関の神）で、両義性を持ち多様な解釈を許容した。毎年、春には芦峅寺の女性が閻魔堂（昭和三年・一九二八。再建）に集まり、閻魔様の前で女性が調整した木綿（かつては苧）の晒し布を作る。開山堂では三月十三日の「御衣祭」でお召し替えの行事が行われて霊力を更新する[5]。布橋は明治の神仏分離で破壊されたが、昭和四十七年（一九七二）に「富山県立山風土記の丘」の開設時に復元された。

図4―2　オンバサマ（媼尊）。立山博物館蔵。撮影＝鈴木正崇

図4―3　布橋灌頂会。富山県立山町提供

平成三年（一九九一）十一月に立山博物館が開館して展示資料が整えられ、廃絶した布橋の史料も少しずつ集められ、平成八年（一九九六）九月には布橋灌頂会が再興された（図4―3）。平成二十三年（二〇一一）に日本ユネスコ「未来遺産」に登録された。イベントではあるが、参加すれば意識を変えるという。現在は三年に一度開催されている。

令和五年（二〇二三）三月十三日の「オンバサマのお召し替え」には、元々祀られていた六体に明治時代の廃仏毀釈で離散した八体が加わり、十四体のお召し替えが行われた。新しく加わった一体は百五十三年ぶりの「里帰り」で、参加者は「よく戻ってきてくださった」と喜んだという［福江二〇二三］。令和六年（二〇二四）正月十九日には、国の文化審議会（佐藤信会長）は、「オンバサマのお召し替え」を立山信仰の伝統行事として記録作成等の措置を講ずべき無形の民俗文化財」として答申した。行事は活力を取り戻しつつある。

山と里の境界認識は明確であった。平地に住む農耕民には山は異界で、山に住む狩猟・焼畑民との生活圏の棲み分けがあり、山と里の間には「山の境界」が設定されて禁忌を守る。山を生活の舞台とした狩猟・焼畑民も、神霊が棲むとされる場所には踏み込まず、霊山の山頂登拝は行わなかった。山は畏怖され特定地点から上は神聖な場所で、男女を問わず「禁足地」「不入の地」であった。しかし、仏教の山林修行者が出現して、山へ登拝して霊力を得ようとする動きが始まった。いわゆる「開山」である。「山の境界」は仏教化されて「山の結界」となり、山の清浄地では穢れが強く忌避されて「女人結界」になる。「山の境界」→「山の結界」→「女人結界」という変化の過程が想定できるであろう。

四　女人禁制の史料

山岳寺院への女性の入堂を禁じた初見史料は、最澄が比叡山での天台宗開宗にあたり大乗戒に基づいて僧徒を養成するための細則を取り決め、弘仁九年（八一八）八月二十七日に奏上した「勧奨天台宗年分学生式」、いわゆる「八条式」に遡ると推定されている［牛山一九九六b：二二］。牛山佳幸は、『門葉記』所引の建久五年（一一九四）八月十五日無動寺大乗院供養願文に見える「仰當山は、大師の誓願として女人の攀躋《はんせい》を嫌う」の文言の「誓願」を八条式の「凡天台寺院…（中略）…盗賊、酒、女等を禁ぜしめ、佛法を住持し、国家を守護す」の条文に相当すると考えた。この文言は世俗の欲望を断ち切る修行場に女性がいると性的な誘惑の念を引き起こして行の妨げとなると解釈されてきた。ただし、当時の条文には酒・女だけでなく肉・五辛を忌避した記録もあり、多くの禁忌の一つが女性であったともいえる。宗門では、「大師之誓願」として女人禁制は宗祖最澄が定めたとされてきた。

平雅行は山の女人禁制は実態としては九世紀後半以降で、十世紀から十一世紀初頭に確立したとする。史料の初見は『菅家文章《かんけぶんそう》』巻十二所収の仁和二年（八八六）十一月二十七日付「為清和女御源氏修功徳願文」の「台嶽は婦人の攀《のぼ》るべき所にあらず、仁祠豈《あに》塵累の触れる所ならんや」だという。比叡山では女性を塵と見なし参詣する資格なしとする記事である［平一九九二：四一二］。牛山佳幸も史料上では九世紀後半に遡り、「高野山や比叡山を含む各地の山岳霊地に盛んに宣伝されてくるのは、十一世紀中頃以降」［牛山一九九〇：五一］とする。そして「女人禁制が差別的事象に転化する時期は、寺院や山岳霊場などで女性排除の理由を血の穢れで説明づけるようになる中世後期と見るべきであろう」［牛山二〇〇八：五五八］とした。西口順子は、女人結界は神祇思想の浄穢観が仏法に取り込まれ、寺院で増幅して聖域の見方が強まり、十一世紀後半頃に定まったという［西口一九八七：一二四］。

文献を検討すると、比叡山の場合、『耀天記《ようてんき》』（鎌倉時代中期）延長四年（九二六）五月十六日条に、尊意が天台座主に就任した時に山僧の夢に貴女が現れたので「此の山、昔より女人を許さず」と咎めたとある。貴女は舎利会を拝するため影向した女神で聖女社に祀られた[6]、源経頼『左経記』寛仁四年（一〇二〇）九月九日条には、比叡山に女人が登り廊下を歩いていたので僧は狂女として追い出したとあり［平一九九二：四一二］、『本朝世紀』久安六年（一一五〇）九月二十四日条には、尼が登ってきて無動寺に住まいしたので追い返したと記す。吉野の金峯山の禁忌は、『善隣國寶記』天徳二年（九五八）条引用の『義楚六帖』（天暦八年・九五四）が文献上の初見で[7]、金峯を「女人の上がり得たる曽てあらず、男子上らんと欲すれば、肉食色欲を断ち、求むる所を遂ぐ」とあり、当時の金峯山の女人忌避は中国にも知られていた。他方、高野山は、空海が弘仁八年（八一七）に山上の七里四方を結界して俗人の立ち入りを禁じ、その中に女人も含むとされている[8]。但し、初見は

『今昔物語』（十二世紀）巻十一第二十五話の高野山の「女永ク登ラズ」である。寺院の堂舎が成立すると領有権の寺域を定める政治的な動きが加わって、十世紀から十一世紀には寺領の領有の根拠として結界が明確に定められていったと考えられている［西口一九八七：一二一〜一二九］。

空海は承和二年（八三五）に遷化した。二十五箇条『御遺告《ごゆいごう》』の「不可入東寺僧房女人縁起第十八」には、東寺僧房や院内への女性の立ち入りを禁じ、女性は子孫繁栄に不可欠だが、仏弟子には諸悪の根源だとして、清浄の場への立入を不可とするとある。ただし、『御遺告』の最古の写本の奥書は安和二年（九六九）で、成立は九五〇年頃という［苫米地二〇一〇：五六〜五九］。女人結界は、比叡山では最澄、高野山では空海が、山岳寺院の開創に際して宗祖が定めた歴史的事実と信じられてきた。明治五年（一八七二）三月二十七日付け太政官布告第九八号で女人結界は解禁された(9)。比叡山では開山・開基以来の伝統遵守で［鷲尾・神亀一九三三：一三一、一三三］、桓武天皇や後陽成天皇の勅願で定めたとも主張したが覆らなかった。

五　「堂舎の結界」

山の女人禁制の発生に関して、牛山佳幸は仏教の戒律に基づく法的規制に起源を求め、不邪淫戒（五戒の一つ。僧侶の性行為を禁じる）に由来すると推定した［牛山一九九〇：一〜八二］。「戒律起源論」である。牛山説を要約すると、以下のようになる。飛鳥時代には自主規制であった戒律に関わる禁制が、奈良時代の律令制下では厳格になり、官僧官尼体制の仏教界では出家・在家を問わず、僧寺への女性の立ち入り禁止、尼寺への男性の立ち入り禁止が守られるようになった。『僧尼令』（養老令）第十一条と第十二条（天平宝字元年・七五七年施行）によれば、僧尼の扱いは平等であった[10]。当時は律令国家体制の鎮護国家の政策の下で仏教寺院が支えられ僧と尼がその管理下にあった。元々、日本では最初の出家者が尼で女性への許容度が高かったが[11]、八世紀中期以降に女性の地位低下が生じた。不邪淫戒は、僧と尼の双方に対して異性との接触や性交渉を禁ずるが、規制は次第に尼に一方的に課せられるようになり［牛山一九九〇：一一二］、九世紀を境に女性の出家制限が始まり官尼も尼寺も一時的に消滅する。他方、男性出家者が増大し、律令制の弛緩により僧の破戒行為が増加したため、一部の山岳寺院の持戒僧は厳しい修行を課して女性を排除する傾向が強まり、戒律を遵守して女人の禁制を強化した。寺院が俗人の参籠場になることへの危機感の表れとみられる。ただし、いずれも個々の寺院の「自主規制」で男性側の「一方的な主張」であった。そして、次第に仏教経典を典拠に女性劣機観が僧侶の世界に広まり、寺院の清浄性の維持を重視して女性の穢れが強調されて、女性は儀礼の場から排除されていった。牛山説は「戒律起源論」で、建物の内外に課せられた「堂舎の結界」を強調し、山への適用はその展開といえる。仏教の僧侶を中心とする知識人が設定した結界の思想が中核にある。

六　開山伝承と「山の結界」

戒律を重視する牛山説に対して、仏教以前の野外での「山の境界」の存在を想定するのが筆者の説である。史料上での探求は難しいが、祭祀遺跡の発掘品や伝承・縁起に着目した。大きな転機は仏教と山岳信仰の融合の動きである。仏教公伝は、『日本書紀』では欽明天皇十三年（五五二）、『元興寺伽藍縁起并流記資財帳』や『上宮聖徳法王帝説』では宣化天皇三年（五三八）で、[12]六世紀前半の伝来は確実であり、七世紀には都に寺院が建立された。天平勝宝四年（七五二）の東大寺大仏開眼供養会は、日本への仏教伝来二百年記念の意味合いもあった。山は寂静の修行の適地とされ、山林修行をする僧侶が出現し、七世紀後半以降は山寺が建てられ［時枝二〇一八：一五］、吉野山の比蘇山寺では虚空蔵求聞持法の修行が行われた。山寺の成立に際しては山の地主神が祀られ神と仏の習合に展開した。八世紀には山頂登拝も始まった。根拠は山頂の祭祀遺跡で、九州の宝満山山頂の上宮では八世紀前半の遺物が見つかり［時枝二〇一六：一一二〜一一七］、山麓の辛野遺跡からは七世紀後半の祭祀土器や法具も発掘された［時枝二〇一六：一一〇］。大峯山山上ケ岳では八世紀後半の護摩の跡が大峯山寺内々陣の秘所の龍ノ口周辺で確認された［菅谷一九九五：五四〜五七］。[13]弥山山頂の発掘品の金銅製三鈷杵も八世紀後半と鑑定され、金峯山から弥山・八経ケ岳に至る大峯山北部は奈良時代に山頂登拝や祭祀が行われていた［森下二〇〇三：三九］。『日本霊異記』

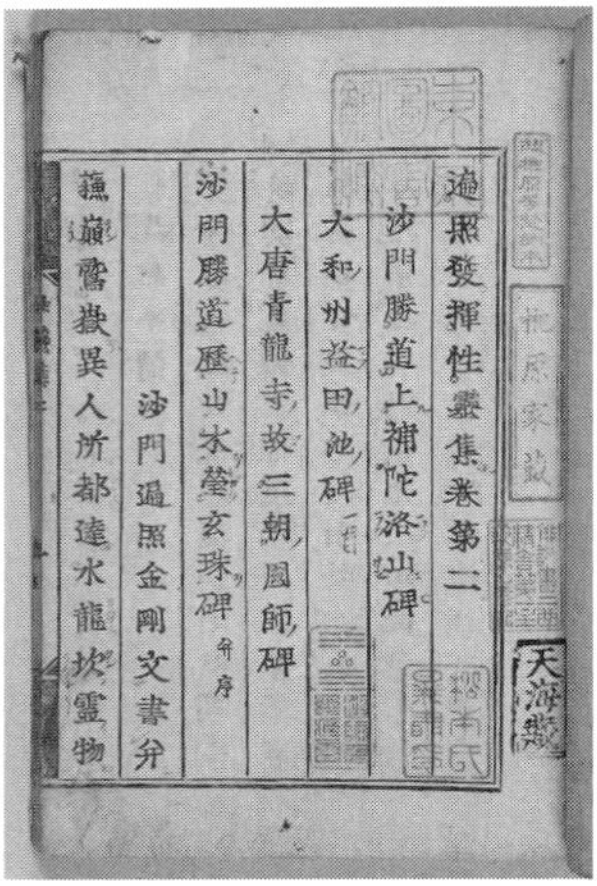
遍照發揮性靈集巻第二
沙門勝道上補陀洛山碑
大和州益田池碑
大唐青龍寺故三朝國師碑
沙門勝道歴山水瑩玄珠碑并序
沙門遍照金剛文書并
撫巓鸞嶽異人所都達水龍坎靈物

図４―４　「二荒山碑文」。『性霊集』（835年）。出典：国立国会図書館デジタルコレクション

中巻第二十六話が伝える金峯山入山の禅師広達は同時代である。広達は、聖武天皇の御代に「吉野金峯《かねのみね》」で修行し、後に元興寺の僧侶となり宝亀三年（七七二）に「十禅師」(14)の一人に選ばれた。

八世紀の山頂登拝の動きを具体的に示すのが「開山伝承」である。「開山伝承」とは、僧侶や行者が猟師に導かれて境界を越えて山頂に至り、神仏に出会って帰依して祭祀者になる、あるいは猟師（狩人）が鳥、鷹、犬などに導かれて山中で神仏に出会い、狩猟の殺生を悔い改め出家して僧侶となって山を開いたと伝える(15)。開山者は、「山の境界」を越えて山頂登拝を果たす。山の聖性を新たに開示させて霊力や聖性を身に付ける実践であった［鈴木二〇一八ｂ］。開山伝承は、「山の境界」を越えて「禁足地」に踏み込んだ時の記憶を伝えるのかもしれない。山岳霊場の「山の境界」は、「山の結界」、そして「女人結界」に読み替えられ、境界には多くの禁忌が発生し、女人結界・女人禁制に展開したと推定される。

開山伝承は歴史的事実とは見なされないが、史実の可能性が高いのは勝道による日光山開山の事績である。空海が勝道を顕彰した二荒山碑文「沙門勝道歴山水瑩玄珠碑《しゃもんしょうどうさんすいをめぐりてげんしゅをみがくひ》並序」『性霊集』（承和二年・八三五）（図４―４）によると(16)、勝道は大谷川畔に御堂を造って日光山を開山し、天応二年

(七八二)に男体山(二四八四メートル)を極めたという。開山は天平神護二年(七六六)であった(17)。碑文では大自然の風景や音や風など全てが大日如来の顕れと説かれ密教と山岳信仰の融合を伝える。男体山登拝の証左は考古遺物である[日光二荒山神社編一九六三](18)。男体山山頂からは奈良時代後期(八世紀後半)の法具等が発見され、勝道の開山伝承と符合する[時枝二〇一八:一九](19)。奈良時代に遡る「山頂祭祀遺跡」は、男体山、大峯山、宝満山の三か所しかない。

男体山の出土遺物は六千点以上、鏡・鈴・鉄鐸・剣・鉾・短刀・刀子・鏃・土器(皿・壺・瓶)・陶器(壺・瓶)・古銭などは各々が百点を越える。数は少数だが、仏教系では、銅錫杖・鉄錫杖・鉄銅鋺・銅柄香炉・忿怒形三鈷杵・鉄三鈷繞・火打鎌・鉄鐸鈴・銅盤・銅鋺・銅鉢・二経筒・御正躰(鏡像)などがあり、大半は岩と岩との間にぎっしりと詰まっていた。修行者が、貴重品を惜しげもなく、信仰と意志で埋納したと推定されている。仏具は、香供養、音曲供養、飲食供養、修法(三鈷杵)、燃燈供養、雨乞い(鉄馬?)等で使用された可能性がある。香供養具や飲食供養具は「顕教」と関連し、忿怒形三鈷杵・鉄三鈷繞(20)・鉄鐸鈴は「初期密教」の法具である。南都系の顕密僧侶の関与の可能性が推定されている。ただし、山頂登拝の実態を伝える近世以前の文献史料は乏しい。

開山伝承が説く開山年は、偽の年号と思われるが、和銅三年(七一〇)の平城京遷都の前後の伝承が多く、山頂祭祀の遺跡の年代とほぼ照応する。開山伝承は無名の私度僧・行者・聖・禅師などの山頂登拝の史実や記憶を反映している可能性がある。近年は、開山以来、千三百年や千二百五十年など節目を迎える山岳霊場も多く、日光山は平成二十八年（二〇一六）に開山千二百五十年祭、白山は平成二十九年（二〇一七）に開山千三百年祭、伯耆大山と六郷満山は平成三十年（二〇一八）に開山千三百年祭を行った[21]。開山伝承は、地域文化の文化資源の語りとして蘇り、始原の神話的な言説（discourse）として現在も機能している。

七　一時的規制と恒常的規制

女人禁制を考える視点として第一に指摘したいのは、一時的規制と恒常的規制である。女人禁制には二種ある。聖域や聖地、寺社への立入りを禁忌の日数の一定期間は禁じて、終了後は解かれる「一時的規制」と、期間を設けずに無制限に立入りを禁ずる「恒常的規制」である。「一時的規制」は、特定の日数を穢れとして、忌《いみ》、服《ぶく》忌とし称して、神社に参拝しないとか祭りに加わらないという規制が加えられる。死の穢れは男女共に共通するが、女性には出産と月経の穢れが加わり、特に「月水」の穢れが強調される。ここにジェンダー・バイアスの発生要因がある。現在でも、出産の穢れは地域差があるが、生後七日を一区切りとし、多くの地域では男児は生後三十日、女児は三十一日を忌明け日として初宮参りを行う。月経は特定期間中は寺社への参詣を避けるのが通常であった。いずれも「一時的規制」である。歴史的に遡ると、平安時代に律令の補助令として定められた『弘仁式』（弘仁十一年・八二〇）、『貞観式』（貞観十三年・八七一）、『延喜式』（延長五年・九二七）では、女性に対して「一時的規制」は課すが「恒常的規制」ではなかった。『弘仁式』「穢悪《えお》事」には死穢三十日と産穢七日の忌とあり、月経（血穢）の明文化の初見は『貞観式』からで『延喜式』には日数も明記されていない［三橋一九八九］。

他方、「恒常的規制」は日数に拘わらず、特定の場所、特に神聖とされる空間への女性の立ち入りを禁じる。現在でも神社の拝殿や寺院の内部など、建築物や施設の内部の特定部分への立ち入りを禁ずることが多いが、近年は徐々に女性に解放されてきた。「恒常的規制」が強く表れるのは山岳、特に登拝修行で、鎌倉時代以降に山岳修行を体系化した修験道の規制が強い。日本の多くの山々は霊山であり、特定地点より上部は「恒常的規制」の女人禁制で境界に女人結界が設けられた。ただし、「恒常的規制」の強調は、『血盆経』が伝来した十五世紀の室町時代以後で、女性観の変化や穢れ観の変遷を検討する必要がある。

八　女性劣機観から女性罪業観へ

女人禁制を考える視点の第二は女性劣機観と女性罪業観である。女性と仏教を巡る従来の研究では、仏典に説く「女性劣機観」は平安時代初期には顕著ではなかったが、九世紀後半以降に「五《ご》障《しょう》三従《さんしょう》」が説かれ、女性劣機観が平安貴族の間に浸透していったとされる。「五障」とは女性は修行しても、梵天、帝釈、魔王、転輪聖王《てんりんじょうおう》、仏の五つになれないことを言い、「三従」とは女性は未婚時は父に、結婚後は夫に、夫の死後は子に従うという劣位性の強調である。(22) ただし、五障三従は仏教の教義では説明できない。経典での「女身垢穢《にょしんくえ》」の表現や女性は地獄の使い、心は夜叉の如くなどの言説は、女性の劣位の表現で女性劣機観を助長した。(23) 他方、十世紀中葉以降、『法華経』第十二品「提婆達多品」は悪人救済説として支持を集めた。特に娑竭羅《しゃから》龍王の八歳の娘が、龍身・年少・女性の身ながら仏に帰依して一瞬にして「変成男子《へんじょうなんし》」を遂げ往生したという「龍女成仏《りゅうにょじょうぶつ》」は、広く受容された［吉田一九八九。佐藤二〇二〇］。経文や仏の功徳や慈悲の力で女人を救済する論理は、女身垢穢や五障三従などの女性劣機観を克服する。しかし、男性中心主義からは逃れられない。他方、「障」はサワリと訓じられ（『和名類聚抄』）、特に「月の障り」は民間に広まった。ただし、平安貴族社会では出産や月経に伴う生理的出血の血穢は、神事や法会で忌避される「一時的規制」で、法然や日蓮の教えでは穢れとして忌まず罪業でもなかった。道元も『正法眼蔵』七十五巻本では女人結界を批判して男女平等を説く。(24) しかし、出家主義指向を強めた後年には意見を変えた［石川一九九〇］。女性の評価は錯綜している。

そもそも「五障三従」は仏教的な罪業ではなく女人往生も完全には否定しない。「五障三従」は仏教の教義に基づくとは言えない。しかし、「五障」は、室町時代以降、女性の身体を受けて生まれたことの不徳（因縁罪障）に転化し、「三従」と組合わせて女性の身上を貶めて形容する言葉になる。川内教彰は、鎌倉時代以降に、一切衆生を「罪悪生死の凡夫」と捉える法然教学が浸透して、女性の所業を来世での堕地獄に繋がる罪業とする女性罪業観に変容したと説く［川内二〇一六：二五]。野村郁代も若狭の寺院の寄進札の分析を通じて女性の中で「五障三従」が十五世紀に広まったと指摘する［野村二〇〇四：一五二］。室町時代には「五障三従」を女性固有の罪業とする観念は社会通念となり、「五障三従」の「女性劣機観」は「女性罪業観」と接合していった。女性観は中世後期から近世初頭にかけて大きく転換したのである。

九 『血盆経』の民間への浸透

視点の第三は、『血盆経』の請来と民間への浸透である。同時に血穢の強調にも展開した。『血盆経』は十世紀以降に中国の民間信仰を基盤として成立した偽経で、十五世紀に日本に伝わり、室町時代中期以降に公家を中心に受容された。『血盆経』の文献上の初見は、武蔵国深大寺長辨による「長辨私案抄」所収の正長二年（一四二九）二月、井田雅楽助忘母三十三回忌の諷誦文の中の記載である［高達一九九二：七］。『血盆経』（図4―5）は、女性が出産や月経で大地に流す血が地神の怒りをかい、その罪業で「血の池地獄」に堕ちると説き、法要を営み供養すれば救われるとされた。『血盆経』は女性のみが堕ちる「血の池地獄」の思想を初めて導入し、本来は罪業と関係がない生理的出血を穢れとし、月の障りは仏教的罪業の故とした。血の池地獄の思想は、十五世紀半ば以降に熊野比丘尼が諸国を巡って勧進活動を開始して民間に広まり、十六世紀半ば以降には「熊野観心十界図」の絵解きを通して伝播した［小栗栖二〇一一：三一四］。女性が堕ちる血の池地獄の

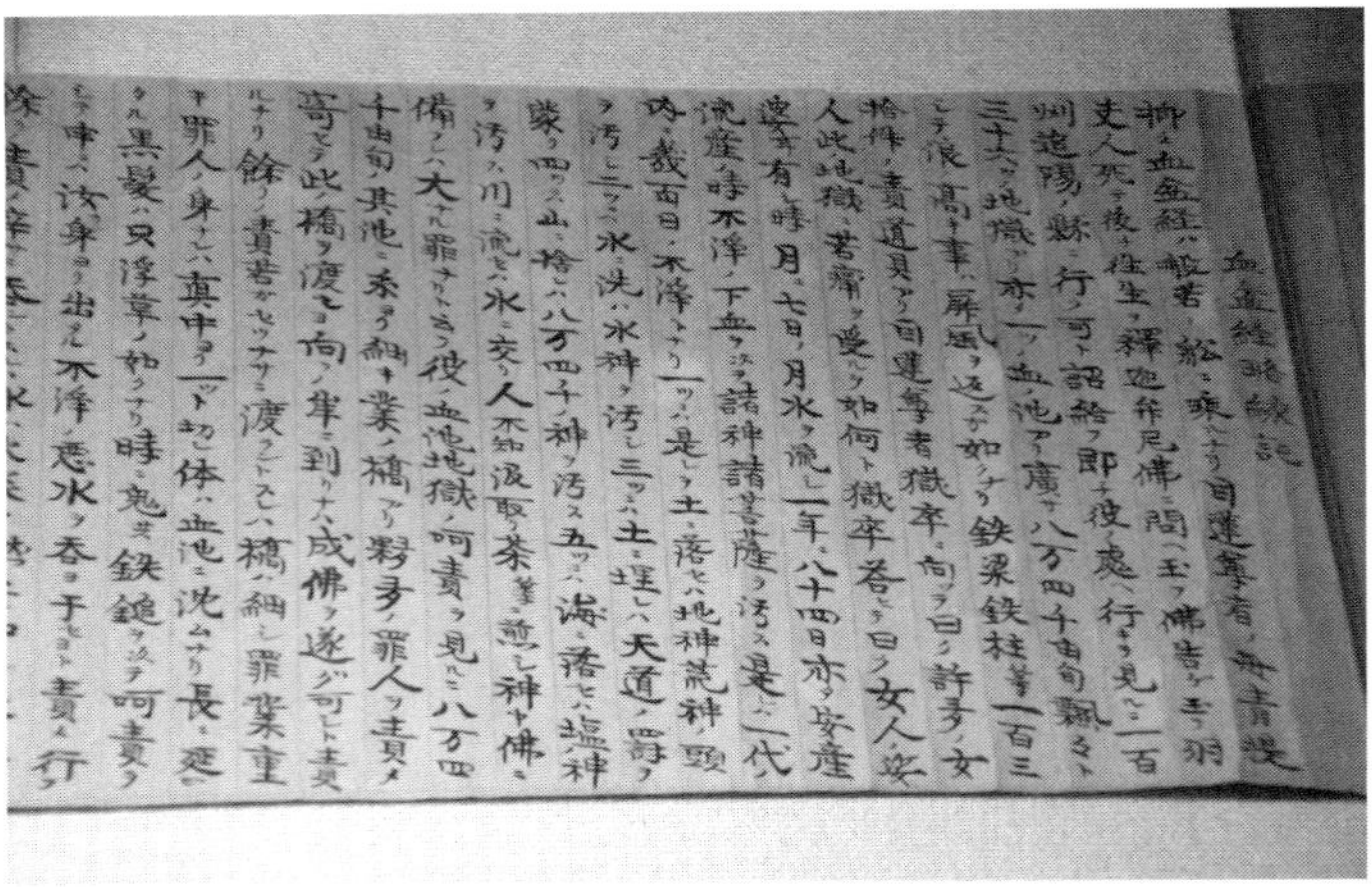

図４―５　『血盆経略縁起』。立山博物館蔵。撮影＝鈴木正崇

言説が、女人である熊野比丘尼の語りで伝えられたことの効果は大きかった。室町時代の女性罪業観の定着の過程で広まった。

「熊野観心十界図」は、上方に虹の弧の道に人の一生が四季に擬して描かれた「老の坂図」を配置し、上半分は阿弥陀来迎図で極楽を描く。下半分は地獄絵で、「血の池地獄」「不産女《うまずめ》地獄」「両婦《ふため》地獄」など女性だけが堕ちる地獄が描かれている。これらの地獄は十四世紀には描かれず室町時代の十五世紀以降に出現した地獄である「小栗栖二〇一一：一六二、一六五」。血の池地獄には血の穢れの罪がある女が堕ちるとされ、如意輪観音や地蔵が救済にあたる。不産女地獄は子を産めなかった女が裸で筍を燈心で掘る地獄、両婦地獄は二女《ふため》狂《くるい》、地獄ともいい、二人の女に二股かけた男が、地獄に堕ちて蛇化した二人の女に、永劫に責められる地獄である。いずれも女性の劣位が顕在化している［松本二〇二〇：七五］。「熊野観心十界図」には生前の悪業で地獄に堕ちて釜で串刺しになった母を救うため、施餓鬼棚を作って母を供養した目連尊者が描かれる。目連救母説話は、中国の偽経『仏説盂蘭盆経』に基づくが、日本では目連の母の生前の悪業よりは目連の孝行が強調され、近世の儒教道徳に合致した。絵解きで女性の救済の物語が語られた。目連は地蔵とも重なる。

『血盆経』は中国では供養や葬儀に用いられたが、日本では女人救済を目的とする『血盆経』供養に展開した。『血盆経』は女性の日常生活と関わりの深い生理に言及し、女性の罪深さや不浄観を浸透させ、穢れと女性、女性と地獄との観念連合を強化した［牧野・高達一九九六］。『血盆経』を平易に説いた注釈書が刊行されて民間に普及した。曹洞宗の正泉寺（千葉県我孫子市）は『血盆経』の木版刷りを複写して配布し、不浄除けや女人救済・往生祈願の護符を出してきた[25]。和讃として唱えられて民衆の間に普及した。近世の立山の芦峅寺衆徒は、「立山曼荼羅」（御絵伝）を持参して各地で絵解きを行い、『血盆経』を不浄除けの護符として配布し、女人往生を祈願する立山参詣を勧めた。立山の岩峅寺衆徒は山中の地獄谷の血の池地獄に『血盆経』を奉納して如意輪観音に女性救済と死後往生を祈った。九州の西臼杵郡日之影町鹿川には、石塔の「一字一石血盆経塔」（文化四年・一八〇七）、国見町千燈寺近くに一字一石の「血盆経陀羅尼」、湯布院に「石書血盆経」の石塔が残る。血穢を強調する『血盆経』は、近世には民衆に広がり女性の穢れの「一時的規制」を「恒常的規制」に転換させた。

十　女人禁制の演劇化

視点の第四は、女人禁制の演劇化である。「女人禁制」という四字熟語の初見は、文明七年（一四七五）の周防興隆寺法度七条の「於法界門之内、女人禁制事」だという［牛山二〇〇五：三六］。女人禁制の用法や類似表現が寺院の「恒常的規制」となって文献に現れるのは十五世紀前後で、『血盆経』の伝来の時期と重なる。用例としては謡曲が目立つ。『柏崎』（榎並左衛門原作、世阿弥（一三六三〜一四四三）改作）は柏崎の奥方が、行方不明の子の花若を求めて狂女となり、女人禁制の善光寺の内陣で舞をまい子供と再会する。『竹生島』（金春禅竹（一四〇五〜一四七〇？）作か）は醍醐天皇の臣下が、竹生島詣にきて湖畔で漁師と若い女を連れて釣り舟で島を目指す。女人禁制ではと問われるが、若い女は御殿に入り弁財天が出現する。『道成寺』（喜多流）[26]は、安珍・清姫の伝説に惹かれて白拍子が女人禁制の紀州道成寺の鐘供養の場に現れて舞をまい梵鐘の中に飛び込み蛇体に変化して顕れる（図4―6）。能での禁忌の侵犯や女人結界の越境の演出は効果的であった。女人禁制を犯す主題は、白拍子の曲舞《くせまい》を経て幸若舞曲や語り物の古浄瑠璃にも展開した［阿部一九八九］。「女人禁制の演劇化」は緊張感を高め、女人禁制の四字熟語は謡曲で効果的に使われたのであろう。

他方、「女人結界」の四字熟語の初見は、仮名草子の『恨之介』（慶長十九年・一六一四以後。元和

図4―6　『道成寺縁起』。16世紀。道成寺蔵

三年・一六一七まで）で、『醒酔笑』（安楽庵策伝著、元和九年・一六二三）巻七でも使われ、舞台はいずれも高野山の女人結界である。仮名草子は、中世の小説と近世小説の浮世草子との間の過渡的な存在で、民衆にも理解しやすい通俗的な内容を仮名書きで伝える小説の民衆化の過程で現れた。幸若舞曲「常盤問答」の異本系写本の寛永十二年（一六三五）本でも、常盤御前が「女人結界」の鞍馬山登拝を咎められ、山の動植物には全て雌はない、女は五障三従で地獄に落ちると拒否されるが最後には願いを成就する［粂二〇二三：八八〜八九］。「女人結界」の観念は民衆の間に広まって深く浸透していった。

「女人禁制」「女人結界」の四字熟語が出現した時代は女性観の変化に対応する。『血盆経』が十五世紀以降に広がって女性劣機観と女性罪業観が結合したこと、十三世紀後半に顕教・密教・修験が一体化した修行となり、十四世紀に山岳修行で験を得るとする修験道が成立し、十五世紀には教団化したこと［徳永二〇一五。長谷川二〇一六］が時代背景である。修験道は清浄地の山岳修行を根幹に据えたので女性の穢れを強く意識化したと推定される。十五世紀が大きな転換期であった。まとめると、主な要因は、第一に『血盆経』の請来と民間への浸透、第二は「女人禁制」の四字熟語の出現と流布、第三は能による女人禁制の演劇化、第四は修験道の教団化と禁忌の厳格化、第五は女性の社会的地位の低下などが考えられる。女性劣機観と女性罪業観の結合が根底にあったと推定される。いずれにせよ、女性の血穢が強調されて、特定期間の「一時的規制」の対象の穢れが「恒常的規制」となり、女性の穢れの日常化が生じた。江戸時代に山岳登拝が民衆の間で隆盛を極めると女性の参加も増えたので、清浄地の山での禁忌に関わる女人結界や女人禁制が強調され一般化して定着した。女性観の変化が基本にあったことは言うまでもない。

十一　境界をめぐる女性たちの動き

女人結界を巡っては、近世以降に女性の側からの対応でも様々な展開があった。女人結界の近くには女人堂が設けられ、開山の母や高僧の母を祀り、女性は御堂に参籠して読経し念仏を唱え、安産や子授けを祈った。大峯山山麓の洞川の女人結界には、役行者を訪ねてきたという母の白専女《しらとうめ》を祀る母公堂《ははこどう》があり、現在は洞川の老人会が管理し安産のお守りや腹帯を売っている。開山の母にはお産を守護する姥神（産神《うぶがみ》）の様相がある。吉野山の地主神を祀る金峯神社の近くの愛染に女人結界碑（延享二年・一七四五建立。慶應元年・一八六五。再建）が残る。山上への道筋にある足摺石は役行者の母や都藍尼が拒まれて残念がった所といい、茶屋には役行者像と母公の像が祀られていた。大峯山の禁制区域は、昭和四十五年（一九七〇）五月二日に洞川の母公堂から清浄大橋へ、吉野側は愛染から大きく後退して五番関に移動した。移動した要因の一つは大阪の千里丘陵で開催された日本万国博覧会（三月十五日〜九月十三日）に伴う観光開発であった。近畿日本ツーリストから関係者に働きかけが行われ、喧々諤々の議論の後に一部の緩和に応じた。高度経済成長期の当時、洞川の生活にも大きな変化が訪れており、時代状況に対応した「伝統」の見直しが行われたのである［鈴木二〇二一：二四三〜二四七］。「伝統」は微妙に変えていくことで維持されたと言える。しかし、昭和四十五年に清浄大橋の対岸に新たに設定された女人結界門は、境界を顕在化させて、現在も論議の的になっている（図4—7）。

高野山は女性禁制で、七つの登拝口[27]の山上への到達点が女人結界で、参籠所の女人堂が設けられ、女性は八葉蓮華の峯を結ぶ女人道（結界道）の七つの女人堂を辿って奥之院の御廟や壇上伽藍を遥拝した。『紀伊國名所図会』（天保十年・一八三九）の挿絵には轆轤《ろくろ》峠《とうげ》から壇上伽藍を遠望する女性の姿が描かれ、

図4—7　女人結界門。清浄大橋。洞川。撮影＝鈴木正崇

お化けの「ろくろ首」のように首を長くして見たという地名の由来を記す。不動坂口の女人堂は「女人高野」と呼ばれている。ただし、女人高野の文献上の初見は、『大和名所記』(延宝九年・一六八一)だという[牛山二〇二一:七]。

高野山麓の九度山の慈尊院は、伝説によれば、空海の母が訪ねてきたが、女人禁制で山には登れず、この地に没したので母を祀る廟所となったという。空海の母は本尊の弥勒(慈尊)を熱心に信仰し死後に納められた舎利が本尊に化身したと伝わる。女性はこの地で功徳を積めば往生を遂げるとされ、近世には「女人高野」と呼ばれて賑わった。ここは空海の高野山開創の拠点で、実務機関の政所《まんどころ》が置かれ、壇上伽藍の僧侶の母や姉妹などが居住し、僧侶の衣の縫衣・染色・洗濯、食料調達などで僧侶の日常生活を支えた[西口一九八七:一四六]。女人結界の周縁の山麓の里坊は、山上と「相補的一体性」を形成した。九度山には高野山開創後に空海の父方の佐伯氏と、母方の阿《あ》刀《と》氏の血縁者が、空海の母と共に讃岐から移住したとの伝承が残り、子孫は寺領の年貢米の取扱いを担う庄官を務め、四庄官として存続した。平成二十七年(二〇一五)の五月一日に行なわれた高野山開創千二百年の舎利会では子孫と称される人々が進行役を務めた。現在では乳型や絵馬を奉納して子宝・安産・授乳・乳癌平癒を願う現世利益の祈願所である。

境界地点は、禁忌のゆえに「女人高野」として女人の「結縁の場」となり芸能者の活躍の場、根拠地ともなった。空海の母は、説経節では「あこう御前」、古浄瑠璃では「あこや御前」と呼ばれ、尼僧で巫女の様相を持つという[日野西一九八九:二八二〜二八六]。穢れを浄性や聖性に転換する「境界文化」の創造である。女人結界を巡っては様々の物語が語られ、説経節の『苅萱』は特に名高い。出家した父の苅萱道心を母と共に高野山を訪ねた石童丸は親子対面を果たすが、母は女人禁制ゆえに高野山上に登れず山麓で没し、父と子は名乗りをせずに唱導の旅に出る物語である。高野山上の往生院谷に親子対面の場と伝える苅萱堂（密厳院）があり、萱堂聖《かやどうひじり》の根拠地であった（図4—8）。『苅萱』は時衆や高野聖などの唱導活動で広まったと推定されている。高野山麓では学文《かむ》路《ろ》にも苅萱堂（能満院仁徳寺）がある。高野山麓の天野も女人高野で慈尊院と共に女性との縁が深く、丹生明神の加護で尼僧が活躍した［阿部一九八九：一八三］。苅萱道心と石童丸は善光寺に移って活動して亡くなったとされ、門前の西光寺では絵解きの語りが伝えられてきた。二〇二〇年に「女性と共に今に息づく女人高野」として、高野山金剛峯寺女人堂、慈尊院、金剛寺、室生寺が日本遺産に登録され、女人禁制の遺産化が始まった。空海の母の玉依御前を祀る慈尊院は、二〇〇四年の「紀伊半島の霊場と参詣道」で世界遺産の構成遺産になっており、二重の登録である。

図4—8　苅萱上人と石童丸。歌川国貞（3代）画。東京都江戸東京博物館蔵。画像提供：東京都江戸東京博物館／DNPartcom

　立山では江戸時代には女人往生を願う

布橋灌頂会が行われた。布橋がかかる媼ケ谷（媼堂川）が結界で、対岸はあの世と観念された。江戸時代の十八世紀以降に、芦峅寺と岩峅寺の衆徒が、山中の血の池地獄や目連救母、阿弥陀来迎などを描いた「立山曼荼羅」を製作し、檀家を廻って絵解きをして参詣や山岳禅定の功徳を説いた。曼荼羅には立山の地獄で『血盆経』の供養を行い、如意輪観音が女性を救済する情景が描かれ、女性の罪業や穢れも説かれた。芦峅寺は女人救済の布橋灌頂会を導入して女性の参詣者の増大も試みた［福江一九九八、二〇〇六］。秋彼岸の中日に、女性が白装束で閻魔堂に籠って懺悔し、目隠しをして布橋を渡って対岸の媼堂に入り、真っ暗闇の中でオンバサマ（媼尊）と結縁して灌頂で「血脈」を授かる。オンバサマは大日岳の神で、その加護のもとに夕日に輝く立山を伏し拝んで極楽往生を確証する。仏教は外被で山の神こそが救済の主役である。媼堂では、転女成男の御札や『血盆経』や護符が配布され経帷子を授かった。経帷子は納棺に際して死者に身に付けさせると往生できると信じられた。芦峅寺の衆徒は三河・美濃・尾張の檀那場を巡り、布橋灌頂会を描いた「立山曼荼羅」を絵解きして参詣の功徳を説き護符を配布した。護符は牛玉札、火防札、祈禱札、山絵図、経帷子などがある。女性には『血盆経』、月水不浄除、安産などの祈禱札、布橋灌頂の血脈を配り、反魂丹や疵薬を頒布して利益を得た［福江二〇一一：四四］。衆徒の生活戦略でもあった。江戸城大奥にも立山信仰が広がり、皇女和宮は徳川家茂の追善供養で「立山曼荼羅」を慶應二年（一八六六）に寄進している［福江二〇一一：二五〇］。

布橋灌頂会は明治の神仏分離で絶えたが、平成八年（一九九六）の「国民文化祭とやま」に合わせて布橋灌頂会として、九月の彼岸の日に約百三十年ぶりにイベントとして復活し、それ以来、立山町観光協会主催でほぼ三年に一度開催されている。[28] 平成二十三年（二〇一一）に日本ユネスコ「未来遺産」に指定され遺産化の動きが進む。

十二　女人禁制の地域的展開

山への登拝は、男性に対しても一年中いつでも開放されていたわけではない。相模大山は旧暦六月二十七日から七月十七日まで、[29] 富士山は旧暦六月一日から七月二十六日まで、大峯山は四月八日の戸開けから九月七日の戸閉めまで（現行五月三日から九月二十三日）である。登拝の前には精進潔斎や水垢離の前行が必須で、飯豊山では一週間行屋に参籠する習俗があった。木曽御嶽山は江戸時代初期までは重潔斎として七十五日の精進潔斎が求められた。山は日常とは異なる世界で神聖な場として禁忌が課されたのであり、女人禁制とは数多くある禁忌の一つであった。年齢制限もあり、男性は成人とされる数え十五歳に初めて登拝を許された。「御山参り」と称して霊山に登って一人前と見なされる習俗は、月山・立山・相模大山・大峯山山上ケ岳・石鎚山・英彦山《ひこさん》などで近年まで継続してきた。

女人禁制・女人結界は地域ごとに様相が異なる。修験の霊場であった九州の英彦山では、「四土結界」を設定した。山麓から銅の鳥居までは「凡聖同居土」で一般の集落があり、殺生禁断で五穀栽培禁制、銅の鳥居から石の鳥居までは「方便浄土」で妻帯修験の集落があり、域内の出産は禁制、石の鳥居から木の鳥居までは「実報荘厳土」で寺社があり、死穢と牛馬の飼育禁止、木の鳥居から山頂までは真の聖域の「常寂光土」で大小便と唾が忌まれた。山中の妻帯修験の妻の出産は山麓の集落の坂本で行うなど規制はあったが女人結界は明示されない［長野一九八七：四二七〜四二九］。大宰府の鬼門の霊山の宝満山にも女人禁制の記録はなかった。他方、聖地熊野は女人結界を設定せず男女が平等に熊野詣に参加できた。和泉式部が熊野本宮を臨む伏拝で月の障りになり参詣できないことを悲しんだ時、熊野権現が霊夢に現れ、「もろともに塵にまじわる神なれば　月の障りも何か苦しき」（『風雅和歌集』巻十九所収。十四世紀中葉）と告げて参詣出来たと伝える。この歌は穢れを消すとして、立山芦峅寺では歌を書いて「月水不浄除守」として配布し、東北の置賜地方での女人講での集りでは「女一代月役守《つきやくまもり》」という穢れ祓いの呪符に書かれて配られていた［鈴木二〇〇二：一八一］。

出羽三山は月山・湯殿山は女人禁制であったが、羽黒山への参詣は男女を問わず通年で許されていた。女人結界は、八方七口の登拝道のうち、湯殿山は大網口の大日坊や注連掛《しめかけ》口の注連寺、あるいは田麦俣の七つ瀧、本道寺口は高清水小屋、大井沢口は玄海、岩根沢口は清川女人堂、肘折口は祓川、手向口は大満（小月山《こづきやま》）、大渡、野口であった。羽黒山では、開山以来、焚き続けてきたと伝わる神聖な火を保持していた聖の院があった荒澤寺《こうたくじ》の周辺は女人禁制で、現在も門前に女人禁制碑が残り（登拝道から移動）、女人が迂回する女人道があった。女人禁制・女人結界は、地域ごとに個性的な展開を遂げたのである。

十三　富士山の女人禁制

富士山の女人結界は、吉田口、須走口、須山口では二合目[30]、村山口は中宮八幡宮であった。吉田口二合目には冨士御室《おむろ》浅間神社が祀られ、そばに修験道の開祖とされる役行者を祀る行者堂があった。冨士御室浅間神社は、勝山村の里宮に対する山宮で、「下の浅間」に対して「上の浅間」と称され、古くは「北室」「室ノ宮」と呼ばれ、富士山中で最初に勧請された社と伝える[31]。天文二十三年（一五五四）の山中警護に関する小山田信有文書には「富士山北室之籠所」とあり[32]、女人結界があって御室は女性の参籠所であった。永禄七年（一五六四）の文書には「中宮之御座石、同女性禅定之旦立」と記され、中世には女性の禅定（登拝）は四合五勺の中宮の御座石までは許された［富士吉田市歴史民俗博物館編一九九七：三九〜四〇］[33]。

行者堂は天文二十四年（一五五五）の建立と伝える[34]。役行者は『日本霊異記』上巻第二十八話によれば、都から伊豆大島に流されたが、毎夜、富士山頂に飛んで修行したとあり、役行者を富士山の開山者とする伝承が展開した［鈴木二〇二四］。ただし、富士山の開山者は平安時代の末代上人とされ[35]、十四世紀以降に村山修験の始祖に祀り上げられた。行者堂の別當は甲州八代郡右左口《うばくち》村（現中道町）の七覚山円楽寺で甲斐の有力な修験であった。『甲斐国志』（文化十一年。一八一四）巻

図４―９　女人御来迎場。『富士山明細図』。1840 ～ 46 年。個人蔵

八十仏寺部第八や巻三十五山川部第十六には、円楽寺は役行者の開創で行者堂は円楽寺の兼帯であったとある。円楽寺の役行者像の胎内には延慶二年（一三〇九）五月修理の墨書銘があり、現存最古の役行者像で十二世紀の作と推定されている。

女性の登拝は、近世では吉田口は御室の女人結界までであった。行者堂の少し西の沢の御釜という洞窟（御釜澤）が元々の女人結界で、延宝八年（一六八〇）の『八葉九尊図』には「センケンノかま」、富士行者の『月珀《げつがん》御身抜《おみぬき》』（一六八〇）に「御釜石」「此所迄女人参詣」と記されている。天保十一年（一八四〇）には、行者堂の取り締まりがてぬるいことを代官所に咎められて、御室の上方に女人改所（中改役所）が設置され、行者堂から「女人禁制」の高札が移され[36]、改役所の前を通る道者の男女の区別が改められた。規制はかなり厳格であった。女性は御室で参籠して、翌朝に別道を通って「女人御来迎場」に行き、富士山を遥拝した（図4―9）、男性も登山時期以外にはここを富士山の遥拝所としている。

富士山登拝を大きく転換させたのは食行身禄《じきぎょうみろく》（一六七一〜一七三三）で、女性の「五障三従」は方便で男女共同じ人間だと男女平等を説き、月経や出産を穢れや不浄と見なすことを批判した［宮崎二〇一五：六五〜六七］。身禄は「おふりかわり」を求めミロクの世の実現を願って、断食行にはいり、享保十八年（一七三三）七月十七日、吉田口七合五勺の烏帽子岩で入定を遂げ、口述記録『三十一日之巻』が残された。女性が罪業深く三従有という言説を否定し女性も善行を積めば悪にならず、男も悪行をなせば悪となると説く。また、月水を不浄として忌むことは理不尽で、天から授かった「花水」で清浄水とする。[37]穢れを民衆の論理で読み変えたのである。

身禄の死後、江戸の民衆に登拝講が組織され富士講として江戸中に発展して八百八講と呼ばれた。安永九年（一七八〇）の高田富士を嚆矢に、江戸を中心に各地に富士塚が建てられ、女性も御山開きには登拝を許された。小谷三志《こたにさんし》（一七六六〜一八四一）は、身禄の遺志を継ぎ日常的倫理観を高め、男女和合を主とし、女性が男性よりも上位になって出来る「さかさまの世界」の実現を目指した。日常の行いや倫理をただす「不二道」[38]を発展させて女性の立場に理解を示し、女性の生理は清浄であり罪深くはないと主張した。その実践として天保三年（一八三二）九月二十六日には、女性信徒の高山たつ（一八一三〜一八七六）を男装させて同行し、頂上に至り釈迦の割石を拝んで男綱

図4―10　上吉田村絵図。18世紀末～19世紀前半。ふじさんミュージアム蔵

と女綱を繋ぐという身禄の教えに沿って男女和合を祈念した［岩科一九八三：四二七～四二八］。竹谷二〇一一：八三～九三］。天保三年は食行身禄の百回忌にあたり、身禄が説いた男女平等の実現のために行ったのである。

　女人禁制に関しては、六十年ごとの庚申の御縁年に緩和する動きがあった[39]。「女人禅定の旧規」（出典不詳）には行者堂で七日間精進潔斎後、四合五勺の御座石の浅間女人追立の場まで許されたとある［竹谷二〇一一：一八］。ただし、寛政十二年（一八〇〇）の御縁年に、吉田口の御師は御座石までの女性の入山を認めようとしたが、山麓住民は女性の登拝は悪天候を齎すとして反対運動を繰り広げた［宮崎二〇一五：七三～七五］。禁忌の侵犯は神仏の怒りを引き起こすという考えは根強かった。万延元年（一八六〇）の御縁年には規制も緩み、八合目まで女性が登った［竹谷二〇一一：一二九～一三二］。女性の登拝に積極的だったのは吉田口のみで[40]、吉田の御師は登拝者を増やして経済的に潤うことを最優先に考えていた。女人禁制への対応は登拝口ごとに異なり、講中、御師、先達、山麓住民は多様な動きをした。

　吉田口は、富士山を植生によって「草山」（落葉広葉樹林帯）「木山」（針葉樹林・混淆林・ブナ林）

「焼山」（火山高原地帯）に区分していた［中山二〇一三：一八三］[41]。上吉田の村絵図（図4―10）を見ると描き分けられ、境界が明確で、「草山」は北口本宮富士浅間神社から馬返しまでで薄や野草の原野が広がり、「木山」は一合目の鈴原大日堂から五合目の中宮までである。中間地点の二合目の御室に女人結界がある。「焼山」は五合目の天地の境にある中宮の先から頂上までで森林限界を越えた砂礫地である。五合目の浅間宮は、稲荷社、大日社と併せて中宮三社と称されて[42]、頂上への遥拝所であった。「焼山」は清浄地で、登拝に際しては排泄物は直接地面に触れないように持参の懐中紙を使用して処理した。五合目の「不浄山」が境界で、富士講の人々は登拝には必ず和紙を持参したが、現地でも調達は可能であった。「焼山」には信仰による「禅定」以外で登ることはなく、古くは山小屋もなかったという。「天地の境」は重要な境界地点であった。

村山口の女人結界は中宮八幡宮であった[43]。「絹本着色富士曼荼羅図」（十六世紀初期中期、浅間神社蔵。狩野元信筆）では、中宮八幡宮の縁の上に三名、右手には一名の白装束の女性道者、上部の「剣の王子」に向かう三名の女性道者が描かれているが、上部にはいない［静岡県富士山世界遺産センター編二〇二一：三六］。「富士曼荼羅図」（松栄寺蔵。十六世紀後半～十七世紀初期）では中宮八幡宮の右側に柵がありこれより上部には女性は描かれていない。さらに上部の御室大日堂の脇には門番がいて焚火をした小屋、柄杓を持つ人が描かれている。浅間神社蔵本も同様で、「不浄（普浄）」と記され、柄杓の水で潔斎を行い、懐中紙入手の勧進銭の徴収を描いたかと推定されている。「不浄」より上部は清浄地で男性は排泄を懐中紙の上で行い、山を汚さないように気を付けて神聖性を保持した。禁忌意識は根強かった。

明治五年（一八七二）の女人結界の解除で禁忌は説かれたが、明治二十三年（一八九〇）の「富士信徒宿泊営業並山内小屋休泊取締」規約第八条には「山内室小屋五合目ハ、俗ニ天地ノ境ト称シ、五合目以上ハ往昔ヨリ妻婢等ヲ置サルノ慣例ナル、然ルニ近頃慣例ヲ乱ス者年々増進シ」と記され［西海二〇〇八：九八］、明治二十年代でも、吉田口の天地の境を越えて登る女性を非難し、五合目以上の宿泊を不可とする文言が残る。富士山では女人結界は近代には解禁されたが、天地の境の禁忌は意識としては継続した。富士山では女人結界だけでなく、草山・木山・焼山の三区分、天地の境が加わり、多重的な境界が成立していた。

十四　女人結界の解禁

明治新政府は、「神道」と神社を結合して天皇神話に基づく祭政一致によって国民の思想的精神的統合を図ろうとした。復古神道の理念の現実化で「皇道」や「惟神《かんながら》の道」と表現された。従来の慣習や信仰を見直し、身分制度や既得権益の打破を目指して、反仏教の施策を実行し、民衆の生活を一変させた［鈴木二〇一八ａ］。明治以降、女人禁制や女人結界は、廃絶や解禁に追い込まれた。大変動の始まりは慶應四年（一八六八）三月十七日付け神祇事務局布達第一六五号で、神社の社僧や神仏混淆の修験に対して復飾（還俗）を迫った。同年三月二十八日付け太政官布告第一九六号では権現や牛頭天王などの神仏混淆の神名を廃し、神社が御神体として祀っていた仏像の撤去、鰐口や梵鐘等の仏具の撤去が命じられた(44)。これを「神仏判然令」という。これ以後、怒涛の如く神仏分離と廃仏毀釈が進行して、神仏混淆の修験道は急速に解体へと向かった。女人結界は、明治五年（一八七二）三月二十七日付け太政官布告第九八号で「神社仏閣の地にて、女人結界の場所有之《これあり》候処《そうろうのところ》、自今被廃止《はいしされ》候條、登山参詣等可為勝手《かってたるべき》事」と命じて解禁された。女人禁制の廃止ではなく女人結界の解禁である。「神仏判然令」は、寺院や神社など建築物内の神仏混淆が問題視されていたのに対し、本指令はさらに拡大して、「堂社の結界」から「山の結界」に広がった。さらに、明治五年九月十五日付け太政官布告第二七三号の「修験宗廃止令」で、修験は廃止するが仏教の宗派としては公認し、天台宗・真言宗の管轄下へのいずれかへの移行が命じられた。十七万人(45)いたという修験は消滅した。

明治新政府は、近代化促進にあたり、旧来の多くの慣習を封建的で遅れた慣行で文明開化に反すると判断して民間習俗の見直しを進め、明治五年（一八七二）前後に集中的に布告を出した(46)。同年三月二十七日の女人結界の解禁もその中の一つであったが、山の「女人結界」を守り抜いて山岳を修行地としてきた修験道には最後の大打撃となった。

女人結界の解禁の布告は、寺社の歴史的経緯や霊山の状況を慎重に検討して出された指令ではなかった［鷲尾・神龜　一九三二：二二〇～二二二］。解禁の布告は、明治五年（一八七二）開催の第一回京都博覧会(47)に訪れる外国人客への対応で、政府は外国人男性が夫人同伴できて比叡山登山を希望した時に女人禁制を根拠に夫人が拒否されれば「固陋の弊習」として非難されかねず、文明開化を急ぐ近代日本には好ましくないと考えた。滋賀県が三月十五日に解禁を求めて大蔵省に伺いをたて、大蔵省は三月十八日に伺いを受諾して指令を出した。しかし、延暦寺は猛反対し、女人結界は宗祖最澄以来の慣行で、桓武天皇と後陽成天皇の勅願で定めたと反論した。しかし大蔵省は三月二十五日に教務省の承認を得たとして最終通告を行った。三月二十七日付けの太政官布告は「文明の上より論じ候へば」と理由を明記して解禁を命じ、明治五年四月八日が解禁日となった。この日は比叡山の灌仏会で参詣者のお詣りも多く、江戸時代までは女人登拝が結界まで許された日であった。明治新政府は、敢えてこの日を解禁日として事実を知らしめる意図があったのではないか。女人結界の解禁は直接的には比叡山を目標にした指令であったが、ミカドの命令と受け取られて、瞬く間に全国に広がり、女人結界は急速に解禁に向かったのである。

女人結界の解禁は日本の長い山岳信仰の歴史や民間信仰に関する真摯な議論を踏まえたものではなく、女性の意見は考慮に入れず、穢れの検討もなかった。ただし、一連の指令は各地に多くの混乱をもたらしたので、明治十一年（一八七八）二月二日に、内務省は明治五年の僧侶の肉食・妻帯・蓄髪・法用外の俗服着用の許可は国家の命令であって、各宗派の規則の「宗規」とは関係ないと布達し最終の判断は各宗派に委ねた。女人結界の解禁も同様で、条件付きで解禁、禁制の維持など様々の動きが生じたが、消滅に向かった。解禁の時期は山ごとに異なっていて、例えば、出羽三山の場合は、月山・湯殿山の女人禁制は、明治十年（一八七七）八月二十七日に解除され、鳥海山も同日であった。

高野山では明治六年（一八七三）に山内の町家への女性の出入りは許されていたが、嫁入りや出産は大騒動となる事件があり、明治三十八年（一九〇五）六月十五日に正式に解除を宣言し［島津二〇一七：三七］、明治三十九年の弘法大師空海開宗一千百年記念大法会は女性への規制なしで行われた。大峯山の蔵王堂は明治六年（一八七三）に解禁を地元に提案したが、山上ケ岳への登拝口の吉野と洞川の地元の関係者は解禁を認めず、女人結界は維持された。明治十一年（一八七八）二月の「女人結界の問題は、「宗規」に委ねる」という政府決定を受けて、山上ケ岳の女人結界は、吉野側は愛染、洞川側は母公堂、柏木側は阿弥陀ケ森とした［宮家一九八八：三九二］。大峯山の女人結界は、「宗規」で継続を正式に再確認した。

日光山の場合は、男体山の名称を古称の二荒山とすることから始まった。二荒山の女人禁制に関しては、明治五年の政府の女人結界の解禁の通達が届いた時期は明確ではない。明治十一年七月付の届書が女性登拝を認めたことが確認できる最初の史料である［宮本一九七九：一五九～一六〇］。細則の「二荒山婦女登拝ノ心得」によると、登拝時期は八月一日から三日までで、中宮祠で潔斎して登る。但し「懐胎及ヒ月水中ノ者ハ登山致スベカラズ」「男子登拝中ハ婦人ノ登拝ヲ許サス。但婦女年齢十三歳以下及六十歳以上ノ者ハ男子ト同ク登拝スルヲ得」など細かい定めがあり、女性の穢れを忌避する意識は濃厚で、初潮以前、閉経後の女性の登拝の優先を認めている。女性登拝者は明治の間はわずかであったという。ただし、各地と同様に女人禁制の解禁は徐々に進んでいった。

十五　現代の女人禁制

女人禁制を維持している山は、現在では大峯山の山上ケ岳と後山（岡山県東粟倉村。現・美作市）の二ケ所だけである。後山に関してはほとんど知られておらず、山上ケ岳の女人禁制に注目が集中している。四国の石鎚山は独自のやり方を採用して、七月一日の山開きの大祭のみを女人禁制とし、二日以降には女性登拝を認めている。九州の宇曾山（大分県野津原町。現・大分市）は元旦と春秋の彼岸中日の年間三日間だけ女性の登拝を許す。現在の山の女人結界は大半が解除され、山上ケ岳が際立つことになった。

山岳登拝は、「禅定」ともよばれ、白装束や修験の衣体を纏って法螺貝を吹き、「六根清浄」の掛け念仏で、拝所で祈禱や勤行をしつつ登った。身も心も清めたのである。しかし、信仰登山は、高度経済成長期以後、急速に衰えた。修験者・僧侶・行者・登拝講は、精進潔斎し禁忌を遵守して特定の時期に限定して登拝したが、戦後は男女共に年間いつでも山に登れる「山の大衆化」へと暫時移行した。西欧から齎された近代登山の浸透で、結界や禁制の意味は喪失している。日本山岳会登山隊による昭和三十一年（一九五六）のマナスル登頂以後、登山ブームが訪れてスポーツ登山が盛んになり、深田久弥の『日本百名山』（昭和三十九年・一九六四）の刊行の後押しも加わり、信仰登山はスポーツ登山にとって代わられた。平成二十八年（二〇一六）から八月十一日が「山の日」として国民の祝日になった。その意義は、「山に親しむ機会を得て、山の恩恵に感謝する」とされているが、観光やスポーツが中心で山の文化的な意味を問いかけることはない。信仰登山は過去のものになりつつある。

羽黒山は平成五年（一九九三）に開山千四百年祭を行い、出羽三山神社が山伏を養成する専門修行の「秋峯」を女性に開放し、神子《みこ》修行として行って話題となった。当時の禰宜《ねぎ》は参拝者の三分の二が女性であることを考慮したと語っていた。神社のキャッチフレーズは、「神々は、寛大です」であった。ただし、女性の修行は男性とは異なる日程で行われ、完全な解禁とは言えない。仏教側の正善院（羽黒山修験本宗）の秋峯は、昭和二十四年（一九四九）に女性に開放し（大沼妙照によれば昭和二十五年）、現在は男女合同で行っている。

大峯山は、役行者（役小角《えんのおづぬ》）を開祖とする修験道の根本道場として千三百年来の伝統を守り、山上ケ岳の女人禁制の維持を主張しているが、講中や修験教団、地元の洞川でも解禁か維持か検討が続いてきた［鈴木二〇二一：二七三〜二七七］。平成十二年（二〇〇〇）は修験道の開祖とされる役行者・神変大菩薩千三百年大遠忌《おんき》にあたるので、修験教団はこれを契機に団結し、山上ケ岳の女人結界を解いて二十一世紀を男女共生の時代と位置付けて新しい修験道の構築を目指すという案が検討され解禁寸前までいった。しかし、報道機関の事前のリークがあり、平成十一年（一九九九）八月一日には、女人禁制に批判的な奈良県教職員組合の「男女共生教育研究推進委員会」所属の女性たちが強行登山を試みたことで、地元、講、寺院側の全てから批判されて解禁は遠のいた。

ユネスコ世界文化遺産「紀伊山地の霊場と参詣道」（二〇〇四）の登録に際しても女人禁制は問題視された。平成十五年（二〇〇三）十二月には登録に反対する「「大峰山女人禁制」の開放を求める会」が設立され、平成十六年（二〇〇四）四月九日に内閣府に一万二千二百三十四筆の署名が提出された。反対運動にもかかわらず、ユネスコの承認を得て平成十六年七月一日に世界遺産に登録された。平成十七年（二〇〇五）十一月三日には「「大峰山」に登ろう実行委員会」のメンバーが山上ケ岳山麓の洞川を訪れ、解禁を求めたが不調に終わった。話し合いの決裂直後に女性メンバー三人が登山を強行したことで、解禁への道は一層難しくなった(48)。外部からの暴力的介入では問題は解決しない。女人禁制を遵守する洞川は断続的に批判に晒されながらも「伝統」の言説で対応し、禁制を継続してきた。しかし、洞川は過疎化と少子高齢化に直面し今後の生き方の再考を迫られている。今後は当事者が如何に巧みに伝統の改変を行うかが課題である。納得するまで相互に意見を出し合って議論を尽くし、当事者の合意形成を図ることが望ましい。決定権は地元にある。

明治五年（一八七二）の女人結界の解禁以前は、日本の霊山の女人禁制は、開山や開創以来の不文律の決まり事とされ、自明視して疑うことはなかった。「はじまりの意識」は、神や仏との交流を支え、信仰の維持・安定に寄与した。江戸時代中期以降、山岳登拝は日常生活の慣行の中に埋め込まれていた。女人結界は異界との境界で、清浄と穢れ、浄と不浄という二項対立の論理は山の神聖性を支える根拠となった。結界には多義的な意味が付与され、越境にまつわる様々な語りが生成され、能の「道成寺」のように侵犯を主題とする芸能によって演劇化された。社会学者の用語を使えば、女人禁制は、ハビトゥス（habitus）といってもよい。ハビトゥスとは、経験に基づき諸個人の内に定着している知覚・思考・実践・行動を持続的に生み出す性向である。しかし、明治時代以降、政府は直接的に民間の生活や慣習に介入し、国家が従来の禁忌に対して布告や法令で臨んだことで状況は一変した。外部からの働き掛けは、慣習の制度化、民俗の再構築を要請し、信仰の次元と世俗の次元の分離も迫った。女人禁制への反対が広まる中で、危機意識をもった人々は、対抗言説として「伝統」という概念を生成し、変わらない本質的な言説や実践があることを意識化した。ただし、「伝統」の中には近代以降に生成されてきたものもかなり含まれている。「創られた伝統」（invention of tradition）の観点は重要である［ホブズボウム、レンジャー編一九九二］。現代はしきたりや慣習、言い換えればハビトゥスが問い直される時代になった。

「伝統」に関しては、以下の点にまとめられよう。①「伝統」は微妙な形で変わり続けていくことで維持される。②「伝統」の取捨選択も選択肢で、変える場合には、当事者の合意形成が大事である。③「伝統」とは「近代」に対する対抗言説（counter discourse）であり、「近代」とは何かを問いかけることにも繋がる。

十六　女人禁制の行方

女人禁制の見直しは、外部からの働きかけによることが大半である。地元の人々にとっては「当たり前」であり疑問視することなく継続してきた慣行であった。しかし、近代になって、政府の指令、博覧会、国立公園、文化財、フェミニズムなど、外部からの働きかけが作用を及ぼし、新しい仕組みや制度や思想が作りだされると、問題視されるようになる。新聞・テレビなどのマスコミ、近年はSNSを通じて拡散し検討課題として浮かび上がってきた。山岳霊場が世界遺産や日本遺産に登録され、山岳信仰が伝統文化として評価されると共に、霊山の女人禁制の賛否が問われ、フェミニズムやジェンダーの研究者や人権運動家から集中的に抗議の目標にされた。特に、「紀伊山地の霊場と参詣道」（二〇〇四）の世界遺産への登録を巡っては山上ケ岳の女人禁制が問題視され、最終的にはユネスコの判断でアトス山の先例や地元の伝統を考慮して登録が認められた。沖ノ島でも女人禁制が問題視されたが、「『神宿る島』宗像・沖ノ島と関連遺産群」（二〇一七）として登録された。「遺産化」をめぐり女人禁制が顕在化し、新たな議論が巻き起こる。山岳霊場では、「富士山―信仰の対象と芸術の源泉」（二〇一三）が世界文化遺産に登録され、イベント、シンポジウム、出版物などで、山岳信仰の歴史への関心も高まった。

平成二十七年（二〇一五）からは文化庁が日本遺産の認定制度を開始した。令和二年（二〇二〇）に開催予定であった東京オリンピックまでに百件程度を認定して、インバウンド（訪日外国人旅客）を迎え入れて観光の拡大に結び付け、地域活性化を目指したのである。[49] 構成要素には、有形文化財だけでなく無形文化財も取り込んだ。二〇一〇年代の後半には、ユネスコの無形文化遺産の登録と並行して各地の「遺産化」が進んだといえる。日本遺産の審査に際しては「文化・伝統を語るストーリー」が重視され、有形や無形の文化財を地域が主体となって総合的に整備・活用すると共に、国内や海外への戦略的発信が求められた。従来の文化財は「点」の保存・保護に重点を置いたが、日本遺産は点在する文化財を「面」や「線」で把握する。認定後三年間、ガイダンス施設などの環境整備に年間で上限五千万円の補助が受けられ、自治体の自立的取り組みが求められた。当初は令和二年（二〇二〇）が最終年とされ総計百四件になったが、その後も認定が続いている。

政府の施策は二〇〇〇年代に大きな変化を遂げた。平成十三年（二〇〇一）十二月七日に文化・芸術振興の基本理念と国・地方公共団体の責務を明文化した文化芸術振興基本法が成立し、文化芸術の振興を国是とした。平成二十九年（二〇一七）には名称を文化芸術基本法に改め、振興に留まらず、観光、まちづくり、国際交流、福祉、教育、産業などの関連政策も取り込み六月二十三日付で施行した。平成三十年（二〇一八）十月一日付で文化庁の組織替えが行われ、政府は文化財を観光振興と連携させる姿勢を強めた。文化財政策は保存・保護から活用に変わり、市町村は独自の文化財活用計画の策定を促された。文化観光推進法が令和二年（二〇二〇）四月十七日に公布、五月一日に施行され、博物館などの文化施設、多言語対応や交通手段の改善への支援を強化し、「文化観光」が中軸に据えられた。令和二年には文化庁と日本遺産連盟は二月十三日を「日本遺産の日」と定めて普及を図った。日本遺産は政策の目玉となり「文化の資源化」に向かう。しかし、地元の地域社会では少子高齢化や過疎化が進み、文化財担当の専門家は不足して質も低下し、財源も減少している。平成三十年（二〇一八）以降、日本の伝統文化や文化財は経済の論理に巻き込まれ大き

図4―11　日本遺産女人高野ポスター

く変質した。

日本遺産に登録された山岳霊場や巡礼地には、三徳山（平成二十七年・二〇一五）、四国遍路（二〇一五）、伯耆大山《だいせん》（二〇一六）、出羽三山（二〇一六）、相模大山《おおやま》（二〇一七）、国東六郷満山（二〇一八）、西国三十三所観音霊場（二〇一九）がある。令和二年（二〇二〇）には山岳信仰の聖地として、「霊気満山　高尾山―人々の祈りが紡ぐ桑都物語」、「葛城修験―里人とともに守り伝える修験道はじまりの地」、「女性とともに今に息づく女人高野―時を超え、時に合わせて見守り続ける癒しの聖地」が選ばれた（図4―11）。特に、女人高野の認定は女人禁制に関わる大きな動きであった。構成遺産は、高野町では高野山の不動坂口女人堂、女人道、槇尾道、町石道《ちょういしみち》、お竹地蔵尊、高野町以外では慈尊院（乳型の絵馬も含む。九度山町）、宀一山《べんいち》室生寺（宇陀市）、天野山金剛寺（河内長野市）であった。女人高野を主題に女人結界・女人禁制に関わる場所や習俗が歴史文化遺産として評価され、女性に対する負の要素を含む歴史伝承を逆転して新たに意味付け直す試みとなった。女人禁制の遺産化とも言える。

日本遺産は過去の歴史を振り返り現代風の新しい物語を創り出して、「もう一つの歴史」(another history) を生成し、未来に向けて歩み出した。ただし、文化財や遺産の保護・保全から資源の活用へ転換したことで、文化の評価や価値付けによる差異を増大したことは確かである。行政から地域振興に適すると判断された地域だけが、手厚い予算を獲得することになった。しかし、文化財を評価する専門家は各地に十分には配置されておらず、研究成果の活用は不十分である。「遺産化」は大きな曲がり角に差し掛かっている。

女人禁制の維持や解禁に伴う言説は、近代化の進行に伴って「伝統」の言説を浮上させた。その過程で、様々な慣行や習俗、実践や観念が発見され、新たに意味付けられて取捨選択されてきた。伝統は変わらないものではなく、政治や社会や経済の変動によって微妙に変わり続けて維持されていく。伝統の揺らぎや伝統への問い掛けは常態となった。

女人禁制は現代でも熱い議論の最中にある。女人禁制を考える場合の留意点を、以下のようにまとめてみた。①女人禁制を「差別」として捉える近代の言説を振り出しに戻し、歴史的な観点から如何なる経緯で、どのような理由で現在に至ったかを様々な視点から考察する。②「習俗」(しきたり) として日常生活の中に埋め込まれてきた女人禁制を自省的に意識化して考察する。③「宗教」や「宗教的」という用語の使用を避けて、日本近代の翻訳で纏いついた負のイメージを払拭する。④女人禁制の解禁に対抗する「伝統」という曖昧模糊たる言説や概念の再検討を行う。⑤具体的な解決案を提示して対立者の相互対話を図ると共に、当事者の間での同意形成を促す。

女人禁制に対しては、近代の言説が圧倒的な力をもって批判的に働き掛けてきた。しかし、近代の言説は絶対的なものではない。山岳信仰を巡って顕在化する女人禁制の問題には、近代を再考し人間の生き方の在り方や質を問うという根源的な課題が含まれている。現代ではマスコミが女性差別の強調のために女人禁制の概念を拡大して解釈・乱用することで事態を複雑化した。女人禁制を問い直すという主題には、人間の感情・身体・認識・思想などの根源的な問題が関わり、今後の人間の生き方を再考することにも繋がっているのである。

（注）

（1）女人禁制の漢字の読みは、「にょにんきんせい」が一般的だが、ルイス・フロイスの『日葡辞書』（一六〇三年）には kinzei と表記されており、室町時代後期の発音は「にょにんきんぜい」であった。当時、四字熟語の「女人禁制」が多く使われるようになり謡曲に顕著である。現在も能では「にょにんきんぜい」を使用する。

（2）山岳信仰の概要や個々の山岳の歴史に関しては［鈴木二〇一五］を参照されたい。

（3）「「男性中心」変わる祭り　深刻な担い手不足、条件つきで女性参加も」『朝日新聞』二面記事。二〇二四年二月二十一日付。https://www.asahi.com/articles/ASS2N5Q3ZS2MOXIE009.html。最終アクセス 2024/2/21

（4）かつては対岸の向こうには集落はなく、墓所が点在していた。

（5）四散したオンバサマは、福江充氏の努力でオークションなどで買い戻されて少しずつ見つかってきている。しかし、文化財としての価値を一律に認めるかどうか議論が続いている。

（6）『山家要略記』「厳神霊応章」の一節「山上女人登山事」も尊意の『法性房贈僧正伝』を引き同様の記事を記す。

（7）五代後周の釈義楚が編纂した仏教類書で顕徳元年（九五四）に完成した。

（8）「高野山建立初結界時啓白文」「高野山建立壇場結界啓白文」。『性霊集』［渡邊・宮坂校注一九六五］所収。

（9）法令の原文は、『太政類典』及び、『法令全書』第一巻。国立国会図書館デジタルアーカイブ。https://www.digital.archives.go.jp/dajou/。最終アクセス2024/2/3

（10）第十一条では「僧房に婦女を」「尼房に男夫を」泊めた時の罰則、第十二条には僧が尼寺に尼が僧寺に入ることを禁止する。僧尼は平等の扱いである。

（11）『日本書紀』敏達天皇十三年（五八四）、蘇我氏が帰化人の女性三人（善信尼、禅蔵尼、恵信尼）を出家させ善信尼は十一歳とある。識字能力者や巫女と推定される［櫻井一九七七：三〇三］。

（12）仏教公伝の記事には後世の内容が混入して作為性があるという［吉田二〇一二：一六八〜一八九］。

（13）九世紀の法具や仏像、十世紀の黄金仏二体（阿弥陀如来座像・菩薩坐像）も発見された。黄金仏は宇多法皇登拝の際の献納かと推定されている。

（14）医療の知識があり、呪術的な力を具えた者を登用し、法相宗の山林修行者が多い。

(15) 立山の伝承は、『類聚既験抄』（鎌倉時代）、『伊呂波字類抄』十巻本「立山大菩薩顕給本縁起」（鎌倉時代）、『神道集』巻四「越中立山権現事」（南北朝時代）に記される。

(16) 『性霊集』［渡邊・宮坂校注一九六五］所収。

(17) 開山の年号は『補陀落山建立修行日記』に依拠する［神道大系編纂会編一九八五：九～一二］。

(18) 大正十三年（一九二四）と昭和三十四年（一九五九）の発掘調査による。

(19) 九世紀には榛名山・立山・白山・彦山など多くの霊山で山頂遺跡が確認できる。

(20) 修正会・修二会の法具と類似している。三鈷繞は平成二十一年（二〇〇九）にも出土した。

(21) 開山と共に巡礼の記念行事として、平成二十六年（二〇一四）に四国八十八所開創千二百年、平成三十年（二〇一八）に西国三十三所草創千三百年祭が執行された。立山は慈興が大宝元年（七〇一）開山、大峯山は役行者が大宝元年、白山は泰澄が養老元年（七一七）、伯耆大山は金蓮が養老二年（七一八）、六郷満山は仁聞が養老二年、相模大山は良弁が天平勝宝七年（七五五）、箱根山は満願（万巻）が天平宝字元年（七五七）、石鎚山は寂仙による天平宝字二年（七五八）の開山とされる。他方、彦山は忍辱の開山で仏教公伝と同年の宣化天皇三年（五三八）、羽黒山も推古天皇元年（五九三）能除太子の開山と伝える。

(22) 用例は慶滋保胤『本朝文粋』（康平三年・一〇六〇頃）十四「為大納言藤原卿息女女御四十九日願文「欲下其奈二此五障一何上。欲下其奈二彼五衰一何上」が古い。『平家物語』（十四世紀前半）灌頂巻に「忝く彌陀の本願に乗じて、五障三従の苦しみをのがれ」とあり定着した。

(23) 女身垢穢は、鳩摩羅什訳の『法華経』に、南斉の西域出身の僧、法意が永明八年（四九〇）に漢訳で補填した部分にある。『転女身経』にも記述がある。

(24)「日本国に一つの笑ひ事あり。いはゆる或いは結界の地と称し、或いは大乗の道場と称して、比丘尼・女人等を来入せしめず。邪風久しく伝はれて、人は来まうることなし」「男女を論ずることなかれ、これ仏道極妙の法則なり」［寺田・水野校注一九七〇：三二三、三二七］。後に十二巻本では削除された。

(25) 曹洞宗の永平寺や信濃の善光寺でも『血盆経』を配布した。

(26) 観世信光（一四三五～一五一六）作『鐘巻』を短くして乱拍子中心に改作された。能の『道成寺』は、歌舞伎『娘道成寺』や浄瑠璃『道成寺』に展開していった。

(27) 大門口、不動坂口（京口）、大滝口（熊野口）、龍神口、大峯口（野川口、東口）、黒河口《くろこ》（大和口）、相浦口《あいのうら》をいう。黒河口には「此内へ女人入るへからす。若心得違之者有之におゐて八可為曲事者也」と墨書があった［矢野二〇二〇：八］。

(28) 令和三年（二〇二一）九月に予定されていた布橋灌頂会はコロナ禍のために中止となり、令和五年（二〇二三）には前回通りに行われた。

(29)『東海道名所図会』『東都歳時記』など。

(30) 富士山の一合目から十合目までの標記は、十九世紀に定着した［大高二〇一一：七九］。月山の十合目までの標記は大正十三年（一九二四）に山内の山掛小屋の組合の人が、登山客受け入れの視察で富士山を訪問した際に知識を得て導入したという［大川一九八四：一一七］。十界修行に由来するのではない。
(31) 文武天皇三年（六九九）に藤原義忠によって富士山の二合目に祀られたとされる。
(32)『富士吉田市史』史料編第二巻、No. 二九三。
(33)『富士吉田市史』史料編第二巻、No. 二九九。
(34)「勝山記」天文二十四年の条。『富士吉田市史』史料編第二巻、No. 三〇二。
(35)『本朝世紀』久安五年（一一四九）四月十六日条。
(36)『富士吉田市史』史料編第五巻、No. 六〇四～六〇六。『富士山明細帳』に図が残る。
(37)「月水を不浄なりとて忌むの理甚以て誤る也。人生ぜんために天より与え玉ふ故の水なれば、花水と名付け置き玉へば、曾て忌み玉ふ事なし。却って清浄の水なり」『三十一日之巻』六月十四日条。
(38) 当初は「不二孝」であったが、天保九年（一八三八）以降は、「不二道」と称した。
(39) 富士山の出現を、孝安天皇九十二年六月と明記した文献の初見は、寛永二十年（一六四三）の林羅山『本朝神社考』「富士山」の中の一文という［竹谷二〇一一：一五］。
(40) 外国人女性の初登山は慶應三年（一八六七）で英国のパークス夫人である［竹谷二〇一一：一五六］。
(41) 月山の登拝道にも「木原三里、草原三里、石原三里、都合九里の道程で頂上に達する」という言い伝えがあった［大川一九八四：七八］。

(42)『富士吉田市史』史料編第二巻、No. 三六〇、四〇〇。

(43) 上宮・中宮・下宮の三宮を祀るのは白山、英彦山、宝満山、石鎚山などで、中宮に女人結界を設ける事例も立山、男体山、霧島山などがある。

(44) 法令の原文は、『太政類典』及び、『法令全書』第一巻。国立国会図書館デジタルアーカイブ。https://www.digital.archives.go.jp/dajou/。最終アクセス 2024/2/29

(45) 概数は『日本巫女史』[中山一九八四(一九三〇):四二六]に基づく。

(46) 一連の方策は、明治三年閏十月下旬の天社神道(陰陽道)禁止、同年十二月九日土御門家を大学御用掛から罷免、四年十月十四日六十六部禁止、四年十月二十八日普化宗(虚無僧)廃止、明治五年三月二十七日女人結界解禁、五年四月二十五日肉食蓄髪勝手令、五年六月十二日神社祭典への僧尼参詣許容、五年六月十三日神社参詣の死穢の緩和、五年八月十七日僧官廃止、五年八月三十日願い出なき寺社創建の禁止、五年九月十四日僧尼の苗字の令、五年九月十五日修験宗廃止、五年十一月八日無檀・無住の寺院廃止、五年十一月九日僧侶托鉢禁止、明治六年正月十九日僧侶位階廃止が出て、特権身分は消滅した。

(47) 日本最初の博覧会は、明治四年(一八七一)十月十日から十一月十一日まで京都の西本願寺大書院で行われ入場者は一万千四百五十五人であった。これを機に京都府と民間が合同協力して京都博覧会社が創立され、明治五年(一八七二)三月十日から五月三十日まで、西本願寺・建仁寺・知恩院を会場として第一回京都博覧会を開催し、入場者は三万九千四百四人、外国人客も入場を許され七百十人であった［工藤二〇〇八：九〇］。女人結界の解禁通知は会期中の三月二十七日に出された。明治四年は小規模だったので明治五年を第一回とした。

(48) 一連の経緯に関しては、年表を作成して動きを明確にした［鈴木二〇二一：三二九～三三五］。

(49)「日本遺産（Japan Heritage）について」文化庁 https://www.bunka.go.jp/seisaku/bunkazai/nihon_isan/index.html。

第五章　修験霊山の縁起に関する考察――『彦山流記』を読む

一　英彦山三峯

九州の北部にそびえる英彦山は、大峯山・羽黒山と並ぶ修験道の三大霊場とされ、九州の山岳信仰の拠点で長い間、神仏混淆が維持されてきた。(1)近世には北部九州では彦山詣が盛んで、筑前・肥前・肥後・豊前・豊後の各方面からの参詣路があって、「道者往還」と呼ばれていた。参詣路の途中の峠には、彦山三所権現を祀った御堂があって、里人はこれを「遥拝所」と呼んでいたという［佐々木二〇〇七：九］。英彦山は、長く彦山と表記されてきたが、享保十四年（一七二九）には、霊元法皇より、天下に抜きん出た霊山として「英」の字が授けられて、「英彦山」に改められて現在に至る。宸筆の勅額が銅《かねの》鳥居上に掲げられている。しかし、彦山では明治の神仏分離と廃仏毀釈で仏像や法具や寺院が破壊され、「仏の山」が「神の山」になった。坊中は崩壊し、信者との師檀関係は衰え、「彦山講」や「権現講」などは衰退した。明治以後の彦山は様相を全く一変したの

図5―1　英彦山。津野から望む。撮影＝鈴木正崇

図5―3　英彦山神宮奉幣殿。旧大講堂。写真提供＝添田町

である。

本章では修験霊山の英彦山に伝わる中世の縁起『彦山流記』（建保元年・一二一三）[2]を検討して、起源や始源の語り方とその変化を通して中世の山岳観や霊場について考察し、その後の変遷過程を検討する[3]。『彦山流記』は本地垂迹思想に基づいて神仏の由来を説き、行者の体験譚、参籠洞窟や行場の実態、彦山権現の社殿や霊仙寺《りょうせんじ》の伽藍、年中行事など、中世彦山の実態を生き生きと描いている。「彦山」の名称の由来は、『鎮西彦山縁起』（元亀三年・一五七二）[4]に拠れば、弘仁十年（八一九）に嵯峨天皇は、開山にあたっての法蓮の功績を讃えて「法蓮ハ邦家ノ彦、復是本朝ノ仙也」と説き、日子山《ひこさん》を「彦山」に改めたとし、天皇家の勅喚という権威付けを説く。日子山は日神（天照大神）の御子《みこ》が鎮座する山の意味である[5]。なお、「彦山権現」の名称の初出は『人聞菩薩朝記《にんもんぼさつちょうき》』（仁平二年・一一五二）[6]の「彦山に坐《まし》す神、名は権現と言う」で十二世紀には彦山に本地垂迹説が及んでいた[7]。

図５―２　天忍穂耳命像。鎌倉時代初期。英彦山神宮蔵

彦山は北岳・中岳・南岳の三峯からなり、最高峰は南岳（一一九九メートル）である（福岡県田川郡添田町）（図５―１）。三峯に三神が祀られ、江戸時代までは「彦山三所権現」と呼ばれ、神宮寺は霊仙寺であった。

祭神は北岳に天忍《あめのおし》穂耳尊《ほみみのみこと》（天忍骨命《あめのおしほねのみこと》）、中岳に伊弉冊尊《いざなみのみこと》、南岳に伊弉諾尊《いざなぎのみこと》を祀り、主神は天忍穂耳尊である。北岳が最も神聖な山とされた。鎌倉時代の御正体の懸仏が現存し、天忍穂耳尊は僧形（法躰）（図5―2）、伊弉諾尊は束帯姿で俗躰、伊弉冊尊は失われている。(8) 各々の本地は阿弥陀如来、千手観音、釈迦如来、三峯は法躰岳《ほったいだけ》、女躰嶽《にょたいだけ》、俗躰岳《ぞくたいだけ》とされ、山自体が神仏の居所や顕現であった。五来重は山岳には女躰・俗躰・法躰の三神が祀られるとする「三神三容」説を提示した［五来二〇〇八：三三六］。山の信仰対象の第一は山神、第二は山神を祀る山人（多くは狩人）の始祖、第三は開山者の高僧や修験で山神と同格とする。彦山では北岳は彦山権現の最初の鎮座地で法躰神、中岳は女躰神、南岳は男神を祀る。法躰と女躰は五来説に適合するが、男神には開山者という伝承はない。五来説は実証が難しい仮説にとどまる。明治以降、中岳（一一九〇メートル）の「上宮」が英彦山神社本社となって、祭神は天忍穂耳尊に一元化され、中腹の大講堂は奉幣殿《ほうへいでん》として残り（図5―3）、奉幣殿上部の「下宮」に祀られていた御正体が発見されて英彦山修験道館に収蔵された。彦山は大きな変貌を遂げたが、中世に遡る史料や仏像・神像・御正体が残され、山岳信仰の歴史を通時的に辿れる貴重な山である。以下では、縁起の中世に合わせて「彦山」の表記を使用して考察する。

二　彦山と熊野

彦山の文献上の初出は、『中右記』寛治八年（嘉保元年・一〇九四）の彦山衆徒が蜂起したという記事である。平安時代の彦山は、宇佐の弥勒寺や八幡宮寺、大宰府安楽寺（天満宮）と並ぶ経済力を持ち、相互に所領争いを繰り広げていた。熊野とも深い関係がある。熊野御幸を三十二回行った後白河法皇は、永暦元年（一一六〇）に、聖護院の鎮守神として、院御所の法住寺内に熊野権現を勧請して新熊野《いまくまの》社とした。養和元年（一一八一）には社の維持費として畿内を中心に課役《かえき》・国役《くやく》を永代免除された不輸権を持つ二十八ヶ所の荘園が寄進され、その中に「鎮西彦山」と「立山外宮」があった（「新熊野神社文書」）。荘園を西の彦山と東の立山が守護する体制をとったと見られる。彦山にも熊野権現が勧請され、今熊野窟に祀られた。[9] また、『熊野権現御垂迹縁起《くまのごんげんごすいじゃくえんぎ》』（長寛元年・一一六三）[10]によれば、熊野権現は天竺・唐から日本に垂迹し、「渡来のはじめ、日本国鎮西日之山峯に天降《あも》り給《たまう》」として、日本では日之峯（彦山）に初めて垂迹したと語る。後述するように熊野の縁起と彦山の縁起は類似する。一方、後白河上皇撰『梁塵秘抄』（治承四年・一一八〇頃）には「筑紫の霊験所は、大山《だいせん》、四王寺、清水寺《せいすいじ》、武蔵《ぶぞう》清瀧、豊前国の企救《きく》の御堂な、竈門《かまど》の本山、彦の山」と歌われ、大宰府の大山寺、清水寺（観世音寺）、武蔵寺《ぶぞうじ》、竈門山（宝満山《ほうまんざん》）と共に「彦の山」として挙げられ、十二世紀には彦山は中央に知られる霊験所になっていた。大峯山・葛城山・笠置山の起源伝承を記す鎌倉時代初期の『諸山縁起』には、役行者から五代目の壽元が大峯山を九度修行して彦山に居住したと記され、鎌倉時代初期には大峯山と彦山の関係も確立されていたと推定される。

「彦山三所権現」は、『鎮西彦山縁起』には他の社と併せて「十二所権現」（一社は深秘）と記され、熊野信仰の影響が色濃い［長野一九八七：四四］。後世の文献だが、『深仙灌頂系譜』（江戸時代末期）によれば、役行者の弟子の壽元は天平六年（七三四）に大峯修行縁起を相伝し、彦山に熊野権現を勧請したと記す。鎌倉時代中後期以降、役行者は修験道の開祖に祀り上げられ、各地の山の開山者とされ、弟子たちも義眞は箕面山、壽元は彦山、芳元は石鎚山の開山等と語られるようになった。

縁起類の第一は『彦山流記』（奥書。建保元年・一二一三）で、檀那の要請で撰述、由緒、修行譚、霊験譚、一山の規模、山内年中仏神事を記し、本地垂迹説に基づく。天台の学僧の執筆と推定され修験色は薄い。第二は『鎮西彦山縁起』（元亀三年・一五七二）で、四至、祭神降臨、善正上人参籠、藤原恒雄（忍辱）の開山、役行者の遍歴、法蓮の彦山中興、色定法師の一切経書写、増慶の松会創始を説く。神道色が強い。役行者直伝の修験道場を強調し、善正→忍辱→法蓮→役行者→霊仙寺の由来を説く。第三は『豊之前州彦山縁起』（元禄七年・一六九四）で天台沙門孤巌撰とあり、『鎮西彦山縁起』の内容に準拠し、諸文献の引用と注釈がつき、近世初期の神道の影響が強い。元禄八年（一六九五）に始まった聖護院との本末訴訟の証拠書類かと推定される。縁起類としてはこの三種が主なものであるが、『彦山流記』と『鎮西彦山縁起』を主として考察する。

三　開山伝承

日本各地の信仰対象の山には、山頂まで初めて登って神仏を祀ったという開山者の話が伝わる。開山伝承は、僧侶や俗人を問わず、開山者の名前と年号が明記される。起源や由来を語ることで、過去と現在が繋がって山の聖性が正統性を獲得する。開山伝承は、文字化されて開山縁起となり、歴史化されて現代にまで伝わることも多い［鈴木二〇二四］。

彦山の開山伝承は、『彦山流記』（建保元年・一二一三）に所収の縁起が最も古い[11]。奥付に「彦山流記大旨如此、委見二縁起一。為二目安一撰レ之云々。建保元年癸酉七月八日」とあり、『彦山流記』以前の古い縁起があったと記すが伝えられていない[12]。奥付の建保元年には疑念が残るが[13]、嘉禎年間（一二三五～一二三八）造立の今熊野窟の記述が『彦山流記』にはあるので、成立はそれ以降である。今熊野窟の近くの岩壁の勢至菩薩の刻銘は嘉禎三年（一二三七）造立とある［添田町教育委員会編二〇一六：八七、一四三］。『彦山流記』によれば、今熊野窟には熊野権現と若王子を祀っていた。宝殿八間の巨大な建物で大講堂に匹敵する大きさで重要な聖地であった。岩壁には勢至菩薩と聖観音菩薩像が残り阿弥陀如来は失われ、梵字ケ岩には釈迦・胎蔵界大日・阿弥陀の月輪《がちりん》大梵字が刻まれている（図5―4）。阿弥陀は熊野本宮の本地仏である[14]。銘文には、一字三礼して『法華経』を書写し、阿弥陀三尊を岩に彫り、三所権現を祀り、梵字を岩に刻み、供養法を修したとある。同時代の彦山信仰の様相を伝えるものに、川辺《かわなべ》町の清水《きよみず》摩崖仏群の月輪大梵字がある。弘長四年（一二六四）に「彦山住侶」の某が不動明王のカーン、計都星（彗星）のケー、薬師のバイを刻んだという（図5―5）[15]。天台僧の活動であろう。

図５—６　玉屋窟。撮影＝鈴木正崇

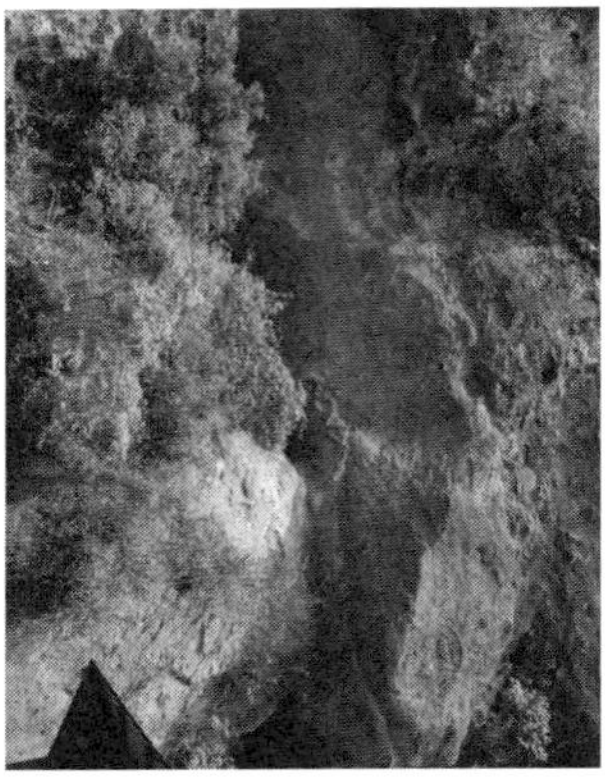

図５—４　梵字ケ岩。今熊野窟。写真提供＝添田町

図５—５　清水摩崖仏。月輪大梵字。鎌倉時代。撮影＝鈴木正崇

『彦山流記』は、彦山の由緒を記して権威の確立と山岳霊場の正統性を主張した。事実上の開山とされる北魏の僧の善正《ぜんしょう》については、「十一月　開山会　善正上人於玉屋谷」とあり、善正の開山会を霜月という冬至の前後に玉屋谷で行っていた。彦山は洞窟信仰が原点で弥勒信仰と結びつき、四十九院からなる弥勒の兜率天浄土に準えられ、玉屋窟は四十九窟の第一の窟で、彦山権現発祥の地である。『彦山流記』は「弥勒の化身」の法蓮が参籠して如意宝珠を獲得し八幡神が譲り受けた故事に因んで、般若窟が玉屋窟と称されたと記す。しかし、「玉」はタマ（魂）に通じる。タマの籠る窟であったのではないか。玉屋窟の奥には壁面から染み出した水を湛えた御池《みいけ》がある。毎年旧暦六月三日には、池の水を汲みだす「御池浚い」の神事が行われ、彦山で最も信仰を集める水の聖地である。万病を治癒して不老を齎す霊泉、天下の変異を水の濁りで予兆する清水とされている。玉屋窟は、彦山の根源的霊地で、洞窟と水の信仰が凝結する（図5―6）。窟は女陰に見立てられ、「いのち」の源でもある。窟の上部に磐座、窟の内部には八角石や水精石があり、『彦山流記』が記す八角水晶石体降臨と照応する［山本二〇一七］。玉屋窟は鬼神社を祀り御神体の鬼面は十五世紀に遡る[16]。鬼は地主神の形象化であろう。玉屋窟は歴史と記憶が累積する根源的聖地なのである。

『彦山流記』は、前半部では彦山権現の垂迹、兜率天の内院に擬される四十九窟の由来、僧侶の修行譚、奇瑞と霊験などを詳細に記す。後半では彦山権現の神体、彦山の四至、社殿・講堂・堂塔・仏像・経典・什宝、山内の神事と仏事の年中行事を記す。当時は天台宗の山岳寺院の様相が色濃く、修験道成立以前の山岳信仰の諸相を留める。前半部冒頭の概略は以下の通りである[17]。

彦山権現は天竺（インド）の摩訶提《まかだ》国から、震旦（中国）の天台山の王子晋の旧跡に至り、甲寅年に日本の豊前国に上陸し香春岳《かわらだけ》に至ったが妨げにあって、移動して彦山に垂迹した。地主神の北山の三の御前は権現に土地を譲り渡す間は、中腹に留まり後に許斐山《このみやま》に遷ったという。彦山権現は、摩訶提国から投げた五つの剣の所在を求めて各地を移動する。最初に八角の水晶の石体、三尺六寸の形となって般若窟（後の玉屋窟）に天降り第一の剣を見つけた。四十九窟に御正体を分かち、守護のために金剛童子を祀った。三所権現は法躰・俗躰・女躰として三岳に鎮座した。次に伊予の国の石鎚《いしづち》の嶺に第二の剣、淡路国楡鶴羽《ゆづるは》（ママ）の峯に第三の剣、紀伊の国切部山《きりべやま》の那木渕《なぎふち》の松木本《まつきのもと》の上に第四の剣、熊野新宮の南方に聳える神蔵《かんのくら》峯に第五の剣を見つけて遷った。熊野では新宮の東方の阿《あ》須賀《すか》の社の北、石淵谷《いわぶちだに》に勧請され、甲午年正月十五日に再び彦山に戻った。

彦山の縁起は熊野の縁起と重複する部分が多い。『熊野権現御垂迹縁起《くまのごんげんごすいじゃくえんぎ》』によれば、熊野権現は彦山、石鎚山、遊鶴羽山、切部山、神蔵峯を経て、石淵谷に至って顕現し、大湯原（現・熊野本宮）へ移った。猪を追った猟師が大湯原の櫟の木の下に導かれ、熊野権現は三体の月形となって垂迹し、帰依した猟師によって祀られる。『彦山流記』によれば、彦山権現は石淵谷から引き返し、小正月に彦山に垂迹し、猟師の伝承はない。[18]彦山は天竺起源、熊野は中国起源を説く。彦山と熊野が相互に影響を与え合ったと推定される。[19]

四　中興開山・法蓮と山岳信仰

彦山権現の顕現に続いて、中興開山とされる法蓮の事績が述べられる。法蓮は伝承では、宇佐八幡宮と深く関連し、彦山との交渉の歴史を伝え、豊前の八面山や国東六郷満山の山岳信仰との関わりを伝える。[20] 法蓮は正史の『続日本紀』文武天皇大宝三年（七〇三）九月の条によれば、医術で庶民を救った功績で豊前国の野四十町を下賜され、[21] 養老五年（七二一）には宇佐君の姓を賜ったと記されている。[22] 年代的には役行者と同時代人である。法蓮は史料上では宇佐八幡宮の創建（七二五年）以前に現れ、活動拠点は宇佐山本の虚空蔵禅院で山林修行者の様相を留める。ただし、『彦山流記』では法蓮の事績を推古天皇（五九二〜六二八）の時代と記したり、弘仁十年（八一九）に法蓮が彦山の座主となったと記すなど伝説の域を出ない。法蓮はその後、宇佐の弥勒寺の別当に補任され、代々彦山の法系が補任されたという。[23]『人聞菩薩朝記《にんもんぼさつちょうき》』では法蓮は八幡大菩薩の前身、人聞菩薩と同行の行人とされ、人聞菩薩（仁聞菩薩）は国東六郷満山の開基とも伝える。仁平二年（一一五二）に御許山《おもとやま》に八幡大菩薩三所が石躰として顕現し、「阿観勢三身」（阿弥陀・観音・勢至）として宇佐に祀られたという。[24] なお、人聞の表記は近世には「仁聞」に変わる。宇佐と国東、そして彦山は微妙な関係にあり、縁起に葛藤が記されている。

『彦山流記』は、如意宝珠をめぐる法蓮と宇佐八幡との交渉譚を記す。[25] 彦山権現は日本を利益するために、インドの摩訶提国から如意宝珠を請来して彦山の般若窟に納め置いた。法蓮は宝珠のことを聞き、窟に十二年参籠して、熱心に『金剛般若経』を読誦し、彦山三所権現と八幡大菩薩に宝珠を得ることを願って祈った。勤行の間に、白髪の老翁が現われた。弟子にすると手厚く奉仕したので、宝珠を手に入れたら老翁に与えると約束する。法蓮の願いによって岩窟から清水が湧出し、倶《く》利伽羅《りから》龍が出現して口から宝珠を吐きだした。宝珠を得た法蓮は喜んで衣に宝珠を包んで彦山の上宮に詣で、次いで宇佐八幡に向かった。宇佐へ行く途中で、老翁が出現し約束通り宝珠の譲渡を懇願されたが、捨身の行を経て得た宝珠を渡すのが惜しくなり申し出を断った。老翁は大いに悔しがって、一旦は姿を消す。その後、再び現れて宝珠を与えるという許可の言を与えよと言った。法蓮は口先だけならばと考えて老翁に与えると言ったところ、老翁は喜んで本意を遂げたと言って去った。法蓮はいぶかって宝珠を確かめると、既になくなっていた。法蓮は怒って火界呪を誦えて火印を結び火の海にした。老翁は行方を塞がれたので法蓮のもとに戻ってきた。老翁は実は自分は八幡大菩薩であると名乗り、宝珠を得れば日本の静謐のために鎮守となり日本を利益しよう。弥勒出世の際の結縁のために伽藍を建て、弥勒寺と号して神宮寺として、宮領八十庄を与えて供田とし、寺の別当には法蓮になって頂く。この契約によって今身から仏身に至るまで、互いに行化を助けようと告げた。そこで法蓮は宝珠を捧げ、八幡大菩薩は宝珠を宇佐宮の宝殿に納めた。これをもって、八幡大菩薩と法蓮は同心となった。その後、法蓮は般若窟に戻り、窟を宝珠に因んで玉屋窟と名付けた。宝珠の出た後から龍泉が流れ出て万病を癒した。ここは大和国金剛山、近江国竹生島《ちくぶじま》と並んで日本「三ケ霊地」であると記す。如意宝珠はあらゆる願いを叶えるとされる不思議な力をもった珠で、仏法の象徴である舎利とも同一視される。仏教の宝珠とタマ（霊魂）が融合する言説が彦山の開山伝承の中核にあった。

王都では如意宝珠は王権を象徴するものとして即位灌頂に使用されるなど仏教儀礼に組み込まれたが(26)、彦山では王権とは関連せず、洞窟や水と結びついて呪的な力の源泉とされ民間信仰と結合した。しかし、般若窟を、役行者の修行地で法起菩薩を祀る金剛山（葛城山）や、琵琶湖の観音霊場で弁才天を祀る竹生島と並記し、王都周辺の聖地との連関を意図している。これは宇佐八幡宮が石清水八幡宮や手向山八幡宮など京都・奈良と結びついていることへの彦山からの対抗言説かもしれない。『彦山流記』が伝える宝珠を巡る法蓮と八幡大菩薩との争いや葛藤は、北部九州（宗像・筥崎）と京都や大和との連関を背景とした、彦山と宇佐の関係性の歴史的経緯を反映していると考えられる。

神吽『八幡宇佐宮御託宣集』（正応三年～正和二年・一二九〇～一三一三。以下『託宣集』(27)）によれば、法蓮と八幡神が和解した場所は「下毛《しもげ》郡諫山郷《ぐんいさやまごう》の高山」で、現在の八面山（大分県中津市）だという。『八面山縁起』も同様の伝承を伝える。山麓にある薦《こも》神社（大分県中津市）は宇佐八幡宮にご神体の薦枕を届ける役を担う。三角池周辺は、法蓮に与えられた「野四十町」と推定され、この付近が現在の宇佐八幡宮鎮座以前の宇佐氏法蓮の活動拠点であった。小倉山に移動して後は御許山が活動の中心となった。八面山山頂の北側には巨大な岩があって「和与石《わよいし》」と呼ばれ、和解の舞台とさ

図5―7　和与石。八面山。写真提供＝中津市

れる（図5―7）。弥勒寺の創建には彦山や八面山など豊前の山岳信仰が大きな影響を与えた。神亀二年（七二五）に宇佐八幡宮は現在の小椋山（小倉山）に社殿を創建したと伝える。[28] 法蓮は神亀二年に山本の弥勒禅院[29]を宇佐の東隣の日足《ひあし》の谷に移し別當となった。宇佐神宮寺の始まりである［飯沼二〇一五：一八］。天平九年（七三七）に、弥勒禅院を宇佐宮の西隣に移せという託宣が降りる。天然痘が鎮西で大流行し頂点に達した頃で、仏教の力で国家的危機を乗り越えようとした。弥勒禅院は、宇佐宮社殿の西隣の境内に移って弥勒寺と称し、天平十年（七三八）に金堂・講堂を建立した。法蓮は宇佐八幡宮背後の神霊出現の地、御許山の山頂に石躰権現の巨石を祀った。御許山は「馬城《まきの》峯《みね》」「奥之院」「元宮」「元社《もとやしろ》」ともいい、仏教と混淆して新たな聖地となった。法蓮と宇佐との葛藤は収斂したのである。

五　法蓮に関する異伝

法蓮については『彦山流記』よりも古い『人聞菩薩朝記』に記述があり、内容は類似するが少し異なる。史料としては問題があるが、伝承としては詳細である。それによると、八幡大菩薩の前身は、六郷満山の開基となった人聞菩薩で、八幡の修行由来譚の一部に彦山権現が登場する。原文は「抑一元者坐時、修行次日、本朝国内豊前国宇佐郡小蔵山北辰坐。某語云、我一所住坐、法界衆生有情利益。力願発云、従レ此西有二彦山神一坐。名言二権現一。一万金剛童子申。其権現、以二宝珠玉一一切衆生度給。於レ然上法蓮行人来着云。我権現如意宝珠玉、我未二見給一申。於然斑蛇積レ玉口入出来、自レ口出前置。是見弖八幡申、已八幡聞、雖二北辰追乞得給一、八幡者不レ奉レ上。仍八幡香春明神語云、自レ此南彦山坐。其御前如意宝珠候也。其申給云、其時八幡彼之御山仁参向之天申給、為レ玉来着申、其時北辰付レ奉レ上レ之申、雖レ然不レ見由申給之弖、此度尚見給申給。人出玉請取不レ返、他国逃去。其時権現大誓願発言、我玉不得者、又返不レ成二正覚誓行一。其時豊前国下毛郡諫山郷南当高山猪山多羅吽神者、八幡大祖也。彼為焼修給出、皆仍彼之所去、宇佐郷御許垂二跡権現一給。」である。断片的で主語が不明確な漢文で意味は取りにくい。概略は以下の通りである。八幡が宇佐の小蔵山に天下って北辰と出会い、衆生利益のために彦山に行って、宝珠を得て衆生を救おうとする。西に彦山神がいて権現と言う。一万金剛童子が申すに、権現は宝珠で衆生済度を行うと。法蓮行人が彦山に来たって言う。如意宝珠を未だ見ていないという。斑の蛇が出てきて口から宝珠を出して置いた。これを見て八幡は北辰に追われ宝珠を得よと言われたが、八幡は奏上しないという。八幡は香春明神に対して、この南に彦山が坐し、その御前に如意宝珠があると語った。八幡は彦山に参向した。宝珠は着いていたが北辰に奏上しなかった。ある人が宝珠を受取って返さず、他国に逃亡したと告げた。その時に彦山権現は誓願を発し、玉を得られないならば正覚を悟らないと誓った。豊前国下毛郡の南にあった高山の猪山多羅吽神《たらうんじん》は八幡の大祖で、御許山に垂迹した。

この記述は最後には八幡の垂迹を説く。そこに至る過程で彦山権現が出現する。八幡主体の描き方である。『人聞菩薩朝記』はその後、『託宣集』に取り込まれ、「霊巻五」に大半が収録された。人聞菩薩は法蓮・華厳・覚満・躰能の四人の行人と共に国東六郷山で修行し、各行人は国東の諸寺院の開基となったと伝え、宇佐行幸会では彦山権現が四人の同行を引き連れたという。『託宣集』は八幡神は法蓮を師として出家し、人聞菩薩になったとも記す。法蓮は八幡と彦山に仕える行人であり、山林修行者から僧侶へ変貌を遂げた。

時代は下るが、『託宣集』の影響下で『鎮西彦山縁起』（元亀三年・一五七二）が成立した。(30)『彦山流記』に次ぐ古い縁起であるが、神道色が濃い。なお、『豊之前州彦山縁起』（元禄七年（一六九四）四月十八日、天台沙門孤巌撰）は骨子は共通するが、(31)元禄八年（一六九五）に始まった聖護院との本末相論の証拠書類の性格が強く、多くの引用を使って彦山の歴史を説明し権威づける。『鎮西彦山縁起』の法蓮に関わる話は以下の通りである。

八幡大神は大宝元年（七〇一）に唐に赴き、三年間滞在して帰朝した。小倉山に登り地主神の北辰に対して、この山に留まって共に衆生を利益しようと述べた。しかし、北辰は、西方の彦山には権現が居て岩窟に宝珠を埋めて、金剛童子が宝珠を守っているのでそこに行って宝珠を求めて衆生の窮乏を救えという。大神は受諾して、今度は香春山に向かい香春明神に同様のことを語った。香春明神は、彦山は自分の山の南にある。そこで法師が長く窟の中で勤修しているので、彼について宝珠を求めよと語った。そこで大神は翁に化して般若窟に至って、法蓮の弟子となり、法蓮の願が叶って宝珠を手に入れた時には、それを自分に与えるという約束をとりつけた。この後、『鎮西彦山縁起』は『彦山流記』と同様の如意宝珠を巡る法蓮と八幡大神との交渉に戻る。

法蓮は彦山権現の使者として、後世の修験にとっては理想的な先駆者像を提供した。その後、法蓮は修験道の展開に伴って役行者の血脈に組み込まれた。彦山修験の法脈を伝える唯一の系譜である『彦山修験傳法血脈』[32]によれば、彦山は慶雲二年（七〇五）の役行者の開基で、役行者を日子山修験根本祖師とし、三季入峯を行ったとされる。役行者は妙童鬼と善童鬼の二人の鬼を従えていた。血脈は役行者から玉連、法蓮、羅運と豊前系の行者が続き、羅運と並んで、人聞、太能（一名壽元）[33]、覚満、能智、能行、久聞と併記される。法蓮の同行が彦山の修験化によって、役行者の血脈に組み込まれた。人聞から八幡へ、八幡と彦山を結ぶ法蓮という流れから八幡を切り離して、彦山の独自の系譜を説く。『彦山流記』の時代は修験道以前である。修験道の成立は、十三世紀後半に「修験之道」が説かれ、十四世紀に「顕・密・修験」と兼修（兼帯）になり、十五世紀に修験道は教団化した。「顕密体制」の最終段階で修験道が浮かび上がってきたのである［徳永二〇一五。長谷川二〇一六］。鎌倉時代中後期の修験道の興隆の中で役行者が開祖として定着した。彦山では行者堂が上宮の下にあり（現・産霊神社）、本尊の「役行者倚像」は室町時代の十五世紀の作である(34)。

六　臥験の活躍

『彦山流記』は法蓮に引き続き、窟で参籠して験を獲得した「臥験」たちの事績を記し、修験道以前の行者の実態を伝える。概略は以下の通りである。四十九窟の中の第一の窟は般若窟（玉屋窟）で法蓮が最初に修行した場所である。守護神は金杖天童（『鎮西彦山縁起』は童子）、毘沙門天の垂迹《が》である。法蓮の弟子の一人が般若窟で千日間の修行を行い、伏し臥せって霊力を得たので「臥験《げん》」と呼ばれた。行法の後、呪力を発揮して巌窟の前にあった切り口三尺ほどの桜の樹を左縄右縄に縒り合わせたので木練《もくれん》上人の名を得た。その後、九州で山を経巡る抖擻《とそう》の修行を行い、阿蘇に登攀した時には九頭八面の大龍と出会った。女体となって出現した十一面観音によって試練を受けたが乗り越えた。そして、脊振山《せぶりやま》の行者と験競《げんくら》べをして引き分けたという。

第二の窟である蔵持窟の開創は静暹《せいせん》上人といい、空鉢《くうはつ》窟で天台の教学を習った学僧で、飛ぶ鳥を落とす呪力を持つとされた。窟に籠っていて食糧が欠乏した時に護法《ごほう》を念じて空鉢を飛ばして、門司《もじ》に停泊中の船から米を取り寄せた。白髪の翁が彦山に登拝して空鉢の米は彦山守護の役に立ったとわかって菩提心を起こし、米を入れる蔵を立てて寄進した。静暹上人の令名は高まり、山に堂宇が寄進されて栄え、蔵持山《くらもてやま》と名付けたという。「空鉢譚」は山林修行者の験を示す意図があり、護法童子を使役したと観念されていた。山林修行者の験力を説く伝承は、白山の泰澄の弟子の臥行者、比良山の空鉢、書写山の性空、信貴山の命蓮などの「空鉢譚」「飛鉢譚」として各地の霊山で広く受容されていた。天台系の山林修行者の系譜を受け継ぐ行者たちが彦山で活動していたのである。

この後、『彦山流記』は第三の窟の宝珠山《ほうしゅやま》窟、第四の大南《おおみなみ》窟、第五の五窟（大行事窟・経の窟・鷲窟・龍窟・問窟）、第六の鷹栖《たかす》窟、第七の智室《ちむろ》窟、第八の今熊野窟、第九の天上窟、第十の求菩提《くぼて》山《さん》の本地と垂迹など、各々の謂れを述べて、第四十九窟に至る。各窟には守護神である童子が祀られていて、兜率天の内院の眷属として彦山三所権現を支えていた。

七　『彦山流記』の特徴

『彦山流記』で注目される点の第一はタマの思想である。彦山の修行は「岩屋」と呼ばれる洞窟を聖地とし参籠で験力を得ることを目的としていたが、根源にはタマの力がある。修行窟の四十九窟のうち般若窟が第一の窟で、彦山信仰の発祥の地で水の源泉でもあった。「十一月　開山会　善正上人於玉屋谷」と記され、般若窟があった玉屋谷で善正が開山会で祀られていた。太陽の力が年間で最も衰退する十一月（霜月）に、タマ（神霊）が籠る特別の場所で、祭りを行っていたのである。

『鎮西彦山縁起』では法蓮は十二年間籠居し、インド伝来の如意宝珠を得て、宝珠に因んで玉屋窟と呼んだと仏教風の解釈を記す。しかし、玉屋窟の名称は、越中の立山の開山伝承の地である玉《たま》殿《どの》の岩屋《いわや》と類似する。立山では大宝元年（七〇一）に佐伯有若（『伊呂波字類抄』十巻本は有若、『和漢三才図会』は有頼）が狩りに出て白鷹を逃がしたのでこれを追って山に入り、熊と出会って弓を射た。その血の跡を追って辿ると、玉殿岩屋で阿弥陀如来と出会い、殺生を恥じて出家して僧侶の慈興となり、立山を開山して堂社を建てたと伝える［廣瀬・清水一九九五：四六〜五〇］。立山の玉殿岩屋も彦山の玉殿窟も開山の根源の地でタマが籠る窟であった。開山会は仏教儀礼でありながら、タマの蘇りや更新の祭祀を基盤にして成立していたのかもしれない。

第二は山を弥勒の兜率天浄土の内院に見立てて、参籠修行を行ったことである。修行窟は四十九窟で、窟ごとに童子を配して、菩薩・天部・明王などの仏が祀られ四十九窟全体が一体となって彦山を支えていた。彦山は大峯山と同様に浄土思想と末法思想の影響を受けて経塚が多い。経塚は弥勒が未来世に現れるまで写経仏典を経筒に入れて埋めて保存し、諸願成就・極楽往生を願ったとされる。平安時代後期の経塚は大峯山と九州北部に集中する。九州北部の山岳霊場遺跡では、大宰府周辺の四王子山・宝満山、豊前は彦山・求菩提山、豊後では六郷満山・宇佐で経塚が発見されている。彦山では北岳・中岳・南岳に経塚群が展開し、南岳から永久元年（一一一三）銘の銅製経筒、北岳から同時期の銅製経筒が出土し、二峰併せて七合から八合が出土した。北岳の祭神の本地は阿弥陀で、浄土思想の影響が色濃い。北岳では経筒の台座に宋人と思われる王七房の墨書名が確認され、渡来人も経塚造営に関与していた。統一新羅時代の金銅仏（八世紀）も発掘されている。『彦山流記』は久安元年（一一四五）に銅板経を中岳宝殿に奉納と記し、求菩提山の普賢窟の銅板経や六郷満山の長安寺出土の銅板法華経と同様の可能性がある。九州北部には経塚文化圏が広がり［九州国立博物館編二〇一三］[35]、熊野との交流を通じて、彦山には独自の浄土世界が作られた。但し、経塚は現世利益も求めており、来世往生を願う浄土信仰だけではない。埋経は岩陰が多く、磐座信仰で、山頂祭祀でもある。経文の力の大地への浸透も考慮されるべきかもしれない。

第三は臥験《がげん》の活躍である。窟で参籠した行者は「臥験」と呼ばれ、験力を獲得したと語られる。法蓮・木錬・静暹《せいせん》は、豊前行者の評価を高めた。静暹の空鉢譚は、比叡山・比良山・信貴山・白山・書写山・背振山で活躍した修行者たちの伝説と類似する。空鉢は山岳での修行の証であり、獲得した験力を誇示し、護法童子を使役する能力を示す。験競べとしても語られる。護法童子は山中の霊でもあり眷属ともなる。山中の眷属は、大峯山は八大金剛童子、葛城山は七大金剛童子だが、彦山は一万金剛童子を護法とする。「臥験」は験力で童子を使役し、山麓各所の地主神を大行事とし眷属に従属させて定着させた。彦山は大峯写しの行場を作ったが個性的な発展を遂げて後の修験道の隆盛につなげたのである。

「臥験」「山臥」「山伏」「修験」の概念は次第に整理されていった。印信や切紙を集成した智光・蓮覚編『修験三十三通記』や即傳『修験修要秘決集』（大永年間・一五二一〜一五二八）[36]などの教義書が彦山で集大成された。後者は修行して自己の心の中で真理を悟る内証山伏を「山臥」、修行の後に下化衆生《げけしゅじょう》のために出峯した外用山伏を「山伏」とし、山臥から山伏への質的変化を記す。山での修行や参籠の後、体験と力を生かして広い世間で活躍する山伏へと変貌し、自利行から利他行へ、上求菩提から下化衆生へと展開した。法蓮・木練・静暹《せいせん》は、豊前行者の験力の高さを誇る。静暹上人は空鉢譚を伝え、信貴山の命蓮、白山の泰澄、書写山の性空、比良山の空鉢、播磨の法道と同等である。山中の眷属は、大峯山は八大金剛童子、葛城山は七大金剛童子、彦山は一万金剛童子が護法となり山麓各所の大行事を眷属として定着させた。いずれも元は地主神である。彦山は吉野・熊野、京都・奈良と共通する修験道の実践を展開する一方で、個性的な発展を遂げた。

第四は熊野の影響の強さである。熊野信仰の彦山への導入は、永暦元年（一一六〇）に、後白河上皇が院御所の法住寺内に熊野権現を勧請し新熊野《いまくまの》社として祀ったことが契機で［長野一九八七：一四〜一一六］、養和元年（一一八一）には社の維持費として、課役《かえき》・国役《くやく》を永代免除された不輸権を持つ二十八ヶ所の荘園が寄進され、その中に「鎮西彦山」と「立山外宮」が含まれていた。彦山には今熊野窟が設けられ熊野権現が勧請された(37)。彦山三所権現の構成は熊野三所権現に倣った可能性がある。『熊野権現御垂迹縁起《くまのごんげんごすいじゃくえんぎ》』と『彦山流記』は類似性が強い。権現の由来譚が双方とも彦山を日本渡来の最初の地とし、東方へ進み熊野を目指す。ただし、彦山は新宮から引き返して彦山に鎮座したとされ、微妙な対抗関係を伝える。今熊野窟近くの岩屋には嘉禎三年（一二三七）刻銘の梵字と勢至菩薩像が残る。銘文には、一字三礼して『法華経』を書写し、阿弥陀三尊を岩に彫り、三所権現を祀り、梵字を岩に刻み、供養法を修したとある。阿弥陀は熊野本宮の本地である。宝珠山窟は熊野岩から宝珠石が涌出し「玉木窟」（玉置山）と呼ばれ、大廻道に「湯谷《ゆや》権現」（湯谷＝熊野）が祀られて山伏守護とされる。平安時代後期から鎌倉時代中期には、彦山と大峯山と熊野が連携して、浄土思想を受容しつつ独自の発展を遂げたのである。

八　仏教言説の神道化

開山伝承を詳細に記すのは『鎮西彦山縁起』（元亀三年・一五七二）である。『日本書紀』を援用し、役行者を登場させて修験の影響の下で神仏混淆の世界を描き出している。『託宣集』の影響も受けている。内容は、彦山四至、祭神の彦山降臨、善正と忍辱の開山伝承、役行者の遍歴、法蓮の彦山中興、色定法師の一切経書写、増慶による松会の創始の総計七段からなる。祭神降臨までの概略は以下の通りである。(38)

山名の日子山は日神之御子《ひのかみのみこ》がこの地に降り、寺号の霊仙寺は霊鷹の大仙賓がいたことに因むと述べる。田心姫命《たごりひめのみこと》・瑞津姫命《たぎつひめのみこと》・市杵嶋姫命《いちきしまひめのみこと》の三女神は日神の勅《みことのり》を得て、初めは宇佐嶋《うさじま》に天降り、後に彦山に移った。大己貴神《おおなむちのかみ》は田心姫命・瑞津姫命を妃として北嶺に鎮座し北山地主と称した。市杵嶋姫命は山の中層に鎮座した。

天忍穂耳《あめのおしほみみ》尊《のみこと》は鷹となって東から飛来してこの峯に留まり、八角真霊石の上に降りた。地主の大己貴神は北岳を天忍穂耳尊に譲り、田心・瑞津の二妃を伴って山腹に降りて日子と号して樹に留まった。この後、三女神は宗像宮《むなかたぐう》へ、大己貴神は許斐山《このみやま》に遷った。伊弉諾尊・伊弉冊尊《(ママ)》が三羽の鷹となって飛来し彦山に留まり、伊弉諾尊は中岳、伊弉冊尊は南岳に留まり、三羽の鷹は石像に変じた。頭・身・足・翅いずれも見事に備わっていた。三羽の鷹はここに棲む。彦山では鷹は神霊の顕れ、神霊のお使いである。次に菊理姫《きくりひめのみこと》命が来臨して白山妙理権現として顕れた。高皇産霊《たかみむすびのみこと》尊が神居とし、山の惣大《そうだいぎょうじ》行事権現となった。彦山三所、玉屋窟・大南窟・智室窟・惣大行事・白山・中宮・北山殿・鷹栖窟は彦山十二所権現（一社は深秘）として下宮で祀られた［長野一九八七：四五］。豊前窟は大聖大日如来の変化身の豊前坊を祀る。

本縁起では宗像三女神との関連が強調される。『彦山流記』では権現と宗像の社地交換が記されていたが、本縁起は宗像を正面に出し宇佐の八幡信仰との関係が強まる。三女神が最初に宇佐に降りることで話が始まり、神々の移動経路は、三女神→宇佐、大己貴神と二女神（妃）→北岳、女神→宗像（現・宗像大社）、大己貴神→許斐山、天忍穂耳尊→北岳、伊弉諾尊（鷹）→中岳、伊弉冊尊（鷹）→南岳、三山の神（天忍穂耳尊、伊弉諾尊、伊弉冊尊）→三羽の鷹となって鎮座となる。これ以後、白山妙理権現、惣大行事権現、十二社権現、豊前坊など山中の神霊と眷属の所在が述べられる。熊野信仰だけでなく白山信仰の影響がある。『彦山流記』には、下宮の宝殿に、三所権現・白山大行事・玉屋などの御神体が安置されていたと記す。『彦山流記』には記紀神話を元に仏教言説を介して脱構築して作られた山の神々の由来が記されている。『彦山流記』以前の古縁起、『鎮西彦山縁起』が参照した先行の縁起の伝承の混在もあるだろうが、失われた古縁起に関しては、推測の域を出ない。

九　善正と忍辱、そして法蓮

『鎮西彦山縁起』は三女神の天降り伝承の後に、彦山の開山者とされる善正の事績を述べる[41]。善正の具体的な伝承は本縁起が初出である。概略は以下のようである。

継体天皇二十五年（五三一）、北魏の僧である善正が渡来し、異域の神（仏）を奉じて山中の巌穴で修行をしていた[42]。ある日、日田郡藤山村の猟師（狩人）、藤原恒雄《こうゆう》が山中に入り一頭の白鹿を射た。三羽の鷹が檜の樹上に飛び来たって、一羽は嘴で白鹿の矢を抜き、一羽は翅で血を拭って傷口を治療し、一羽は檜の葉に浸した水を与え、白鹿は生き返った。三羽の鷹は檜の樹に帰った。恒雄はこの霊異を見て鷹も白鹿も霊神の変化とわかった。恒雄は山中で出会った善正に諭されて、殺生の罪を悟り、弟子となって剃髪して忍辱《にんにく》と名乗り、異域の神を祠に祀った（図5―8）。忍辱は日本最初の僧となった。宣化天皇三年（五三八）のことという。忍辱は身には葛をまとい、綿帛は着ず、塩と穀物を断ち、油も酒も用いない苦行と修練で修行し、鷹も鹿も神の化身で方便で本地の仏身ではないとして経を誦み一心に祈ると、北岳に僧が現われて阿弥陀が垂迹して神になり、南岳には俗形で釈迦が神に変じて現われ、中岳には女性の姿で現れて観音が本地だと告げた。忍辱は初めて仏菩薩の名を聞き身の毛を逆立て感極まった。忍辱は三所権現と本地を感得し、三つの岳の頂に

図５―８　善正上人と藤原恒雄。17～18 世紀。英彦山神宮蔵

茅で祠を造って祀ると霊験が新たかであった。白鹿を射た所には神霊を祀る祠を立て、狩籠《かりこめ》護法神とした。[43] 現在も「中宮」近くに狩籠護法が石祠に祀られている。仏法に帰依し開山者となった狩人は護法神になったのである。『鎮西彦山縁起』は、藤原恒雄が僧になった年を宣化天皇三年（五三八）とする。[44] 宣化天皇三年は、『元興寺伽藍縁起并流記資財帳』や『上宮聖徳法王帝説』が記す仏教公伝の年で史実に符合させる。ただし、『日本書紀』は仏教公伝は欽明天皇七年（五五二）と伝え齟齬が生じている。[45]

本縁起では、殺生を悔い改める契機となったのは鷹で彦山の神のお使いであった。猟師は僧侶の善正と出会って諭されて殺生の罪を悔い改める。狩猟民の生活世界が直接に仏教化されていく過程が描かれている。開山は大陸からきた善正と、地元の藤原恒雄（忍辱）という二重性を帯びる。仏教伝来という大きな実年代の出来事も盛り込まれた。ただし、縁起にとって実年代や奥付は参照点に過ぎず、時空を超越したモノガタリ世界を構築する。

開山伝承に引き続き、『鎮西彦山縁起』は、役行者の伝記を述べ、修験道の影響が強まった状況が窺える。それによると、役行者は大宝元年（七〇一）の春、老母を背負って彦山に登り、深山を経て宝満山（竈門山）に登り、海浜を経て入唐して、崑崙山《こんろんさん》の西王母《せいおうぼ》の石窟に入った。その後、九州に再び来て、福智山から宝賀原《ほうがばる》を経て彦山へ、そして宝満山を経て大峯山へ行ったという。行程の前半は彦山の春峯、後半は秋峯の峯入り道と一致し、室町時代後期に修験道の教義が整い修行道が確立して後に挿入された可能性が高い。ただし、開山者の善正や忍辱には神仙の様相があり、役行者も同様であり、修験道が仏教・神仙思想・山岳信仰の混淆であることを改めて認識させる。

十　中世における勢力の広がり

『彦山流記』は中世彦山の勢力の巨大さを伝える。当時の領域（四至）は、東は豊前国上毛郡、南は豊後国日田郡、西は筑前国上座郡・下座郡・嘉摩郡、北は豊前国田河郡という広大なものであった。この記録は後に密教の教理に基づく七里結界を主張する根拠として利用された。四至の域内には彦山権現の補弼神《ほひつ》（守護神）の大行事として高皇産霊神《たかみむすびのかみ》が祀られ、各村の鎮守となり、最盛期には四十八ケ所、あるいは三十六ケ所に勧請したと伝えられる。明治以後には大行事は高木神社となった。彦山は強固な広域信仰圏を形成していた。

『彦山流記』によれば、山中では三峯に三所権現を祀り、四十九の窟に守護神の童子を配し、三所権現に九神を合わせた十二所権現も祀る。天台宗霊仙寺の大講堂を中心に堂塔伽藍が造営され、南谷・北谷・中谷・惣持院谷に二百余坊があった(46)。大講堂に講衆百十人、先達二百五人がいたと記す。同書の「山内年中仏神事」によれば天台宗の仏教行事が大半で、正月修正会と論義講、二月舎利会、三月最勝会、六月四日伝教大師御忌、七月安居結願会、八月如法経会、九月大念仏、十月一切経会などが行われ、天台系の仏教行事が主体で、彦山修験の特徴をなす松会や峯入りの記述はない。講衆を学侶、先達を行人と見なせば、数多くの修行者が山での験力獲得を目指していたと見られるが、洞窟での参籠が主体で、山から山へと縦走する修験の峯入りは体系化しておらず、本格的な修験道の成立に至る胎動期であった。当時は、山中の四十八ヶ所の大行事の窟を巡る修行が重要であったと推定されている［山本二〇二三］。

室町時代の彦山の信仰圏の広がりは、修験の呪符で除疫や福寿増長を願う牛玉寶印《ごおうほういん》の料紙の普及状況で知ることができる。権現の眷属やお使いの鳥や動物の形を文字に図案化した護符で、彦山では鷹、求菩提山では烏、八面山では鳩を使う。彦山牛玉の初見は、肥前の武雄神社文書に見える建武三年（一三三六）の沙弥慈因起請文で、神霊のお使いの「三羽の鷹」を用いる。彦・山・印の上に鷹がとまる構図で、熊野の牛玉寶印に類似するという［松川二〇一七：一三二］(47)。戦国時代は大名や領主の間での同盟や主従関係を神明に誓うことで強固にする起請文の交換が頻繁に行われ、牛玉寶印を押した料紙が用いられた［相田一九七六］。九州では、彦山の他には、筑前の宝満宮、肥後の阿蘇宮、日向の鵜殿《うど》宮などの牛玉があるが、北部九州の戦国大名の多くは彦山を用いることが定式化した。彦山は、牛玉寶印の広がりから、室町時代には九州全域に勢力を拡大して巨大な信仰圏を保持し全盛時代となったことが知られる。なお、熊野では烏牛玉が用いられ、那智では文安二年から明応三年（一四四五～一四九四）の間に盛んに作られた。最古の牛玉寶印は東大寺文書に残る文永三年（一二六六）の起請文で、東大寺二月堂と熊野の那智瀧寶印である。

十一　中世彦山の行者伝承

彦山の中世の記録は乏しいが、『彦山流記』が記す山岳行者の伝承は、(48)当時の修行の実態を伝え、女性観に関しても近世以降とは大きく異なる。以下、長文になるが引用する。

九州斗擻《とそう》の間、肥後國阿蘇の峯に攀登《はんとう》す。嶺嶽の為躰《ていたらく》、七寶所成の峯高く峙《そばだ》ち、遙かに四門の扉を開く。八功徳水の池、潔《きよ》く澄みて、自ら五色の波を畳《たた》む。四波羅密・三解脱門、皆其の音を供えたり。南山の影、西日の光、悉《ことごと》く異色有り。金洲の濱に銀砂を敷く。眞珠樹々間、花色を交え荘厳浄土の如し。更に凡夫の所見に非ず。行者希有《けう》の心を発《おこ》し、寶池の主を拝せんと願い、信心堅固にして、般若の法味を捧ぐ。未た三巻を誦せざるに、先づ鷹の形を現わす。行者の云く。鷹は是れ小鳥の王、寶池の主に非ずと云う。重ねて秘密咒を誦するに、俗形を現わす。是《これ》に行者云く。俗形は是世間の躰《てい》なり。全く池の主に非ず。又法花経を誦すに、僧形を現わす。是、佛法の主たれとも、寶池の主に能わず。此等皆偽事《にせごと》と云う。次に小龍の形を現わす。行者なお之《これ》を用いず。次に十一面観音と現す。光明赫々《かくかく》、なお以て之を用いず。吾は寶池の実體を拝せずんば帰らずと云う。心信を尽し、肝膽《かんたん》を砕きて、顕密の貴文を誦し、弥法味を増すに、已半月に及びて、敢えて見る物なし。時に、池中より声あり告げて云く。寶池の正體に於ては、汝拝すること能わず。罪障尚重きが故なり云々。爰に行者、大嗔恚《しんい》を起して云く。我是《われこれ》、大聖明王の持者、三界攝領頼み有り。悪魔降伏疑わず。十二大天加護、八大童子の随形、第六天の魔王尚繋縛《なおけいばく》す。何んぞ況ん余の者をやと云う。経論章疏《きょうろんしょうそ》の要文を誦し、秘密の眞言神咒を唱えて、邪正一如の観念を凝らし、真二諦の法理を修するの間、山動き地騒ぎ、四方悉く長夜の闇の如し。爰に九頭八面大龍出現して、山よりも高く、嶺よりも長し。一面に三目有り。春の日竝出に似たり。九頭に三目あり。暁の星の照り耀《かがやく》が如し。口大火炎を吐き、迦楼《かる》羅焔《らえん》に同じ。其身虚空に満てり。其の氣、大風の如く、眼《まなこ》を開いて之を看るに、再び之を見ること無し。行者迷悶して既に呑まれんと思う。数《しばしば》、強盛の念力を発して、所持の金剛杵を以て、正面の一眼中に之を打ち留むるに、夢の如く四方悉く晴たり。行者寶池の本主を見て、本意を遂げ、速《すみやか》に下向の路に、俄に大雨降りて、洪水張《みなぎ》り来りて澗河《かんが》渡るを得ず。途中に煩うの処、山中に一小屋有り。行者立寄りて之を見るに、若き女人の有り。瑞巌、饗応丁寧なり。傍に又人無し。行者濕衣《ぬれごろも》を脱ぎ、裸にて火の辺に居る。女人之を見て、己か衣を脱ぎ行者に与う。行者、我か身清浄なり。不浄衣を着すべからずと云う。女人、行者の氣色を見て云く。傳え聞く、一子の慈悲、平等なれば、佛は浄・不浄を嫌わず、適々《たまたま》行者の衣濕《ぬ》れたり。只、之を着給へ。我且は行者に結縁し奉らん。と云うて、強く着せしめんと欲す。行者、尚以て辞退す。爰に、行者思わく。我未だ男女の交會を知らず。今試さんと思うと云う。女人の云く。裳《も》をだに嫌《いや》かるに、交會は恐んやと云う。固く辞し之を用いず。行者無道に押し犯さんと欲す。女人用いず。行者熾盛の言を発す。仍りて女人云、然《しか》らは先ず口を吸うべしと云う。行者云く、我が身煩悩の依身汗穢不浄なりと雖も、口は是れ日夜秘密眞言を誦す。汝是れ女人なり。口尤も清浄ならず。敢えて吸われずと云う。時に女人云く。然は本意を遂ぐべからずと云う間、力なく口を吸うに、行者の舌、切れて地に落つ。其後、女人大龍の身を現し、霹靂《へきれき》として上天し畢《おわ》んぬ。行者絶入す。一時許りして、蘓息して其処を見るに、女人も無く、小屋も無し。又我か舌も無し。山中に独り居て、心中観念して、不動明王を恨み奉り、大嗔恚《しんい》を発す。抑《そもそも》、件の女人、何佛の変化ぞ、何菩薩の所作ぞ、慥《たしか》に之を顕し給へ、千度触犯、不捨離身とは誰の人の誓願ぞ、是明王の本誓なり。一持秘密咒生々として、加護は何の佛の誓願ぞ。明王の弘誓《ぐぜい》なり。奉仕修行は、尚薄伽梵《ばがぼん》の如きとは、大聖尊の願力ぞかし。二童子と示現するは、凡夫の所現なり。速に之を顕し給へ。我が舌、本の如く成し給へと念願す。不動明王の本質を念じ、煩悩即菩提の観念を凝らして、秘密の神咒を誦し、実数の要項を安ずるに、歳十四五計りなる童子出で来たりて、摩頂すると思うに、我が舌、本身の如くして、心安楽なり。時に空中に声有り。告げて云く。我、汝法施妙なるに依り、種々身形を現すと雖も、眞実の正躰を云へば、極楽世界には、阿弥陀と云われ、娑婆忍界には、十一面観音と云わる。再び御嶽に登って、重ねて実躰を拝すべしと云々。仍りて嶺嶽に昇って彼の寶池を見るに、徳無しと云う。蓮、大なるを見、池、深きことを知り、雨の盛なることを見、龍嗔《いか》ることを悟ると云う。此思を以て、彼我寶池の実躰を見ることを得たり。龍神は彼の池に和光眞身を顕わして、化度《けど》の利生《りしょう》を施すか。空中に又声ありて云く。汝の法樂に酬いて、種々の身形を示すと云へども、眼根尚《なお》障り有る故に、本地を見ること能わず云々。行者、重ねて定印に住して、無生懺悔を凝らす。時に霊峯の頂より、十一面観自在尊、千葉の蓮華に坐って、大光明を放ち、行者の頂きを照らす。彼の光明、十万世界を照らし、卌二相八十種好具足して、金容躰を拝し奉り畢んぬ。所謂先づ鷹の身を現するは、是霊山會に於て、法花を説く時、同聞衆《どうもんしゅう》の形なり。次に俗形を示すは是《これ》彦盤龍命大明神なり。次に僧形を示すは、比叡山の座主良源なり。龍身は、寶池の主、無契池大龍なり。十一面観音は、是當峯常住本尊大悲利生の実躰なり。凡眼罪障故見せしめず云々、行者心中に、歓喜踊躍して、作禮して去りぬ。此大龍は、法花を説く同聞衆、娑伽羅《しゃから》龍王の阿那婆達多《あなばだった》龍王の第三の王子なり。是則ち、十一面観音の化身か。[49]

阿蘇山で修行した行者は、最終的には、龍との交渉を経て、山神の本地である十一面観音を感得するのだが、そこに至るまでの男女の微妙なやりとりが克明に描かれている。

十二　行者と女人

『彦山流記』の行者と女人の話の大筋は、以下のようになる。

肥後國の阿蘇山を斗擻《とそう》した行者が、山中の寶池に至り、池の主を拝したいと願って経文を誦えると、鷹、小龍、十一面観音が順番に現れた。さらに池の主の正体を求めて祈ると、九頭八面大龍が出現した。本意を遂げたので下山したが、途中に大雨に遭って川を渡れなくなり、山中に山小屋があったので入ると女人がいた。行者は湿った衣を脱いで裸になって火の近くにきた。女人が着衣を脱いで与えようとすると、行者は我の身は「清浄」なので、「不浄衣」は着られないといって拒否する。女人は「佛は浄・不浄を嫌わず」といい無理に着せようとする。行者は性欲がつのり「男女の交會」を望んだが、着衣を嫌うのにどうして「交會」をと女人は拒否する。女人は「口吸」はどうかという。行者は身体は「不浄」だが、口は真言を誦える所だと逡巡する。女人は口は「清浄ではない」と応えたので、行者が力なく口を吸うと舌を切られて気を失う。女人は大龍の姿となって昇天した。暫くたって行者が蘇生すると女人も舌も小屋もなく山中に独り居た。不動明王を恨んで秘密の神咒を念じると、十四、五歳の童子が現われて頭をなでた。不思議にも舌が元通りになって心が安らかになった。空中から声があって真の正体は極楽では阿弥陀、娑婆では十一面観音であると名乗り、再び御嶽に登って実体を拝せよという。寶池に登り、霊峯の頂きから現われた本地の十一面観音を拝むことができた。

この話は十一面観音が行者の持戒の堅固さを試した方便の教訓話とみられるが、同時に清浄と不浄を巡る行者と女人の認識の違いが浮かび上がる。関係性によって清浄と不浄の位置付けが変化する。行者は自己の身体は「清浄」なので女性の衣を「不浄」として着衣を拒否する。一方、行者は「交會」を望む時には身体は「不浄」、口は真言を誦む「清浄」なものだという。一方、女人は口は「不浄」だといい行者も逡巡しつつ受諾するが、舌を切り取られる。男と女のセクシュアリティ、清浄と不浄、身体と口と舌という開口部を巡る穢れの意識化が描写され、不浄と清浄は文脈によって転換する柔軟性がある。教学の立場から、女人の罪障観にも言及される。抖擻が深層では聖性と俗性が交錯する修行であることも暗示する。他方、山の神の本地は十一面観音で女性とされ、密教の性力と共に「いのちの源泉」としての山の力への信頼を語る。穢れの逆転を含めて、多様な解釈が渦巻く縁起である。

修験の教説からの解釈も可能である。『修験三十三通記』は身口意の三密という密教の教説を重視した実践を説く。迷妄に執りつかれれば罪業悪障（邪淫・殺生・偸盗）となり、妄執がなければ「密印」（仏菩薩の本誓）となると説く。また、修行では「戒」の遵守が基本であり、山中での性的な欲望に関しては「持戒」が要請される警句と考えることもできよう。行者は在俗で日常生活では妻帯し半僧半俗も多いが、厳格な山岳修行の場では持戒が求められる。「極秘分七通　第一峯中本有灌頂事」によれば、「問う。若し身相挙動、舌相言語みな密印と云はば、今當に凡夫、女人と交会して、生命を殺害し、人物を犯盗せば、其の中の原語、身相亦た皆密印なるや。答う。経に曰く。但だ其の執を除けども、其の法を除かずと。故に十悪に約して、若し妄執有らば、則ち罪障悪業を成ず。若し妄執無ければ、則ち密印を成ずなり」とある。凡夫の女人交会、殺害生命、犯盗のような言葉や実相は密印である。女性に関する見方は、教義と実践で微妙に変化するが、教義上ではあくまで妄執を断ち切ることが強調される。

彦山は大峯山や羽黒山と並ぶ、修験道の三大根拠地であったが、女人禁制・女人結界の記録がない。彦山の特徴は、一山を統括する座主は妻帯世襲で、戦国時代には女座主もいた。女人結界は確認されていない。「山の結界」は、『彦山流記』には、彦山の四至（東西南北）が記され、七里結界が設けられていた。江戸時代には山麓から山頂にかけて天台教学に基づく四土結界、凡聖同居土《ぼんしょうどうごど》（六道界）、方便浄土《ほうべんじょうど》（声聞・縁覚界）、実報荘厳土《じっぽうしょうごんど》（菩薩界）、常寂光土《じょうじゃっこうど》（神仏界）が設けられて幕末まで遵守された［長野一九八七：二八二〜二八四、四二七〜四三〇］。方便浄土には妻帯修験が居住し、女性も普通に生活していた。ただし、出産は山麓の南坂本や北坂本に降りて、諸坊家の女性の産所で行い、産後四十九日間をここで過ごした。坂本は「凡聖同居土」の世界［長野一九八七：四四四、四六〇］とされた。産穢は意識されていたのである。

富松坊広延『塵壺集』（宝暦十二年・一七六二）に、「服忌は僧尼に限らず在俗の者、参詣の人も憚りなし」[50]と記され、死穢は厭わない。ただし、「触穢の大事」に「女性道者の道中より月水」とあり、月水が始まった時の拝殿登殿の禁忌は定められていた。血の穢れに関する禁忌は強かったのである。ただし、女性の穢れの認識は「一時的規制」で、「恒常的規制」には展開しなかった(51)。彦山の近くの宝満山も女人禁制・女人結界の記録はない。ただし、『竈門山旧記』坤巻では女人結界はあったが、坊中は里に下って消滅したと記されており［森二〇〇八：三三二］、中世から近世になって変化したことを示唆している。

彦山は、山と里での男女の行動規範が定められ、相互補完関係が構築され、女性の禁忌には柔軟に対応し状況に応じて読み替えてきた。これは霊場の地域性や個性に基づいている。彦山には女人禁制や女人結界の記録はない。彦山では女座主も受け入れており、彦山の女性に対する許容度の高さがわかる。中世においては独自の伝承が伝えられていた。

十三　彦山と中央とのつながり

南北朝時代に彦山は中央と強い繋がりをもつようになった。吉野が南朝方の拠点となって京都の北朝方との争いになり、大峯山での修行が困難になったので、彦山に下向して修行場にした修験も増加した。彦山は、正慶二年（一三三三）、豊前国の地頭であった宇都宮信勝の推挙で、霊仙寺の初代座主として京都から後伏見天皇の皇子の安仁《やすひと》親王を迎え入れた。得度して助有法親王となった。これ以後、彦山の衆徒・社僧・山伏を統轄する世襲妻帯の座主制が成立した。座主は彦山ではなく筑前国黒川（現・朝倉市）に御館《おたて》を構えて山内の政務をとった。座主制の成立で一山組織は強化され軍事的にも巨大化した。黒川での政務は正慶三年（一三三四）から天正十五年（一五八七）まで続いた。戦国時代には、肥前の龍造寺氏は田地の寄進を繰り返して彦山の懐柔を試み、豊後の大友氏は身内を座主に推挙するなど様々に動きを見せたが、争いとなって彦山は焦土と化した。戦国時代の末期、毛利勝信は身内を座主につける画策をしたが、彦山側は対抗して前座主舜有の孫娘の昌千代を天正十五年（一五八七）に座主に据え、慶長六年（一六〇一）まで在職した。(52) その結果、毛利家と争いとなり、最後は徳川家康の裁断で彦山の勝訴となった。

室町時代の彦山は、熊野・白山・羽黒と並び称されるようになった。その様相は謡曲などの文芸作品に窺える。世阿弥（一三六三～一四四三）の謡曲『花月』は彦山と京都の清水寺を舞台とする話である。彦山の麓に住む佐藤家継の七歳の息子は霊仙寺で学問を修めていたが、寺の帰り路傍の石に腰を下ろしていたら天狗に攫われて行方不明になった。父親は悲しみの余り出家し、我が子を探して諸国遍歴の修行の旅に出る。都の春に清水寺にお参りする。僧侶は清水寺の門前の人に何か面白いものはないかと問いかけ、花月という少年が面白い曲舞《くせまい》をするというので、呼び出して小歌を謡わせる。花月は桜を踏み散らす鶯を懲らしめ、弓を射ようとするが、仏教の不殺生戒に従って思い止まる。花月は清水寺の由来を演じる曲舞を舞う。僧侶は花月が息子だと確信して名乗りを上げ、喜びの父子対面となる。花月は鞨鼓《かっこ》を打ち、天狗に攫われてからの旅路を舞で演じ、父の僧侶と一緒に仏道修行に出る。

世阿弥の弟子の宮増《みやます》作とされる謡曲『大江山』は酒呑童子《しゅてんどうじ》の鬼退治の話で、源頼光とその一行は

図5―9　酒伝童子絵巻。下巻部分。重要文化財。16 世紀。サントリー美術館蔵

勅命を受けて大江山に向かう（図5―9）。武士であることを隠して山伏に扮して乗り込むが「筑紫彦山の山伏」と名乗っている。酒呑童子を酒に酔わせて退治して鬼の首をとって都に凱旋した。酒呑童子は元々は比叡山の地主神だったが、追われて大江山の鬼になったという設定である。山伏の験力は鬼に打ち勝つとされていた。また、世阿弥作『丹後物狂』では主人公の花松は彦山で勉学に努めたとある。謡曲『鞍馬天狗』では、京の鞍馬山大天狗が遮那王牛若（源義経）に剣の手ほどきを行い、平家打倒に備える。「そもそもこれは鞍馬の奥僧正が谷に年経て住める大天狗なり」「まづ、御供の天狗は誰々ぞ、筑紫には彦山の豊前坊」とあり、彦山の天狗として名高い豊前坊は、鞍馬僧正坊の供の天狗として牛若に剣術の手ほどきを行ったとされる。

彦山の山伏は当時の京都とその周辺で広く知られていた。謡曲を通じて彦山の霊験が伝わり知名度が広がっていった。室町時代は、修験道が確立した時期で、十五世紀以降は教団化が進んだ。こうした時代背景の中で、修験は、謡曲や能などの演劇を取り込んで、権力者の庇護を得て、大峯山や彦山の勢力の増大を図り、霊力が広く認められるようになっていたのである。

十四　峯入り

彦山の峯入りの隆盛は南北朝時代以後で、大峯山の吉野が南朝方、熊野が北朝方の勢力圏に入り修行に支障が出たので、「守護不入権」を持って平穏であった彦山での修行が整えられたと推定されている。彦山の組織は、時代的な変遷はあるものの、修験系の「行者方」（宣度《せど》・長床《ながとこ》組）、仏教系の「衆徒方《しとがた》」（加法経《ねふぎょう》組）、神道系の「惣方《そうがた》」（神事両輪組《しんじりょうわぐみ》）の三つの集団に大別される［長野一九八七：八一～八七］。峯入りは「行者方」が行った。彦山での峯入りは十五世紀頃に整備され、三季入峯《にゅうぶ》の初見は『彦山諸神役次第』（文安二年・一四四五）であるという［長野一九八七：七五］。本次第には松会や行者講、大廻行など修験の行法が記されている。彦山の峯入りは、春峯・夏峯・秋峯を行い、春峯と夏峯は彦山と宝満山、秋峯は彦山と福智山であった［長野一九八七：七三～八六。佐々木一九七七：三四～六四］。彦山を胎蔵界、宝満山を金剛界とし、春峯は順峯で胎蔵界の入峯で従因至果、夏峯は胎金不二《たいこんふに》入峯、蘇悉地界《そしつちかい》入峯とされた。秋峯は逆峯で金剛界入峯で従果至因《じゅうかしいん》とされた。従因至果《じゅういんしか》（因より果に至る）とは自らの修行により仏に至る、従果至因（果より因に至る）とは仏の悟りを衆生救済に向ける意味である。山全体を曼荼羅と見なし、峯や谷を仏菩薩の居所に意味付け、拝所や行所とし、即身成仏へと向かう。彦山から宝満山まで往復百三十キロメートル、彦山から福智山までは往復百四十キロメートルで、秋峯は北上して洞海湾を望む権現山まで駈けた。山中には阿弥陀が一切衆生の救済のために発願した四十八願に因み四十八宿の拝所が設けられた。彦山の峯入りは、「三峯相承」とされる厳しい修行であった。

彦山の峯入りの特徴の第一は、天台密教の事相に基づいて、修行を金剛界・胎蔵界・蘇悉地界の三峯に充当したことである。金剛界と胎蔵界の両界曼荼羅は、真言宗の開祖空海が恵果から伝法を受けて日本に伝えた。円仁は蘇悉地界を伝え、両界曼荼羅を統合して天台密教をより高度にした(53)。蘇悉地界は虚空蔵院の働きを成就するとされ、中台八葉院を中心に据える胎蔵界曼荼羅の下部にある。

彦山修験は、彦山と宝満山の中間地点、小石原《こいしばる》の深仙《じんぜん》（神仙）宿を、彦山の胎蔵界と宝満山の金剛界が結合する胎金不二の蘇悉地界の聖地とした。深仙では正灌頂を行い、悟りを得て即身成仏を目指した。現在も行者堂が残り、文禄四年（一五九五）寄進銘の役行者像と前鬼・後鬼像、陶製山犬が祀られている。堂前には護摩壇（天明二年・一七八二）、裏手には香精童子を祀る石堂（安永二十四年・一七七三）があり、聖水が湧き出す香水池がある。大峯山の深仙の岩壁に湧き出す香精水と同じで、峯中灌頂に使ったと思われる。近くの行者杉も拝所であろう。かつての彦山修験の聖地の面影を色濃く残している［『小石原村誌　補遺』二〇〇二］。天台宗は、曼荼羅の構成を金剛界・胎蔵界・蘇悉地界から構成される三部の密教を説く。金胎不二を説く真言宗とは異なる。彦山修験では、深仙の灌頂が究極の修行であった。

彦山の特徴の第二は、春峯・夏峯・秋峯とは別に、夏安居（一夏九旬《いちげくじゅん》）のうち三月十五日から五月三十日までの修行中に、彦山山麓の七十四ケ所の拝所を毎日巡る「内廻行《うちめぐり》」（十三キロメートル）と、期間内に四十二ケ所の拝所を一度だけ巡る「外廻行《そとめぐり》」（三十キロメートル）も行ったことである（「彦山霊仙寺境内大廻行守護神配立図《ひこさんれいぜんじけいだいおおめぐりぎょうしゅごしんはいたてず》」永徳三年・一三八三）。内廻は三所権現・十二社権現・四十九窟・華立（福智山遥拝）など入峯と関連する拝所を巡り、外廻は聖域の境界を守護する［長野一九八七：五六〜七〇］。彦山の修行の特徴は、峯入りに留まらず、夏安居の修行として中腹や山麓の窟を巡ることにあった。拝所には護法と呼ばれる神仏の守護霊が岩石や小祠に祀られていた。洞窟の神聖視が顕著である。峯入りへの参加は十五歳からでイニシエーションの儀礼であった。

彦山の特徴の第三は、全体の組織を三つの集団に分けて、峯入りを「行者方」に特化させたことである。修験系の「行者方」の宣度長床組《せどながとこくみ》は胎蔵界入峯と宣度祭《せどさい》（二月十五日）、仏教系の「衆徒方《しとがた》」の如法経組《ねふきょうぐみ》は舎利会（涅槃会、二月十五日）・誕生会（四月八日）・如法経会（三月二十三日）、神事系の「惣方」の神事両輪組の刀衆と色衆（陽と陰）は「松会《まつえ》」（二月十四日・十五日）の中核となった。「衆徒方」の如法経会は、「行者方」の入峯、「惣方」の松会と共に重視された。如法経会は『法華経』を写経して奉納する七昼夜（三月二十三日から二十九日）の行事で終了後は法印大和尚となる。胎蔵界入峯の期間中である。宣度祭は「行者方」の大先達に昇進する儀礼、盛一﨟祭《もれいちろうさい》は「惣方」が宣度行を経て一山一﨟《いっさんいちろう》の最高位を得る儀礼で、松会（図5—10）の時に行われた。春の初めに重要な儀礼が集中する。

図５―10　松会。彦山大権現松会之図。1792 年。英彦山神宮蔵

彦山の特徴の第四は、三つの集団が、年間最大の行事の松会でそれぞれ役割をもって統合されたことである。松会は旧暦二月十四・十五日に執行され、松には息災延命と五穀豊穣を祈る意味も籠められる。「衆徒方」は仏陀入滅の二月十五日に暁から大講堂で舎利会の供養の勤行を行う。「惣方」は十三日に高さ十三間の松柱（神の御柱・大日如来の三昧耶形の五鈷杵）を二本の綱（二大龍王を表す）を使って大講堂前に建てる。十四日は大講堂上の下宮《げぐう》（下津宮）で彦一坊（女装）の神楽、獅子舞、ビンザサラなどを奉納、彦山三所大権現の神輿は色衆・刀衆・御田衆が供奉して銅鳥居の下《した》の宮（旅殿）まで神幸する。十五日に神輿は大講堂前の「神輿休め」に還幸して、流鏑馬・御田祭《おんたさい》を奉納する。御田祭では、最後に神霊の宿る籾が配られ、参詣者は競って拾って持ち帰って田圃に撒いた。神輿は下宮に還御し、獅子舞、長刀舞・延年舞などを奉納、最後に大講堂の前で色衆・刀衆・先山伏が「松柱作法」で弊切りを行う［村上一九九五：九四〜九五］。松柱に幣切山伏が上がり、火打（点火）して御幣の足を焼き、御幣を一刀両断に切れば吉とする呪法である。松柱を陽とし、切り落とされた御幣の神垂《しで》が周囲を取り巻く色衆（陰）の中に散る。人々の上に降り注ぐ紙垂は、精液に喩えられ、陰陽和合で新たないのちの誕生と観念された（『修験六十六通印信』）。

松会後の二月十七日に「行者方」の先達は前山伏から笈を受け取り自坊で祀り当山伏となる。笈には胞衣に擬す斑蓋《あやいがさ》を被せていのちを宿す母胎となる。春峯の胎蔵界入峯は二月晦日に始まり、宝満山まで駈けて山中を経巡り四月十九日に出峯し、死から生への過程を体験して生まれかわる。松会の頃は春の農耕初めの時で、民衆も多数集まり五穀豊穣を願った。参詣者は七万から八万に上ったこともあると伝えられる（『彦山大権現松会之図』松浦史料博物館蔵）。彦山の山内の三つの集団は各々の役割を担って民衆との接点を松会に求めていたのである。松会では彦山修験の儀礼が仏教の外被を纏いつつ農耕儀礼として展開し、修験と民衆を強く結びつけていた。

松会の創始者は『鎮西彦山縁起』には、役行者から十一代目の増慶《ぞうけい》（九一七〜一〇〇六）と記す。しかし、『彦山流記』や『彦山諸神役次第』（文安二年・一四四五）には松会の記載はなく、室町時代中期以降の成立かと推定されている［長野一九八七：四二］。ただし、『彦山諸神役次第』には「増慶社七日参り」と「増慶宮御供」が記されている。増慶《ぞうけい》への御供《ご く》は二月十一日から三日間で影向石《ようごうせき》の上に御供物の粢《しとぎ》をあげて、烏が啄めば吉兆とされて神輿を出した。松会の神輿神幸は烏によって神意を知って開始された。戦前までは烏の飛来を待ち続けたという。八咫烏神事とも言い、熊野の影響は明らかである。粢《しとぎ》は水に浸した生米を砕いて様々な形にして固めたもので古い供物の形態をとどめる。現在も増慶社が下宮の近くに祀られており、熊野信仰と結びつく増慶は松会の創始者という伝説は生きている。

十五　即傳による修行の体系化

彦山の集落は『彦山流記』では北谷・中谷・南谷・惣持院谷の四つの谷で形成されていたが、『彦山諸神役次第』では、五ツ谷・中尾谷・西谷・下谷・智室谷・玉屋谷が記され十の谷に広がった。この繁栄の時代に活躍した修験者に阿吸房即傳《あきゅうぼうそくでん》がいる［長野一九八七：七九〜八二］。下野国の日光山の住客であったが、大峯山などの諸国行脚に上り、永正年間の初め頃に彦山にきた。華蔵院大先達の承運に師事し「山伏道《やまぶしどう》付《ふ》法印証状《ほういんしょうじょう》」を授与され、永正六年（一五〇九）八月に彦山大先達となる。即傳は彦山に伝来する修験関係の行法書《ぎょうほうしょ》、儀軌章疏、印信口決《いんしんくけつ》、切紙《きりがみ》を体系的に蒐集して編纂する事業を行った。即傳は『修験頓覚速証集《しゅげんとんかくそくしょうしゅう》』を撰述して弟子の祐円に与えた。『彦《ひこ》山修験秘訣印信口決集《さんしゅげんひけついんしんくけつしゅう》』には彦山で承運が即傳に授けた印信と、即傳が天文十九年（一五五〇）と永禄元年（一五五八）に定珍に与えた印信が載る。印信とは秘伝とされる峯入り作法や重要な教義を、大先達など高位の山伏が切紙に記して、山中において弟子に与えるものである[54]。彦山での即傳の最後の消息は永禄元年（一五五八）で、同年六月に『彦山《ひこさん》峯中《ぶちゅう》灌頂密蔵《かんじょうみつぞう》』を撰した。彦山在住は五十年を越え、この間に各地の修験道場を巡り儀礼の体系化に努めた。即傳の教理は真言密教の影響が色濃い三輪流神道[55]の即身成仏の印信や切紙が元になっていた。特に十界修行と呼ばれる六道と四聖の段階を経て即身成仏に至る擬死再生の修行の体系化は即傳によることが多い。後世に大きな影響を与えた智光・蓮覚編、即傳改撰の『修験修要秘決集』では、胎内修行を重視し、仏教胎生学で修行を「死と再生」で意味付けている。即傳は大永五年（一五二五）仲秋に北陸道に行脚して加賀国の白山山麓の那谷寺《なたでら》に泊まり、『三峯《さんぶ》相承《そうしょう》法則《ほうそく》密記《みっき》』[56]の草案を編んだ。奥書によれば、即傳は同書の執筆後に、白山の千手峯に登拝したという。即傳はその後に、戸隠山に来住して大きな影響を与えた。天台僧の乗因（一六八二～一七三九）の『戸隠山権現大縁起』は、真言衆徒との争いで非業の死を遂げた宣澄の業績を讃え、開山の學門行者以来の修験の大法の連続性を強調し、「峯入伝授灌頂」「峯中印信」を即傳から授けられ、著作を譲り受けたと記す。[57] 戸隠の修験は即傳によって再生したとも言える［鈴木二〇二四：三三二～三三四］。

即傳は師資相承の秘伝を公にして、後の修験道の基本的教義書を編纂した。修験は元々全てを口伝で伝え、山中の修行は一切秘密とされて、記録には残さなかったが、即傳は敢えて秘伝の大半を書留めて後世に残した。即傳ほど体系的な記述を残した者はおらず、彦山の権威はこれによって高まったと言える。即傳の著作は江戸時代を通して修験道の教義書となって普及した。当山派の行智『木葉衣』（一八三二）[58]は修験道の作法書の代表格であるが、骨子は即傳の著作で、版本として複製刊行されて影響は全国に及んだ。

十六　近世の彦山

天正十五年（一五八七）の豊臣秀吉による九州平定、関ヶ原の戦い（慶長五年・一六〇〇）を経て、徳川幕府が成立し（慶長八年・一六〇三）、細川忠興が豊前国小倉藩の藩主となった。忠興は知行を彦山に寄進し、霊仙寺大講堂を元和二年（一六一六）に再建するなど復興に尽くし、高貴の血筋の者を座主に据えた。彦山の座主は朝廷・公家・幕府・有力大名との結縁を強化した。細川氏は寛永九年（一六三二）に肥後へ転封となり、小笠原忠真が小倉城主となって彦山への寄進は継続した。勅願所の地位を得て、幕府からは座主の代替わりに江戸城で将軍への謁見が許された。慶安四年（一六五一）から彦山と京都の聖護院の間で本末論争が始まる。幕府は慶長十八年（一六一三）の「修験道法度」で全国の修験者を聖護院を本拠とする天台系の本山派と、醍醐寺三宝院を本拠とする真言系の当山派に帰属させたので、聖護院は彦山を末寺と位置づけようとした。彦山が朝廷や幕府と直接接触する際には本寺の聖護院の承認を得るように申し入れがあり、彦山は抵抗を示して対立は決定的になった。最終的には寺社奉行の裁定で、彦山は元禄九年（一六九六）に全面的な勝訴を得て、天台修験別格本山として独立し、九州の末派修験を組み込んで、一山組織を形成した［高埜一九八九：一〇五］。勝訴の背景には彦山と幕府との強い繋がりや、朝廷・公家との姻戚関係があった。羽黒山も延宝四年（一六七七）に天台宗に帰属し、日光山輪王寺の管轄下に入り東叡山寛永寺の支配を受けた。

彦山と朝廷との深い関わりは霊元法皇で頂点に達した。彦山への崇敬の念で銅の鳥居に掲げる勅額の寄進を考え、享保十四年（一七二九）に彦山に「英」の美称を冠した勅号を与える旨の院宣を下したが、実現せずに崩御した。享保十九年（一七三四）、霊元法皇宸筆の勅号を基に勅額が創られ銅の鳥居に掲げられ、「英彦山」と公称するようになった。天皇の権威を背負うことで彦山の霊場としての権威は高まったが、幕末動乱期の紛争では微妙な立場に追い込まれる要因ともなった。

江戸時代には、縁起に関しては『彦山流記』よりも、『鎮西彦山縁起』に基づいて、一般人にも読める『豊之前州彦山縁起』（元禄七年（一六九四）四月十八日奥付、天台沙門孤巌撰）が作成された。本縁起は、大陸からの渡来僧の善正と宇佐の法蓮による開山伝承を基軸に、従来の史料や縁起を取捨選択し、引用を入れ込んで略縁起とした。大陸伝来と仏教伝来の権威が求められたのである。作成の意図は、聖護院に対抗して独立性を維持するための証拠書類でもあり、彦山の正統性を強く主張して、歴史や由緒を語り直した。彦山修験の檀那場廻りには、護符や御札配りや施薬と共に、由緒を説く略縁起が版本として配布されて参詣や勧進を促す媒体となった。

江戸時代の彦山の特徴は、天台宗の教理に従って、山中に四土結界を設けたことである。比叡山や東叡山との繋がりが強まったことが背景にある。山麓から山頂にかけて四つの区分が定められた。①凡聖同居土《ぼんしょうどうごど》、俗人と聖人の混住地で、殺生と五穀栽培禁制、②方便浄土《ほうべんじょうど》、仮の浄土で山伏の専住地、出産禁制（山麓の俗家に下って出産）、③実報荘厳土《じっぽうしょうごんど》、修行専念の報果を得る聖域で、死穢と牛馬を忌む、④常寂光土《じょうじゃっこうど》、永遠・絶対の浄土で、唾・大小便も禁制とする、の四区分である。①と②の境の一の鳥居は表参道の金属製の「銅鳥居」、②と③の境の二の鳥居は大講堂の前の石製の「石鳥居」、③と④の境の三の鳥居は九合目の「木鳥居」を結界門とした［長野一九八七：二八二〜二八四、四二七〜四三〇］。鳥居が境界の表象として意味を持ち、銅→石→木と人工から自然へと変化することで聖性を高揚させた。仏教の結界を民俗の境界に読み替えたのである。山頂付近の「常寂光土」は仏界（三所権現）、中腹の「実報荘厳土」は菩薩界（寺社）で、修行者以外は立ち入る場所ではないという意識があった。「方便浄土」は山中の十谷に形成された集落で、俗人の登拝者が泊まる宿坊があり妻帯修験の生活の場で、男女の共同生活が基本であった。彦山では女性の許容度が高かった。

彦山は上宮（本社）・中宮（中津宮）・下宮（下津宮）の形式をとるが、下宮は大講堂脇の石の鳥居の上部にあって彦山権現の三体の御正体が祀られ、彦山十二社権現を合祀した遥拝殿であった。中腹は妻帯修験が住んで神仏に奉仕する日常の場で方便浄土にあたる。一般に言われる里宮は、山麓の凡聖同居土にある大行事社になる［長野一九八七：四六］。

集落は、中腹の六百メートル付近の上下で標高差は百メートルの地点に形成され、寛永七年（一七一〇）三月二十二日写の勝園坊文書によれば(59)、坊家二百三十戸、庵室約三百二十七戸、俗家八十戸（町家・農家）(60)、人口は三千十五人で巨大な門前町を形成し「山中の都市社会」の機能を有していた。元禄・宝永年間に近世の最盛期を迎え、修験道を中心とした組織・儀礼・社寺・坊舎の全てが整い、山伏の坊家主体に集落が形成された。全盛期には九州各地に四十二万戸の信徒を有したという。幕末はやや減少し、万延元年（一八六〇）十一月の竈数は、山伏の坊家約二百五十戸、強力《ごうりき》の庵室約四十戸、町家と農家約五十戸、人口は千二百人であった（高千穂家文書）。中核は、坊家（上・中級山伏）と庵室（基層山伏）である。坊家は戸主権を持ち、「衆徒方《しとがた》」（天台系）「惣方《そうがた》」（神道系）「行者方」（修行専門の山伏）に分かれ、総称を「山伏・修験」と言った［長野一九八七：七四］。坊跡継承は原則は長男であるが、女性にも継承権はあり、女性の立場も認められていた。

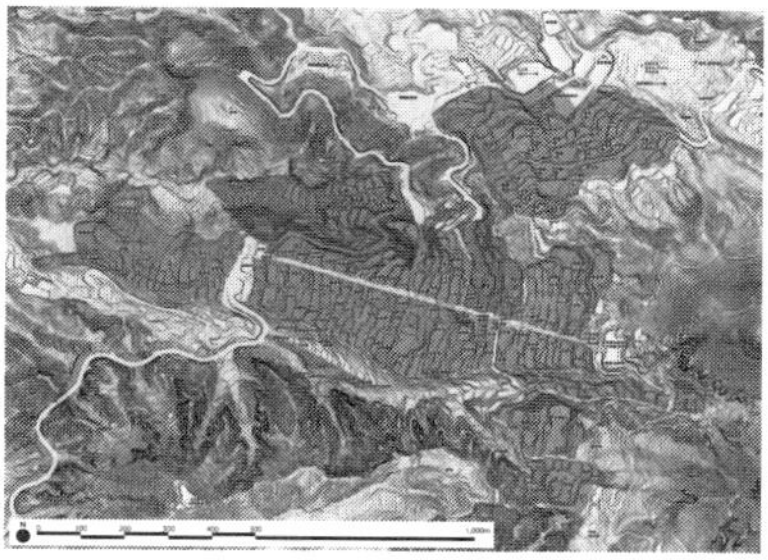
図５―11　英彦山集落跡。航空レーザー写真。写真提供＝添田町。出典：『英彦山綜合調査報告書』（本文篇）

彦山の国史跡指定に関わる文化財調査での航空レーザー測量で、国内最大規模の山伏集落の姿が明らかになった（図5―11）。「英彦山坊院が置かれた谷集落において陰影図等のデータから建物跡と思われる平坦面は全体で六百四十面以上が確認できた。そのうち「明治初年坊中屋敷図」にみえる二百五十坊についてほぼ重ね合わせることができた」［添田町教育委員会編二〇一六：五〇］と報告され、六百を越える屋敷跡が確認された。[61] 座主相有が元禄八年（一六九五）十一月二十四日付に寺社奉行に提出した「彦山之儀往古より別山ニテ立来候覚」（高千穂（上）文書）に「上古三千八百坊在之、当時坊中五百余坊」と記した戸数に近い。巨大な修験の山岳霊場であったが、

図5―12　財蔵坊。旧宿坊。撮影＝鈴木正崇

明治維新で瓦解した。集落は、平成二十六年（二〇一四）現在、戸数八十（旧坊家十七）、人口百四十九人で、かつての賑わいは消滅し、財蔵坊、増了坊、守静坊《しゅじょうぼう》、政所坊庭園などに面影が残るのみとなった[62]（図5―12）。

彦山では檀那場への祈禱や配札は大きな収入源となった。祈禱札には、陀羅尼経文と読誦数を記した巻数《かんず》、肌身に身に着ける掛守《かけまもり》、五穀豊穣・虫除け・盗難除け・牛馬安全の御札、漁師の安全祈願の船玉《ふなだま》網守などがあり、薬（不老圓）も持参した。しかし、聖護院との対立や公家との交渉に莫大な経費がかかり、経済は疲弊した。寛文十一年（一六七一）以後に集落の中に町家が造られ、山内の儀礼の負担や日常生活費は増大し、人口増加が負担になり、九州一円の檀那の新規開拓も伸び悩み、経済的には停滞状態に陥った。幕末には尊王攘夷派の長州藩と佐幕派の対立に巻き込まれた。文久三年（一八六三）に彦山は長州藩に加担したとの密告により、小倉藩が出兵して占拠し、座主を初め多くの人々が小倉で幽閉され、斬首・病死の憂き目にあった。中枢部が消滅した彦山は、政治危機の状況下で、時の流れに対応できなかった。彦山が封鎖されて、廻壇が一時停止され、坊家は極度に困窮したことも痛手であった。彦山の瓦解は、上部の幹部の消滅で一挙に進んだ。緊密な組織で構成されていた彦山は、上層部に空白が生じたことで急速に崩壊したのである。

十七　彦山の近代と現代

大変動の始まりは慶應三年（一八六七）十二月九日の王政復古の大号令であった。「諸事神武創業之始」に戻すという意図のもと、祭政一致が目指された。慶應四年（明治元年・一八六八。九月八日改元）三月十七日付け神祇事務局布達第一六五号で神社の別当・社僧に復飾（還俗）が命じられ、同年三月二十八日付け太政官布告第一九六号の「神仏判然令」では権現・牛頭天王の称号の停止、本地仏の神体の撤去、仏具の排除が命じられ、急進化して廃仏毀釈に進んだ。この二つの指令のうち、後者は一般には神仏判然令、後に神仏分離令と呼ばれるようになった。鎌倉時代以来、長く栄えた彦山修験は完全に解体された。

彦山では、明治元年（一八六八）九月十六日、霊仙寺座主の教有は僧籍を返上して、英彦山神社大宮司となって神祇官の管掌下に入り、山伏は還俗し、一部は神職となった。明治二年（一八六九）正月に急進的な神兵隊が組織されて廃仏毀釈を徹底して行った。明治三年（一八七〇）正月三日に大教宣布の詔勅が下され祭政一致が国是となる。明治四年（一八七一）五月十四日付け太政官布告第二三四号では、新政府は「神社は国家の宗祀」と明言して、伊勢神宮を本宗とし、全国の神社はその下に皇統譜を基準とする社格で序列化されて、国家管理のもとに置かれ、神社の神職の世襲は廃止となった。祭神は記紀神話と『延喜式』(延長五年・九二七)に基いて選定された。明治四年正月五日付け太政官布告第四号の上知《あげち》令で、境内地を除く全ての社寺領は官有とされ、寺社は財政基盤を失い大きな危機に陥った。彦山を支えてきた講や檀那は維持されたが、徐々に勢力を失っていった。

彦山の祭神は、『延喜式』には記載がないので、(63)『彦山流記』を根拠に記紀神話に遡り、天照大神の子の天忍穂耳尊を主神とした。天忍穂耳尊は天孫降臨を行った瓊瓊杵尊の父にあたる。天孫降臨による「天壌無窮の神勅」が彦山の権威を高めることになった。最高位の天忍穂耳尊は中岳の上宮に祀られ、伊弉諾尊と伊弉冊尊は合祀された。北岳に祀られていた天忍穂耳尊は中岳に移され、中岳の伊弉冊尊は天忍穂耳尊に祭場を譲り、南岳の伊弉諾尊は中岳に合祀される(『鎮西彦山縁起』によれば中岳の祭神は伊弉諾尊、南岳の祭神は伊弉冊尊)という重大な改変が行われたのである。明治以後、彦山の最も神聖な北岳はその地位を中岳に譲り、彦山三所権現は一神に変貌し、法躰岳《ほったいだけ》の北岳は祭場から消滅した。

社格制度の導入で、英彦山神社は、明治四年に国幣小社、(64)明治三十年には官幣中社に昇格した。明治五年(一八七二)の修験宗廃止令で修験は正式に解体され、峯入りの一部は継続したが間もなく廃絶した。(65)明治七年六月には禰宜に着任した三井八郎が政府の命令として、仏像破壊や寺院整理を敢行する。[66]大講堂の七体の仏像は廃棄され大講堂の焼却計画もあったが、辛うじて阻止された。政治イデオロギーによる聖地の改変が彦山では顕著であった。

昭和五十年(一九七五)六月二十四日に、英彦山神社は、戦後では全国第三番目の「神宮」に改称されて英彦山神宮になった。改称は勅許の形式を踏んだ。英彦山は天皇家の権威を背負う歴史を歩んできた。室町時代中期からの年間最大の行事の松会は、三月十五日の「御田祭」と四月十四・十五日の「神幸祭」[67]に分離され、松会前の精進潔斎で「垢離八町」と称する御潮井採りは二月末日から三月一日になり、「松柱」は姿を変えて元旦行事となった。御田は彦山六峯でも継続されている。[68]

英彦山では修験道が完全に破壊されたが、近年には英彦山神宮の禰宜を中心に神仏混淆の行事や修験道を復元する動きが始まっている。本格的な変化は、平成二十五年(二〇一三)から観音の縁日にあたる毎月十八日に下宮で禰宜を中心に「神前読経」が始まったことである[白川二〇一七:三四]。英彦山神宮では平成二十七年(二〇一五)に奉幣殿の前で柴燈大護摩供が厳修された。平成二十八年(二〇一六)には、奉幣殿再建四百年を記念して彦山三所権現の御正体を製作して神前に祀り(図5—13)、不動明王を合わせ祀って、比叡山の僧侶と修験者が共に『般若心経』を唱えて柴燈護摩を執行した。現在も柴燈護摩は継続して厳修されている。下宮では毎月第三日曜日に護摩祈禱を行うようになった。令和四年(二〇二二)三月十三日には英彦山修験道の復興を祈念して、高千穂有昭禰宜が下宮で鬼杉不動護摩供を執行した。鬼杉不動は、樹齢約千二百年の鬼杉の落枝

図５―13　彦山三所権現御正体。2016年制作。出典：九州大学大学院芸術工学研究院　知足美加子研究室HP（https://www.design.kyushu-u.ac.jp/~tomotari/hikosanpj2016.html）

（不動明王）と、千本杉倒木（迦楼羅焔）から作られた。霊木からの造像である。高千穂有昭禰宜は、比叡山延暦寺で修行して、神職であると共に僧侶であり、神仏混淆の修験道の復興を試みている。柴燈大護摩は、旧豊前坊の高住神社でも近郷の山伏が集まり、秋十一月の大祭に奉納している。修験道の復活は柴燈護摩が中心だが、峯入り修行にも再興の動きがある。英彦山では「創られた伝統」の行方が注目される。

英彦山は、平成二十九年（二〇一七）二月九日に文化庁より国史跡に指定された。英彦山は日本を代表する山岳信仰の霊場で、修験・仏教・神道の信仰の在り方を考える上で重要な遺跡と評価された。自然との共生や神仏混淆の修験道が見直されることになったのである。今後は保存活用が要請される文化遺産としての英彦山に、どのように対応していくかが課題である。

（注）

（1）彦山の研究は、［長野一九八七］が詳細である。国史跡指定のための近年の共同調査の成果として、［添田町教育委員会編二〇一六。九州山岳霊場遺跡研究会・九州歴史資料館編二〇一七。白川編二〇一七］が刊行されている。

（2）［五来編一九八四：四六三〜四七四。神道大系編纂委員会編一九八七：一〜一六］。読み下し文は、［添田町教育委員会編二〇一六：一四六〜一五三（本文編）］。永尾正剛執筆。彦山の歴史を概観する年譜は［川添・廣渡編一九八六。川添・廣渡編二〇〇三］が詳しい。

（3）彦山の縁起の研究は『増補　英彦山』所収の論考［田川郷土研究会編一九七八］にはじまり、［長野一九八七、廣渡一九九四、吉田隆英一九九八］などがあり、国史跡指定のための文化財調査に伴い翻刻と考察が行われた［添田町教育委員会編二〇一六］。『熊野権現御垂迹縁起』（長寛元年・一一六三）との比較に関しては、［鈴木二〇一八］で検討した。

（4）［五来編一九八四、：四七四〜四八五頁］。［『神道大系』神社編三五　阿蘇・英彦山、一九八七：一七〜三〇］。

（5）日子山は、伊藤常足編『太宰管内志』（天保十二年・一八四一）収録の『彦山記』［伊藤編一九八九：七五〜七八］に、北嶺に「天太子（日胤《ひこ》）水盈尊《みずかめのみこと》」が来臨したことに由来するとあるが、後世の史料であろう［長野一九八七：三九］。

(6)『大日本古文書 石清水文書』四一五。

(7)保元元年(一一五六)の「山王権現勧請由来記」(筑前国鞍手郡畑村)は「宇佐八幡彦山権現同躰」、『長寛勘文』「熊野権現御垂迹縁起」(一一六三)は「日子之峯」と記す。

(8)『霊峰英彦山—神仏と人と自然と—』二〇一七:五二。

(9)『彦山流記』「今熊窟」には「熊野十二社権現と若王子」勧請と記す。

(10)『長寛勘文』所収。『群書類従』第二六輯雑部。

(11)『彦山流記』の原文は、[五来編一九八四:四六三~四七四]を参照した。

(12)古縁起を、伊藤常足編『太宰管内誌』所収の『彦山記』[伊藤編一九八九:七五~七八]とする見解[中野一九七七:三〇]があるが、神祇中心の記述で、本地垂迹を根本に据える『彦山流記』とは異質である。

(13)建暦三年から建保元年(一二一三)への改元は十二月六日で、『彦山流記』の奥付は七月八日である。

(14)山内の遺構や遺物の報告は[添田町教育委員会編二〇一六:三七~一四五]。

(15)『河邊名勝誌』(寛政年間、一七八九~一八〇一)による。現在は三字だが、かつては羅喉星のラーと毘沙門のパイの二字があり計五字であった。羅喉星は大凶で日食を引き起こすとされ白道と黄道の交点の昇交点、計都星は降交点にあり共に悪星である。『吾妻鏡』は弘長四年六月から八月に何度か彗星が現れたと記しており、不動・毘沙門・薬師が凶事を鎮めたのかもしれない。遺跡は古くは平安時代後期に遡り、五輪塔や宝篋印塔の線刻も残る〔『清水磨崖仏塔梵字群の研究』一九九七〕。「彦山住侶」の文字は現在は読めなくなっている。

(16)『霊峰英彦山―神仏と人と自然と―』二〇一七：六五。山伏が着けると十人がかりでも動かせなかったという伝承がある。

(17)『彦山流記』〔五来編一九八四：四六三〜四六四〕。『彦山流記』は卓越した文章能力を持ち仏教に造詣が深い識者が見事な漢文で執筆した書で、彦山での学問の蓄積は深い。

(18)彦山の狩人が狩籠護法として祀られたという伝承は『鎮西彦山縁起』に記されている。

(19)熊野と彦山の縁起の比較と考察については、〔鈴木二〇一八〕参照。

(20)八幡神については、〔飯沼二〇一四〕、国東との関係は、〔飯沼二〇一五〕参照。

(21)原文は「癸丑、施二僧法蓮豊前国野四十町一。褒二医術一也」である。

(22)原文は「戊寅、詔曰、沙門法蓮、心住二禅枝一、行居二法梁一。精二医術一、済二治民苦一。善哉若人、何不レ褒。其僧三等以上親、賜二宇佐君姓一」。仏道と医術に優れていた。

(23)永仁六年（一二九八）の「宇佐宮并弥勒寺由緒記写」（『大分県史料』三〇：一二二）には法蓮を初代別当とする。『託宣集』は、虚空蔵禅院を発展させて宇佐宮の神宮寺の弥勒寺を創建し、初代別当になったと記す。『鎮西彦山縁起』（元亀三年・一五七二）は法蓮は『彦山流記』と同様の事績を記すが、弘仁十年（八一九）以降は時代的に符合しない。

(24)八幡神は『託宣集』によれば、宝亀八年（七七七）五月十八日、御許山《おもとさん》で出家し、導師は法蓮で人《にん》聞《もん》と名乗ったという。史料上では宝亀十一年（七八〇）頃から八幡神は大菩薩を称するようになり、延暦十七年（七九八）以降は「八幡大菩薩」と表記される。

(25)『彦山流記』［五来編一九八四：四六四〜四六五］。

(26) 宝珠に関しては［阿部一九八九。藤巻二〇一七］など多くの論考がある。

(27) 原文は、［重松校注翻訳一九八六］を参照した。

(28) 江戸時代までは宇佐八幡宮は寺院であり、宇佐八幡宮弥勒寺が正式名であった。

(29) 禅院は玄奘の下で学び飛鳥寺（法興寺）を開いて日本に禅を齎した道昭が、飛鳥寺の一角に創設したのが最初とされる。内面の仏性を発見する禅は、虚空蔵求聞持法ともつながり、山林修行者の拠点であった可能性もある。

(30) 山内彦山の高田家の書冊仕立ての完全な写本の翻刻に基づく。

(31)［神道大系編纂委員会編一九八七：三一〜四八］。神道化が進行した状況が読み取れる。一部を掲載する。「此山中宮市杵嶋姫与安芸厳島明神同体、本地弁才天、以鹿為使獣、恒雄所射白鹿蓋此神之応化歟。…（中略）…高皇産霊尊者降臨葦原之後、従高天原降霊于西極霊山、化為水晶、其形八楞縦横八尋、（形数即配八極、人機依八極故成八角、八者陰之数、八尺曰尋、八尋則六丈四尺、象于六十四卦也）経十万歳成乎一角、八十万年作八角形、（十万数之極、合八方、各十万、而曰八十万歳也）為愛皇孫之情鍾、以鸕草尊之季世、出於雪嶺、現于斯山、復成八角八尋水晶、放五色光、…（中略）…経年久後、一夕神石指東飛行、移淡路州、遂留南紀、至崇神二年、復還茲山嶺、形仍旧貫八角水晶而其長改為三尺六寸、此水玉神也者諸冊二尊之輔小白山大行事、本号高皇産霊尊聖観自在之所変也。」

(32)『修験道章疏』第三巻〔日本大蔵経編纂會編一九一九b：三一〇〕。本書は島田家所蔵の古写本に歴代住持が入筆した一子相伝の血脈譜によるとされる。年代は不明だが、彦山修験の法脈を伝える貴重な史料である。

(33) 役行者の直系の弟子とされ、豊前系行者の中に紛れ込んだ。

(34)『霊峰英彦山』二〇一七：六四。

(35) 空鉢譚は飛鉢譚ともいい平安時代から鎌倉時代の説話として多く語られている〔五来二〇〇八：二六四～二八二〕。

(36)『修験道章疏』第二巻〔日本大蔵経編纂會編一九一九a〕所収。

(37)『彦山流記』「今熊窟」には「熊野十二所権現幷若王子等悉奉崇之」と記す〔五来編一九八四：四六八〕。

(38)『鎮西彦山縁起』の本文は、〔五来編一九八四：四七四～四八五〕を参照した。考察としては、〔廣渡一九九四：九二～九七〕がある。

(39)『彦山流記』では伊弉諾尊は南岳、伊弉冊尊は中岳である。

(40) 彦山六峯とされる求菩提山護国寺、普智山等覚寺、檜原山医王寺、蔵持山宝船寺、檜原山正平寺、松尾山医王寺には白山権現が勧請され、蔵持山には白山権現の本地の十一面観音の懸仏（宝治元年・一二四七）が伝わる。『霊峰英彦山』二〇一七：七九。九州北部の大規模な中世の霊場の首羅山《しゅらさん》は白山である、白山は天台宗寺院の鎮守として勧請されるので天台宗の浸透と関連する。ただし、広範な白山信仰の展開には、朝鮮の白頭山信仰の影響も想定される。白岳山の山神、桓雄に因む檀君神話（『三国遺事』紀異巻一。十三世紀）の影響も説かれている［長野・朴編一九九六］。

(41) 善正や藤原恒雄には神仙の様相があり、朝鮮の檀君神話の桓雄の影響を説く説もある［長野・朴編一九九六］。河野彦契『豊鐘善鳴録』（寛延三年・一七五〇）によれば、善正は石窟に居を構え、衣は葛衣をまとい、食は果瓜を食すとあり神仙として描かれている［河野一九七九］。「善正上人・藤原恒雄像」（十七〜十八世紀。英彦山神宮蔵）はこの姿に倣う。

(42) 略縁起では北魏の孝荘帝の皇子が出家したことになっている。

(43) 狩籠護法の表現は熊野の縁起に散見する。

(44) 『鎮西彦山縁起』［五来編一九八四：四七六］。

(45) 仏教公伝の記事には後世の内容が混入して作為性がある。『日本書紀』の記事は八世紀に作成された可能性が高い［吉田二〇一二：一六八〜二八九］。

(46) 後世には、北谷は霊仙谷、物持院谷は別所ケ谷とも呼ばれた。

(47) 熊野の牛玉寶印は、右に「熊野」、左に「山宝」、中央に「印」の字を配し、戦国時代以降は八咫烏に因み烏の絵で文字を作るようになった。

(48) 『彦山流記』［五来編一九八四：四六五〜四六七］。

(49)『彦山流記』［五来編一九八四：四六六〜四六七。廣渡一九九四：二九〜六一］。
(50)『塵壺集』［有吉編一九三二］所収。
(51)穢れや女人禁制に関しては、［鈴木二〇〇二、鈴木二〇二一］を参照されたい。
(52)『塵壺集』［有吉編一九三二］所収。［添田町教育委員会編二〇一六：一五九〜一六〇］。
(53)円仁以後は、智証大師円珍や五大院安然が密教を精緻化して台密を大成した。
(54)彦山に残る最古の印信は、文明十四年（一四八二）の宰相律師宥快相伝の大先達印信二十七通を収録した『修験道秘決灌頂巻』で、寛文四年（一六六四）の書写本である（京都大学附属図書館蔵）。
(55)三輪流神道は両部神道の中心となった。室町時代後期には、真言密教の一法流であったという［伊藤二〇一二：一〇四〜一〇五］。神道灌頂など独自の儀礼が行われていた。
(56)『修験道章疏』第二巻［日本大蔵経編纂會編一九一九a］所収。
(57)即傳と戸隠の関係は、江戸時代の天台僧乗因の著作に詳しい［曽根原二〇一八、鈴木二〇二四］。京都市の真言宗阿刀家には、大永四年に戸隠で伝授とされる書が伝えられている。
(58)『修験道章疏』第三巻［日本大蔵経編纂會編一九一九b］。『木葉衣』［行智一九七五］。
(59)坊家の変遷の詳細は、［添田町教育委員会編二〇一六：三二六〜三二七］参照。
(60)俗家は商人・職人が居住する山内の「町」と、農業集落の北坂本と南坂本にいた。
(61)航空測量による集落図は、［添田町教育委員会編二〇一六：二一七〜三二六］を参照。
(62)守静坊の十代目の長野覺は駒澤大学教授を務め、彦山修験道の研究を長く続けてきたが、令和三年

（二〇二一）に亡くなった。死後、守静坊の運営は徳積財団に託され、宿坊再生の象徴にするだけでなく、彦山地域全体の再興に展開しようと試みており、今後の動向が注目される。京都在住の写真家 Everett Kennedy Brown 氏も協力している。

（63）田川郡三座の鹿春山は香春山《かわら》であり、二ノ宮の天忍骨命《あまのおしほねのみこと》は天忍穂耳命と同名である。『香春神社縁起』はその和魂が彦山に勧請されたと記す。『彦山流記』は、彦山権現は渡来後に香春岳に鎮座したが妨げられて移動して彦山の北岳に留まったと記し、相互に連関がある。

（64）九州地区では明治四年（一八七一）の時点では、官幣社は宇佐神宮（官幣大社、現・宇佐八幡宮）のみで、英彦山神社、大宰府神社（天満宮）、枚聞神社（開聞岳）は国弊小社となった。

（65）竹林庵「山の秘密」（明治四十二年・一九〇九）は、宝満山修験の聞書きで峯入りの実態がわかる。明治になっても細々と行われていた［『小石原村誌　補遺』二〇〇一］所収。

（66）彦山の神仏分離に関しては、［長野一九七八：八八九〜九二四］に詳しいが、多くの史料が失われた。

（67）神幸祭は、現在は四月の第二土曜日曜に行われる。

（68）豊前修験道とされる彦山六峯は、神仏分離以後は大半が神社となった。ただし、蔵持山と貫山を除く四つの山、求菩提山、松尾山、檜原山、普智山では、現在でも御田祭は継続している。松柱の御幣切りを行うのは普智山等覚寺のみである。祭日は旧暦二月から三月や四月に移行した。

第六章　明治維新と修験道

一　修験宗廃止令とその背景

神仏混淆の山岳信仰は、日本人の精神文化を長く支えてきた。モノと心と自然を繋ぐ「信仰」は日々の生活の中に埋め込まれていた。山岳信仰を基盤として修行を体系化して独自の教団形成をしたのが修験道である。鎌倉時代中後期以降に修験道が生成され、江戸時代には民衆の中に深く浸透して広く定着していた。しかし、明治新政府による国家的イデオロギーとしての「神道」と、祭祀としての「神社」を結合した祭政一致政策［井上二〇二四：三〇〇］によって全ては覆った。明治時代初期の神仏分離と廃仏毀釈の影響は現在にまで及び、過去の歴史との断絶や記憶の喪失を齎した。伝統文化の破壊と再構築が同時並行で進んだのが日本の近代であった。山岳信仰や修験道の歴史を知ることは、近代を問い直すことにも繋がる。

神仏混淆の修験道は、慶應四年（明治元年・一八六八。九月八日改元）三月十七日付け神祇事務局

布達第一六五号と、同年三月二十八日付け太政官布告第一九六号のいわゆる「神仏判然令」によって急速に崩壊へと向かった。講を中心とする山岳信仰も大きな試練に直面することになった。「神仏判然令」で最も甚大な影響を被ったのは権現に社僧や別当として奉仕してきた修験者（山伏）であった。その解体は復古神道を進める新政府から見て必然とも言える。修験者は、明治元年から明治四年（一八七一）の間に、寺院として存続する、復飾（還俗）して神主になる、帰農するなどの選択を迫られた。当時の修験者の数は十七万人ともいう［中山一九八四：四二六］。政策はめまぐるしく変わり事態は流動的であったが、明治五年（一八七二）九月十五日付け太政官布告第二七三号として「修験宗廃止令」が出されて解体された。以下では、激動の明治維新における修験道の対応を在地修験と修験の本山の双方から検討する。最初に「修験宗廃止令」の原文を掲げておく［文部省宗教局編一九二一：九〇］。

修験宗ノ儀、自今被廃止、本山当山羽黒派共従来ノ本寺所轄ノ儘、天台真言ノ両本山へ帰入被仰付候條、各地方官ニ於テ此旨相心得、管内寺院へ可相達候事
但、将来営生ノ目的等無之ヲ以帰俗出願ノ向ハ始末其状ノ上、教部省へ可申出候事

「修験宗廃止令」は明治三年（一八七〇）六月二十九日に太政官が下した修験は仏徒（仏教徒）と見なすという見解［村上・辻・鷲尾編一九二九：一一一五］を出したことを前提として布告された。(1)

修験道は宗派としては消滅し、聖護院管轄下の本山派修験は本寺所属のまま天台宗に、醍醐寺三宝院管轄下の当山派修験は本寺所属のまま真言宗に帰入、東叡山寛永寺管轄下の吉野修験は天台宗へ、寛永寺管轄下の羽黒修験は荒澤寺所轄で天台宗に帰入することになった。羽黒山や大峯山と並ぶ修験道の根拠地であった英彦山は、明治元年（一八六八）に座主が還俗して神社の宮司となって神祇官直支配に改められこの布告に対応できなかった。

明治初期の宗教政策の経緯の概略は以下のようである。初期段階での政策立案者は、大国隆正などの津和野派の国学者で、天照大神を中心とした古代の天皇神話（記紀神話）を重視し、天皇統治に力点を置く「復古神道」による祭政一致政策をとり、神祇官を行政の中心に据えた［安丸一九九二：一六八］。後期水戸学の国体イデオロギーが中核にあった［井上二〇二四：二九〇］。しかし、明治二年以降に祭政一致政策は翳りを見せ始め、明治四年（一八七一）に大きく転換した。同年正月五日の「上知令」で寺社領の大半が官有地になり寺社ともに大きな打撃を受けた。同年三月の平田派国事犯事件で矢野玄道らが追放され、維新官僚派が実権を掌握して攘夷論者が追い落とされた。五月十四日付け太政官布告で神社を「国家の宗祀」とし、伊勢神宮を頂点とする階層に基づく社格制度が定められた。七月十四日には廃藩置県が断行されて行政改革が進む。八月八日には神祇官を廃し太政官の一省に格下げして神祇省を設置した。明治五年（一八七二）には国民の教化政策に転じ、三月二十三日に神祇省は廃止、同日に教部省が発足、同年四月二十五日に教導職を設置、四月二十八日に「三条の教則」（敬神愛国・天理人道・皇上奉戴朝旨遵守）を交付して教化の根幹に据え、五月十日布教開始、八月に布教本部の大教院を仮開院、明治六年（一八七三）正月に正式に開設された。天皇と国家に関するイデオロギーを説く制度が整えられたのである［羽賀二〇二〇：三二］。教導職は神仏合同であった。しかし、仏教界からの反対で機能せず、明治八年（一八七五）四月三十日に布教中止、同年五月三日に大教院は解散された［小川原二〇〇四］。教部省は明治十年（一八七七）正月十一日に消滅して内務省に移行した。教導職の廃止は、明治十七年（一八八四）八月十一日で、明治初期の大きな制度改革はひと段落となった。

二　明治五年の大転換

明治五年（一八七二）は大きな政策の転換点であった。「修験宗廃止令」の意図は、修験が神仏混淆の形態をとり信仰内容が低俗で民間の良俗に害があると判断して明朗化を図ったという説［梅田一九七一］や、修験が無檀家で呪術や祈禱を行い神仏習合に基づき社家の神社祭祀に関しても争いがあって危険視されたためとする説［由谷一九八六：一九七。宮家一九九九：一九一］が提唱されていた。林淳は、国学者による神仏習合への批判や「雑宗の廃止措置」、淫祠邪教の廃絶が「修験宗廃止令」に繋がったとする説に対して異論を唱え、「復古神道家が活躍したのは明治初頭のみで、四年以降はむしろ政界から排除されていた」［林二〇〇二：一一七～一一八］として、修験宗廃止令の目的は身分制度の改革だとする。明治三年（一八七〇）閏十月十七日に天社神道（陰陽道）

が廃止されたが、土御門家の諸権限の剥奪は陰陽師が持っていた旧幕時代の権限が問題で、身分制度とそれに伴う権威の解体が目的であった。同年十二月九日土御門家は大学御用掛から罷免された。僧侶への対策と並行して民間習俗への介入が増大した。明治四年（一八七一）十月十四日六十六部禁止、同年十月二十八日普化宗（虚無僧）廃止、いずれも戸籍編成の過程で無用とされた。明治五年以後は仏教への介入と僧尼身分の解体を目指す施策が始まる。明治五年（一八七二）三月二十七日女人結界解禁、同年四月二十五日の肉食蓄髪勝手令、同年六月十二日神社祭典への僧尼参詣許容、同年六月十三日神社参詣の死穢の緩和、同年八月十七日僧官廃止、同年八月三十日願い出なき寺社創建の禁止、同年九月十四日僧尼の苗字の令、同年九月十五日修験宗廃止、同年十一月八日無檀・無住の寺院の廃止、同年十一月九日僧侶托鉢の禁止が命じられた。明治五年には同年七月二十五日に天変地異が起こって世界が泥沼になるという流言が易者・僧侶・山伏・富士行者・御嶽行者から広まり、政府の危機意識をあおった。明治六年（一八七三）正月十五日梓巫女・市子・憑祈禱《よりぎとう》・狐下げ・玉占・口寄せ禁止の命令が出て、同年正月十九日に僧侶位階廃止令が出て特権身分は消滅した［中山編一九六五：四五六］。明治七年（一八七四）六月七日と明治十五年（一八八二）七月十日に禁厭・祈禱で医薬を妨げることの禁止、明治九年（一八七六）十二月十五日は山野路傍の神祠、仏堂を社寺境内への移動を禁じる命令が出た。民間信仰をさげすみ、民俗慣行の改良に統制介入する政策で、安丸良夫は「民俗的なものは、全体として猥雑な旧習に属し、信仰的なものはその中心的な構成要素であった」［安丸一九七九：一七八］とし、「地方官の啓蒙的改革への情熱」に基づく抑圧策の前では、民俗信仰は否定的次元として「文明開化」と向き合わざるを得なかったとした。明治初頭に登場した「文明」概念に対して、民間習俗は恒常的に負の表象とされていった。

山岳信仰に密接に関わる法令には明治五年（一八七二）三月二十七日付けの女人結界解禁の指令がある。解禁の理由は、明治五年開催の第一回京都博覧会に訪れる外国人客への対応で、政府は外国人男性が夫人同伴できて比叡山登山を希望した時に、女人禁制を根拠に拒否されれば「固陋の弊習」として非難されかねず、文明開化を急ぐ近代日本には好ましくないと考えて女人結界の解禁を行ったのである［鷲尾・神龜一九三三：二三〇～二三一］。文明国の威厳に関わるとして解禁され、歴史的な意義や在地社会への影響を全く顧慮しない世俗的決定であった。比叡山延暦寺は猛反対し、女人結界は宗祖最澄以来の慣行で、桓武天皇と後陽成天皇の「勅願」で定めたと反論したが受け入れられなかった［鷲尾・神龜一九三三：二三一～二三三］。太政官布告では「文明の上より論じ候へば」と大義名分を掲げて、三月二十七日付けで女人結界の解禁を命じ、四月八日に解禁が実行された。四月八日は、釈迦誕生の仏誕会の日、比叡山では女人結界にある花摘堂の祭りの日であり、意図的に解禁日としたのかもしれない。女人結界の解禁は比叡山に留まらず、ミカドの命令と受け取られて、瞬く間に全国に広がり、女人結界は急速に解禁に向かった。

明治五年九月十五日付けの修験宗廃止令で、修験道は解体されたが、「修験宗」として仏教宗派としては認められていたので、仏教の宗派として真言宗や天台宗に所属すれば、教導職の地位を獲得して活動・存続することは可能で、活動は法制上は禁止されていなかった。しかし、修験道は在地社会と深い結びつきを持ち、巫女などの民間宗教者と密接な連携を保ってきたので、民間信仰が抑制されて活力を喪失した。修験道は仏教の宗派へ帰属しても、加持祈禱は民衆を惑わすと批判され、教団内でも下位に組み込まれて、本格的復活は難しくなった。

明治維新の宗教政策は大きく二期に分けられる。高楠順次郎は排仏に関して明治元年から明治五年までは「形式破壊」、明治五年以後に「内容破壊」が行われたとした［谷川二〇一一：一六］。林淳も明治初期の政策は、明治五年までとそれ以後に分け、最終的には明治十七年までとする［林二〇〇九：三～一三］。「内容破壊」の主体は明治六年正月に正式に開院した神仏合同で民衆教化を目指す大教院であったが、運営はうまくいかずに明治八年五月三日に瓦解した(3)。この間、民間信仰は抑圧され、極端な廃仏毀釈が展開した。明治五年の修験宗廃止令は、「神仏判然令」が目指した施策の最終段階の指令であった。

明治五年は文明開化への大きな転換の年でもあった。主な出来事を列挙すれば、以下の通りである。戸籍法施行（二月一日）で壬申戸籍を作成、第一回京都博覧会（三月十日～五月三十日）、東京国立博物館開館（三月十日。湯島聖堂）、教部省を設置し（三月二十三日）神祇省を廃止、三条の教則による国民教化開始（三月十四日）、東京師範学校開校（五月二十九日）、郵便制度開始（七月一日）、学制公布（八月三日）で学校教育開始、新橋―横浜間鉄道開業（九月十二日）、年季奉公廃止（十月二日）、芸娼妓解放令（十月二日・九日）で遊女の終焉、富岡製糸場操業開始（十月四日）、徴兵の詔（十一月二十八日）、太陰暦廃止・太陽暦採用の布告（十一月二十九日）、旧暦から新暦へ移行（十二月五日を明治六年正月一日）などがあった。女人結界の解禁や修験宗廃止令は、大きな社会変動の一連の動きの中で出された施策であった。

三　神仏判然令

明治元年から明治七年まで断続的に出された政府の指令は、紆余曲折があったものの身分制度の改変と既得権益の打破に関しては首尾一貫性があり、日本人の精神文化に大きな変革をもたらした。立ち返って考えてみると、全ての出発点は慶應三年（一八六七）十二月九日の王政復古の大号令で、「諸事神武創業之始」に戻すという詔勅であった。徳川慶喜による慶應三年十月十四日の大政奉還を覆すクーデターであったが、これ以後、復古主義が展開して次第に急進化していった。鳥羽伏見の戦い（慶應四年正月三日〜六日）に勝利して政権運営の主導権を握った新政府は、慶應四年三月十四日に、明治天皇は京都の紫宸殿で天神地祇に誓うという形式によって政府の基本方針「五箇條の御誓文」を発表した。前日の太政官布告第一五三号では祭政一致の回復が謳われ、神祇官の再興が目指された。王政復古の国是の中で神仏の在り方に根本的な変革が加えられることになった。出発点は慶應四年三月十七日の神祇事務局布達第一六五号であった。原文は以下の通りである。

今般王政復古、旧弊御一洗被為在候ニ付、諸国大小ノ神社ニ於テ、僧形ニテ別當或ハ社僧抔ト相唱へ候輩ハ、復飾被仰出候、若シ復飾ノ儀無余儀差支有之分ハ、可申出候、仍此段可相心得候事、但別當社僧ノ輩復飾ノ上ハ、是迄ノ僧位僧官返上勿論ニ候、官位ノ儀ハ追テ御沙汰可被為在候間、当今ノ処、衣服ハ浄衣ニテ勤仕可致候事、右ノ通相心得、致復飾候面面ハ、当局へ届出可申者也

王政復古によって旧弊を一新し、神社に僧形で奉仕する別當や社僧は、復飾（還俗）して神主となり、浄衣で神勤することを命じた。仏教寺院からの神主の独立が目的であった。江戸時代は、神社や小祠・小堂の多くは僧侶や修験が別當や社僧として奉仕して、財政を管理し堂塔の営繕に関わり、人事を差配していた。しかし、神仏判然令の結果、神か仏かの二者択一を強いられ、神仏混淆の修験は、時勢を読んで多くは神主へ転じた。慶應四年三月二十八日には以下のような太政官布告第一九六号が出された（図6—1）。

一、中古以来、某権現或ハ牛頭天王之類、其外仏語ヲ以神号ニ相称候神社不少候、何レモ其神社之由緒委細ニ書付、早々可申出候事、但勅祭之神社　御宸翰　勅額等有之候向ハ、是又可伺出、其上ニテ、御沙汰可有之候、其余之社ハ、裁判、鎮台、領主、支配頭等へ可申出候事
一、仏像ヲ以神体ト致候神社ハ、以来相改可申候事、附、本地抔ト唱へ、仏像ヲ社前ニ掛、或ハ鰐口、梵鐘、仏具等之類差置候分ハ、早々取除キ可申事、右之通被　仰出候事

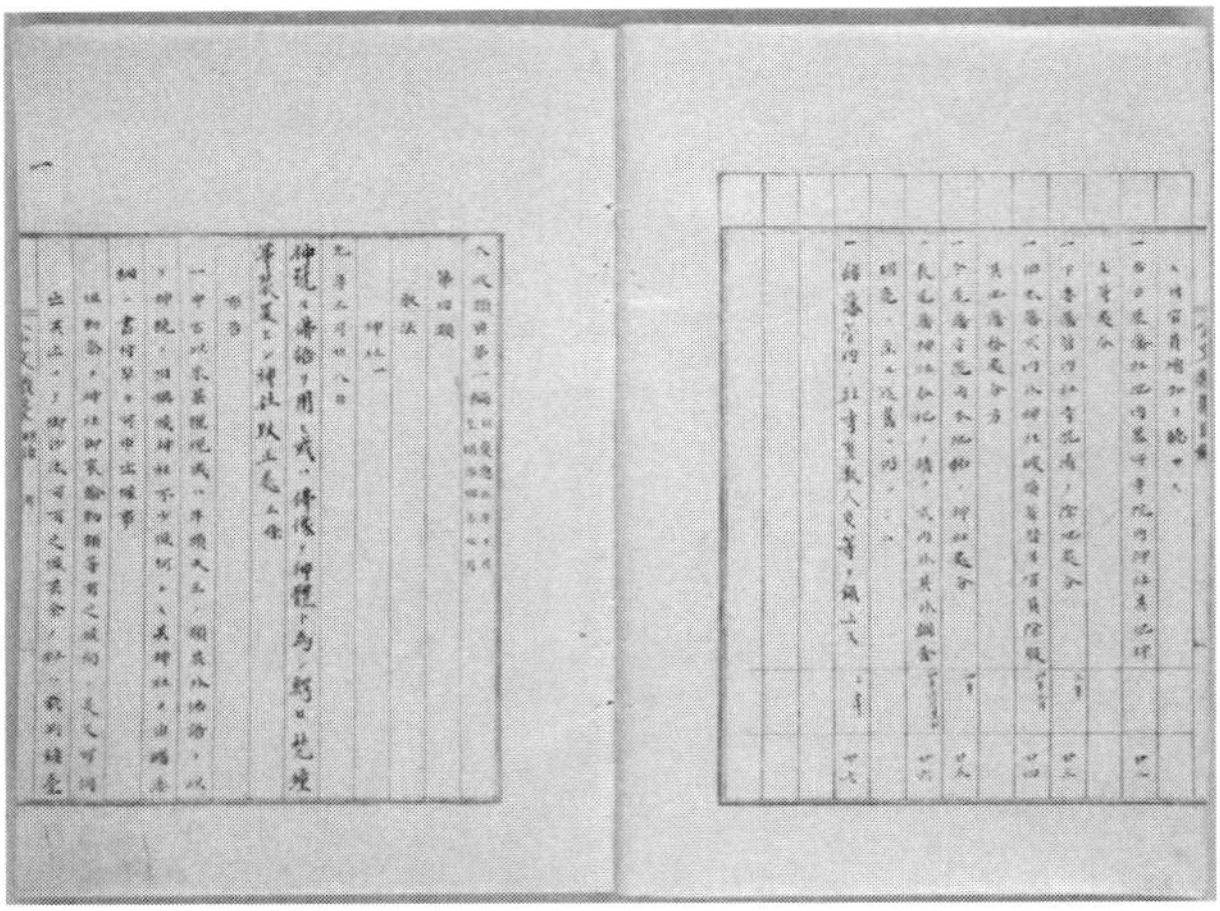

図６—１　神仏判然令。出典：『太政類典』国立国会図書館デジタルアーカイブ

権現や牛頭天王などの仏語を神名に変更し、神社が御神体として祀っていた仏像を撤去し、鰐口や梵鐘などの仏具の撤去が命じられ、神号・神体から仏教色を一掃することを目的とした。本地垂迹に由来する権現号の廃止は修験の存続を危うくする決定的な施策であった。三月十七日と三月二十八日の二つの政令が一般に言われる「神仏判然令」で、狭義には三月二十八日の布告を言う［村田一九九九：八］。この二つはいずれも神社の空間から仏教的要素を排除する指令であったが、廃仏毀釈に発展し、全国各地で様々な混乱を引き起こした。

　慶應四年（明治元年・一八六八）四月一日には、社司であった樹下茂国など約四十人が比叡山山麓の山王権現に押しかけて仏像・仏具を暴力的に破壊した〔圭室一九七七：一五四～一六七〕。地元には三月二十八日の布告は伝わっていなかったが強制的に断行された。政府はこの暴挙に大きな衝撃を受けて、同年四月十日に太政官布告第二二六号を出して、神仏判然令は廃仏毀釈ではないと警告を発し、慎重な対応を求めた。一部を抜粋して掲げる。

旧来、社人僧侶不相善、氷炭之如ク候ニ付、今日ニ至リ、社人共俄ニ威権ヲ得、陽ニ御趣意ト称シ、実ハ私憤ヲ斉シ候様之所業出来候テハ、御政道ノ妨ヲ生シ候而巳ナラス、紛擾ヲ引起可申ハ必然ニ候、左様相成候テハ、実ニ不相済儀ニ付、厚ク令顧慮、緩急宜ヲ考へ、穏ニ取扱ハ勿論、僧侶共ニ至リ候テモ、生業ノ道ヲ可失、益国家之御用相立候様、精々可心掛候、且神社中ニ有之候仏像仏具取除候分タリトモ、一々取計向伺出、御指図可受候、若以来心得違致シ、粗暴ノ振舞等有之ハ、屹度曲事可被仰出候事

この布告は、僧侶と社人との関係は元々良くなかったが、社人が急に勢力を拡大し、私憤をはらし、紛擾を引き起こし、粗暴の振舞があったと警告を発した。政府が進めた祭政一致の政策は、後期水戸学の国体論に基づく政治イデオロギーで、復古神道の理念の現実化によって、江戸時代に国教の地位を占めていた仏教勢力の排斥を試みた。その過程で下級神職が変革にかなりの働きをすることが実証されたが、併せて各地の混乱への対応を迫られた。

なお、政府はこれに先立ち、慶應四年閏四月四日付け太政官布告で神主の身分の規程を定めた。その文面からは当時の現状認識を「神仏混淆」と考えていたこともわかる。

今般諸国大小之神社ニオイテ神仏混淆之儀ハ御禁止ニ相成候ニ付、別當社僧之輩ハ、還俗ノ上、神主社人等之称号ニ相転、神道ヲ以勤仕可致候、若亦無処差支有之、且ハ佛教信仰ニテ還俗之儀不得心之輩ハ、神勤相止、立退可申候事

但還俗之者ハ、僧位僧官返上勿論ニ候、官位之儀ハ追テ御沙汰可有之候間、当今之処、衣服ハ風折烏帽子浄衣白差貫着用勤仕可致候事、

是迄神職相勤居候者ト、席順之儀ハ、夫々伺出可申候、其上御取調ニテ、御沙汰可有之候事

林淳はこれが「神仏混淆」の用語の法令上の初出であると指摘した［林二〇一八：五］。「神仏混淆」は政府からの法令、藩県からの政府への問い合わせに応じて法令用語として使用され、次第に拡大解釈された。慶應四年（明治元年・一八六八）当時、政府の現状認識は「神仏混淆」、法令の意図は「神仏判然」であり、「神仏分離」の用語は使用されていなかった。(4) また「廃仏毀釈」の用語も再検討を要する。太政官が真宗の本願寺など本山あてに出した慶應四年六月二十二日付け太政官布告第五〇四号の興正寺への通達には以下のようにある［村上・辻・鷲尾編一九二六：九一］。

先般神祇官御再興、神佛判然之御處分被為在候は、専孝敬を在天　祖宗につくせらる丶ために て、今更宗門を褒貶せらる丶にあらず。然るに賊徒訛言をもって、朝廷排仏毀釈これつとむな ど申觸し下民を煽惑動揺せしむる由……

この文書は仏教廃止の流言蜚語を押さえる意図があり、「神仏判然」を改めることが目的で、宗門を貶め「排仏毀釈」と言いふらして下民を動揺させるなという指令であった。法令は「排仏毀釈」であって、「廃仏毀釈」ではなかったが、民間では天皇の絶対的命令の「排仏」が「廃仏」へと拡大解釈されていった。布告は「廃仏毀釈」と読み替えられて、仏教の破壊に進むような過激な運動が展開することにもなったのである。

四　在地修験における幕末と明治

慶應四年の「神仏判然令」以後、日本各地の在地修験（末派修験）の動きはどうであったか。事例として東北地方を取り上げる。東北では、現在の神社の多くが、江戸時代以前は修験であった。現在でも「法印様」と呼ばれる僧侶や神主がおり、一部は修験の活動を継続して来た。明治初期の実態解明はかなり困難であるが、山形県最上郡舟形郷堀内村の羽黒派修験、両徳院亮智が記した『萬留帳』という近世後期から明治維新期の在地修験の編年備忘録を取り上げて内容を検討したい

［舟形町史編集協力委員会編一九七七］。本史料は大友義助が紹介し、関口健が「法印様」の研究で史料の再検討を行っているが［関口二〇一七］、幕末から明治に焦点をあてて読み直してみる。記載は嘉永三年（一八五〇）から明治九年（一八七六）まで継続している。冒頭の嘉永四年（一八五一）十一月二十六日には、「親父伊勢金比羅参詣出立」とあり、父親の西国巡礼への旅立ちにあたり、院主（家督）の継承が行われ、家の一切の任務を息子の亮智に任せたと見られる。

堀内村は、最上郡の南部に位置し、最上川沿いの山間部にあり、水田稲作を主たる生業とし、村の修験には両徳院の他に羽黒派の林蔵院、葉山派の宝性院・三蔵院がいた。両徳院は、安永四年（一七七五）に遷化した直吉法印から亮智まで、少なくとも七代に亘る在地修験で、羽黒山の仁王院を本寺とし触頭を通して支配を受けた。亮智は文政十年（一八二七）の生まれの妻帯修験で、弘化四年（一八四七）に羽黒山の入峯修行を行い、真永法印とも名乗った。明治四年に復飾して神主になり、石井清馬と改名し、明治二十三年（一八九〇）に六十三歳で亡くなっている。幕末期、亮智は堀内村と周辺の村々の小祠小堂(5)の別當として祭祀を執行し護摩祈禱を行っていた。天気祭や風祭を随時執行し、毎年、七月十九日・二十日の伊豆大権現の祭礼には湯花（湯立）祈禱を行い、春祈禱の『仁王経』転読や屋敷神祭礼の内神祭を執行し、伊勢参りの安全祈願の「道中日待」、厄払いや病祓い、泥棒探し(6)の祈禱を行っていた。庄屋からの指示を受けて村方で協議して活動し、本山からの統制は受けていない。普段は、村の寄合に出席し、「道普請」や「漆結《うるしゆ》」を行い、時には夫婦喧嘩の仲裁を引受け、博打が発覚した時には本人に代わって庄屋に詫びたりしていた。最上川での鮭漁にも参加し、小豆や大豆や蕎麦などの栽培も行うなど生業との関わりも強い。亮智は十二月八日には村人と共に豊作祈願のサンゲサンゲ、庚申待や風祭、日待に参加し、文久二年（一八六二）正月十五日には仲間と共に、出羽三山の登拝口の本道寺に近い八聖山に行き、稲、大豆、小豆、粟、蕎麦、麦などの作柄の託宣を聞いている(7)。村落社会の規範に従い村人として生活し［関口二〇一七：二一〜二六］、民衆の日常生活の中に溶け込んでいた。「近世修験」の典型と言える［時枝・由谷・久保・佐藤二〇一三］。

外部からの大きな衝撃は黒船来航で、嘉永七年（一八五四）四月二十八日付の記録では「日本国中大さわき」で、山伏四人が「天下泰平、国家安全之祈禱」を行ったとある(8)。国家を対象とする祈禱は村方では初めてで衝撃の大きさを伝える。慶應四年正月三日に戊辰戦争が起こり、政府に加担した新庄藩は、同年七月に奥羽越列藩同盟の庄内藩と交戦して敗北し、藩主は秋田藩に逃れた。同年七月十四日付で触頭から「御武運長久、御危難消除之御祈禱」を依頼され御札献上のために新庄の城内に出向いたが、戦闘のため届けられず、城下の炎上を見て引き返した。庄内藩は一か月ほどで退却し、新庄藩主も戻り新時代となる。亮智の記録では明治二年の段階では修験の務めを果たしていた。同年七月二十日付として「伊豆権現祭礼之儀、是迄凡三十年も角力無之処、にわかに願叶、当沢中斗り之角力ニ而候得共、富田ゟも五六人参り誠以にきやか也。猶又湯の花も、是迄ハ宝性院、不動院二人の処、村方の殊成ハ林蔵院ニもつかへいだし(9)」とあり、村方の相撲が復活し、湯立には葉山の末派修験の宝性院と不動院だけでなく、羽黒派の林蔵院も加わって盛大に行われていた。この時点では権現号はそのままであった。亮智は集落の祠堂の祭祀を修験として担い、羽黒山・湯殿山・葉山との関係を保ちつつ地域的繋がりを基盤に生きていた。

五　在地修験の明治維新

神仏判然令への対応に関して新庄藩は明確な指標を持たず、藩知事の戸沢正実が明治三年（一八七〇）五月の諮問状で、「神仏淆不致候様御布告之事」を旧家臣に出し意見具申を求めたが、積極的な答申はなく、儒学者の肯定的な意見の具申が示されたのみであった[10]。亮智は、明治三年五月二十一日の廻文で「神仏判然令」の内容を知らされ、組頭（羽黒派触頭カ）の正善院と相談したところ、「後是神道を守るべし待ち、又同二十五日参り、凡ハ新道也」とあり復飾を決意し、「十月十六日復飾願御叶ニ付」とあって藩庁から認められ神主になった。四十四歳での復飾である。明治三年に新庄の多くの修験が速やかに藩令に従って復飾し、多くは時流を読んで神主になった。亮智は『萬留帳』に政府から出された一連の神仏判然令を書写して書き込み、事態の状況を正しく把握することに努めた。明治四年四月には石井清馬と改名し、舟形郷の旧普賢院の楢沢静磨、旧文殊院の長沢登志江など復飾した五人と共に神葬祭の願書を触頭に提出して許可された。明治四年十一月には旧林蔵院の林直居と共に「大祓けいこ」や「大禊ぎ」の講釈を受けるために新庄に数日間滞在して神主としての作法を修得している。

明治四年に新庄藩では政府の命により、従来の寺請制度に代えて、地域ごとの特定の神社（郷社）に機能を代替させる「氏子改め」の実施を試みた。これにはかなりの抵抗が生じたようで、明治四年九月十二日付で新庄県から各村々の庄屋あてに出した文書には、

今般氏子札を表とし、是迄祈禱所と唱候修験とも江祈禱致させ候、難相成旨申触候哉ニ而、村民とも疑惑いたし、中ニハ庄屋役人ともまで心得違之者有之哉に相聞ひ、修験共にも活計を失ひ候事ニ而、彼とて不穏趣ニ相聞候。右ハ元ゟ廃寺廃仏之御趣意ニ無之條条、従前帰依之修験江祈禱為致候擬不苦候。此旨在々江先論致度、社寺方より頼ニ付、村々江相達候様、民政司ゟ中来候間、此旨村々江不洩様可被相達候、以上

九月十二日

宮館和平

村々庄屋中

とある。修験の祈禱に対しても誤認が生じたとあり、民間には「廃寺廃仏」ではないと伝えて行き過ぎを押さえようとした。逆に読めば民間では廃仏毀釈が進んでいたとも言える。神と仏を強制的に分離する政策は民衆の判断を混乱させる出来事であった。

『萬留帳』には明治五年三月二十一日付で、神主として初めて「神武天御祭」を行い、二十四日に

不動と釈迦を瀬脇村の十王堂に移し、位牌を仏式から神式に変え、伊豆大権現を伊豆大神とし、稲荷や山神も神社となった。修験の亮智はこの時に神主の上野清馬として再出発したのである。「修験宗廃止令」は同年九月十五日であるが、多くの修験がこの頃までに崩壊していた。明治五年は大きな転換期であった。『萬留帳』の擱筆は、明治九年（一八七六）で、最後に「復飾之儀ハ、佛像佛具ハ早速取除相払、一切無御座候」とある。この一言に無限の感慨が籠められている。明治初期の出来事は同時代には「御一新」や「瓦解」と呼ばれたという。「瓦解」とは正確に事態を把握した表現であった。明治維新の名称は明治十年（一八七七）の西南戦争以後のことで、史料には明治十五年（一八八二）に登場し、[11]明治二十年代に書名に頻繁に登場する。政府の体制が整えられて後のことである。

六　修験の末裔としての「法印様」

神仏分離後、修験の多くは亮智のように神主に転じて、国家管理による神社神道の組織の末端に組み込まれ、時代の流れに合わせて徐々に定着した。関口健は山形県最上郡で、修験の末裔が現代に至るまで「法印様」として活動して来た経緯を追って民俗誌を記した［関口二〇一七］。貴重な考察である。関口によれば、修験は明治初期に神道と仏教に分かれ、組織的には再編成されたが、現在でも修験の末裔は宗派を超えて村落祭祀の担い手として重要な役割を果たし、村の暮らしと密接に交わり、修験時代の伝統的な祈禱や祭祀の呼称や形態を受け継いで集落の諸行事、家々の儀礼、個人の祈禱に関与することが多いという。他方、修験僧や仏教僧侶として存続した「法印様」は、檀家を形成せず、祈禱寺院として残った。近世後期に隆盛を誇った最上三十三観音の別当の寺院はその事例である。「法印様」の経営規模は大きくなく、農耕など他の生業と併せて暮らしをたて、日常生活では他の人とは区別されず、必要に応じて神主や僧侶の役割を果たす。世代交代も地域社会での役割を根拠としてなされ、在地社会が「法印様」の活動を支え維持してきた。「修験であったという来歴が地域社会に継承されていかなければ、「法印様」の宗教的な枠組みは他の地方と同じように近代以降は存続し得なかったであろう」［関口二〇一七：三九五］という指摘は重要である。「法印様を存続させる地域社会の在り方が東北地方特有の形態であるとするならば、彼らもまた同地に根差した修験系宗教者として位置付けることができよう」と結論付ける。

「法印様」は宮本袈裟雄が提案した「里修験」という一般化された概念にあてはまるのであろうか。「里修験」は山から里へ、移動から定着へと展開した修験で、中世の山岳修行主体の修験を原型として設定された近世的形態である。徳川幕府による慶長十三年（一六〇三）の「修験道法度」以後、修験は本山派（天台系）か当山派（真言系）のいずれかに帰属させられ、俗的権威を優越する集団に転換し、元禄期（一六八八～一七〇四）までに組織化を完了させたと考えた［宮本一九八四］。「町修験」という名称も提案された。制度化の中で修験は再編成されて組織を整え政治性を強く帯びるようになった。ただし、明治維新の荒波に遭遇したのは「里修験」の末裔であって、近世後期の社会を生きた「近世修験」であった。修験は、江戸時代前期の「里修験」から「近世修験」へ変質する。元禄期以降の民衆の経済的上昇の中で修験も変わった[12]。

明治時代初期に修験道は崩壊の一途を辿っただけでなく、独自に機能を維持した大乗神楽の事例もある［鈴木二〇二三ａ］。担い手は、「法印様」と呼ばれる修験の子孫で神仏混淆の形態を保持して岩手県の北上市と花巻市で伝承されてきた。宮城県の法印神楽と同系統と言われるが仏教色が濃い。大乗神楽の舞い手は、二十一日間、別火精進をして師匠から神仏と一体化する秘儀の「法ごと」を習い、「榊舞」を伝授され「得度」した「法印」に限定される。別火精進の期間はその後、短縮されたが、習得の難しさに変わりはない。明治以降も山伏の子孫は「法印様」と呼ばれた。修験の崩壊後、農民が舞を受け継ぐために「法印」に「資格」の意味が生まれて、修験の子孫以外でも修行すれば「法印」になれるようになった。前近代の「法印様」とは異なる、近代の「法印」が誕生した。

村崎野の伊勢御祖《いせのみおや》神社（旧妙法院）に伝わる「嘉永二星　大乗會次第」（伊藤静衛書写）によれば、大乗神楽は京都から南笹間に来住した修験、秀全法印が天文三年（一五三四）に開基した萬法院で始まったとされる。「大乗会」の史料上での初見である。これによれば、第十七代別當永岩法印が、神楽再興の為に宮城県涌谷の箆峯寺で法印神楽を習得し、嘉永二年（一八四九）に各地の修験を集めて行った三十三番の舞の「大乗会」が濫觴とされる。住職の「代替わり」や本尊の開眼供養等など「一世一代」の儀礼であった。嘉永二年の大乗会は幕末の激動期に分裂寸前の修験寺院の統合を図る意図があったと見られる。

ただし、嘉永二年の大乗会の史料には問題点も多い。記録は明治二十五年（一八九二）の書写本で原本は所在不明であり、筥峯寺で神楽を習得した記録はない。[13] 一方、寺の山麓地域に伝わる法印神楽は、大乗神楽との類似性もあり、湧谷付近は大乗神楽の故地の可能性はある。伝承によれば、神楽は萬法院から、嘉永五年（一八五二）に村崎野の妙法院に伝わり、慶應三年（一八六七）に和賀煤孫の貴徳院に伝えられ煤孫大乗神楽と名乗った。飯豊村宇南神社、江釣子の自性院（現・江釣子神社）、双子の妙泉院（現・八幡神社）、更木の大福院（現・新山神社）、岩崎の伍大院（現・二前神社）も各々協力して伝承した。明治元年以後、修験の多くは復飾して神主に変わり、萬法院も明治三年（一八七〇）に廃絶し笹間八幡宮となったが、「大乗会」の舞を習い伝え、「法印様」だけでなく農民にも伝えられた。修験の子孫の意識は強く、山岳修行ではなく神楽の舞や印明、唱え言を維持することで伝承を継続してきた。

明治五年（一八七二）九月十五日付けの修験宗廃止令にも拘わらず、江釣子の自性院では明治八年（一八七五）旧八月に三十三番の「大乗会」を行った。明治七年で廃仏毀釈の嵐が収まり、危機の時代に修験の再興を願って行ったと思われる。明治三十三年（一九〇〇）旧三月二十七日にも三十三番「大乗会」を行った。この時期は日清戦争（一八九四〜九五）勝利後の近代ナショナリズム（国体論と近代天皇制）の高揚期にあたり、伝統の復興に努力を集中したと思われる。「大乗会」は政治や社会の危機の克服に関連していた。ただし、「大乗会」は大正・昭和時代には行われていな

図6―2　大乗神楽。大乗會のしつらえ。撮影＝鈴木正崇

い。近代化が進む中で「大乗会」の意味が喪失し、支持基盤が失われたと見られる。榊舞の伝授に際して、別火精進で「法印」の資格を得て秘儀を守ることは村人には困難で継続は難しかった。寺院の秘儀の「大乗会」は断片化して大乗神楽として民衆化し、権現舞を主体として、演目は神楽宿で数番舞う「幕神楽」に縮小し、「権現様」の門打ち（門廻し）が人々の願いを叶える祈禱として定着し、特に火伏せの効果が期待された。

大乗神楽は昭和十五年（一九四〇）頃までは、神社祭礼、家屋の新築、年祝い、火防祭で奉納される程度で「幕神楽」は衰退した。年中行事は権現舞を主体とする、正月の祈禱と舞初め、三月の火防祭、春と秋の神社の祭りに奉納する。特に火防祭は火伏せで名高い秋葉信仰と融合し、各家を門付けする「権現様」は龍の鱗を身にまとう水神とされ、火伏せの効果が期待されて盛んになった。「法印」資格を持つことが条件の榊舞などの伝承は難しくなった。

「大乗会」は幕末から明治時代中期に急速に成長し、その後は大乗神楽へという流れの中で衰退していった。しかし、神仏混淆を維持し技法を守り伝える人々は残り、民俗学者の門屋光昭[14]の尽力で徐々に復興し、和賀の煤孫で平成十六年（二〇〇四）三月十三日に百四年ぶりに「大乗会」は再興した（図6―2）。再興に際しては忠実な伝統の復元を期して秘儀の伝授による「法印」の資格者の養成を根本に据えた。「法印」は前近代の「法印様」とは異なる「資格」として蘇りを果たしたのである。修験の子孫の「法印様」の意識は強く残り、祈禱色は薄れたが、独特の信頼は継続し伝承の連続性は維持された。ただし、大乗神楽の上演には地域起こしのイベントの様相が強まった。

七　修験道の崩壊

明治初期の有力な修験の根拠地に関してはどのようなことが生じたか。全体の大きな動きについては宮家準の考察［宮家一九九九：一〇一六〜一〇三七、宮家二〇〇六：四二〜六一］があり、主要な修験霊山に関しては、出羽三山は戸川安章、大峯山は宮家準や首藤善樹、英彦山は長野覺の考察がある［長野一九七八、戸川一九八六、宮家一九九九、首藤二〇〇四］。明治の大変革にあたって、最初に明治初期の宗教政策を制度史の観点から概観しておく。

明治三年（一八七〇）正月三日、「大教宣布の詔」が発せられ、祭政一致の基本理念を確立し、

「惟神之大道」による国民教化運動を展開した。明治四年五月十四日付け太政官布告第二三四号では、「神社は国家の宗祀」と明言し、伊勢神宮を本宗として、全国の神社をその下に社格制度によって階層化・序列化して国家管理のもとに置いた。(15) 神職の世襲化も廃止された。しかし、祭政一致は困難に直面し、太政官の上位にあった神祇官を、明治四年八月八日には格下げして神祇省に改めた。明治五年三月十四日には神祇省を廃止して教部省に移行し、祭祀は式部寮に移行し教部省は教化活動を行うこととなった。神祇省の廃止とともに宣教使も廃止され、祭祀と宣教（教化活動）は分離された。明治六年四月二十五日には教部省の中に一般国民の教化を目的とした「教導職」がおかれ、教正・講義・訓導など十四の等級にわけられた。設置の目的は、国民を教化することで、神職・僧侶が協力して、「敬神愛国・天理人道・皇上奉戴朝旨遵守」の「三条の教則」の布達（四月二十八日付）を指針とし、教導職向けに解説書の衍義書《えんぎしょ》が神職や僧侶などによって刊行された。本部は東京の芝増上寺の「大教院」に置かれ、府県別に中教院、さらに小教院も各地に置かれた。しかし、教化内容が、神道寄りであったので寺院の協力を得るに至らずにこれも挫折した。ただし、制度としては明治十七年八月十一日付け太政官布告第一九号の教導職廃止まで続いた。

経済的基盤に関わる大きな変革は、明治四年一月五日付け太政官布告第四号「社寺領上知令」で、寺社の境内地以外の土地を没収して官有地とした。仏教寺院や修験は経済的基盤を奪われて困窮し、神社も大きな影響を受けた。経済的基盤を奪うこの布告は、寺院にとっても神社にとっても大きな打撃であった。政府は明治二年（一九六九）六月十七日に版籍奉還、明治四年七月十四日に廃藩置県を命じるなど近代的国家体制樹立の政策を次々に実施し、明治六年（一八七三）七月二十八日に地租改正法を公布して集権国家の基礎固めをした。こうした激動の時代に各地の修験道はどのように対応したのか。三大修験道といわれる、羽黒山、大峯山、英彦山の状況を検討してみたい。

八　修験道の本山の崩壊①——羽黒山

全国の修験霊山は、長野覺によれば、明治維新以後、五十山は神社、三十五山は寺院、十五山は神社と寺院の双方が残り、三十六山は神社・寺院とも消滅し、近畿は仏教系が多く北九州・東北・関東は神社系が多いという［長野一九七八：八八九〜九二二］。現在では修験道の研究が進み、霊山の全てが修験ではないことが判明し、「修験霊山」の概念は再考を要するが、とりあえずの目安にはなる。東北の出羽三山の羽黒修験の場合は、別當・社僧・修験・社人で構成され、一山の別當が統括し、羽黒山の別當が月山別當を兼ねて東叡山寛永寺に属し、輪王寺宮の管轄下にあった。湯殿山別當は真言宗の所属であった。羽黒山は別當の下に社僧の清僧修験十八坊があり、山麓の手向には三百六十戸の妻帯修験がいた。社人は独自の勢力ではなく行事・祈禱は仏教式であった。羽黒山には社領千五百石が与えられ、東日本一帯の広大な霞場の活動が修験の一山を支えていた。神仏判然令は酒田民政局から明治二年五月四日に伝えられ、羽黒山大権現は羽黒神社に改められた。東北では戊辰戦争の影響で布達の知らせは遅れた。僧侶の中には時局に乗じて復飾神勤する者もあったが、旧来の信仰を守ろうとする者が圧倒的であった。東叡山を通して仏教に留まることを請願したが許されず、別當の官田は羽黒山大権現を廃し、明治三年十月に復飾して羽黒神社（明治六年三月に出羽神社に改称）宮司となり、大部分の僧侶は復飾神勤となった。清僧修験のうち、荒澤寺、能林院、積善院、金剛樹院、行人寺の不動院と念仏寺三ケ寺を残して他は廃寺となった。明治三年末までに寂光寺の三山本地仏は山麓の黄金堂に移され、五重塔の羽黒三所権現の本地の正観音と妙見菩薩も移したが、軍荼利明王は失われた。しかし、神道式への改変は地方官に対して表面を取り繕うとする性格が強く、本社の神饌の魚を実物でなく木製にし、社頭では神道式に奉斎しても帰宅すると僧服に着替えて読経したりした。この頃までは事態は流動的であった。

神祇官は出羽三山を神山に属すると決定した。その根拠は、羽黒山大権現、月山大権現、湯殿山大権現などの権現は神と見なすという方針に基づいており、実情視察や現地確認は行われなかった。強引な施策を講じた理由について安丸良夫は、全国に「権現号をもつものがきわめて多く、それを仏教に属せしめたのでは、神道勢力が大きく削減されてしまう」ことと、「権現号をもつものが多い山岳信仰を、神道側に引きよせてゆくことは、民族信仰を標榜する立場からしても、不可避の課題だった」と述べている［安丸一九七九：一五一］。山岳信仰の神道化こそ復古神道の核心であった。明治五年の修験宗廃止令以後、羽黒修験は天台宗に帰属し修験の活動はしばらくは維持されていた。

事態は明治六年（一八七三）に大きく転換した。三月十五日付で平田国学の信奉者で急進派の西川須賀雄（教部省出仕大議義）が宮司に任命され、九月十二日には羽黒山に赴いて強引な神仏分離と廃仏毀釈を断行し、還俗していた旧僧侶を解任し、寺院や仏像を破壊し、登拝道沿いの石仏の破壊、道沿いの道者小屋の閉鎖を行った（西川須賀男日記『游久天乃須佐備《ゆくてのすさび》』）。九月二十一日の祭典の直会では精進を守る旧清僧修験に供物の魚を無理やり食べさせた。月山山頂の十三仏の撤去は西川の登拝前に行った[16]。西川は、仏教排除のために、開山の能除太子を祀る開山堂を、蜂子皇子を祀る神社にする試みを開始した。羽黒山の開山は、江戸時代までは崇峻天皇の第三皇子の能除太子とする伝承が主流であった［鈴木二〇二三b］。しかし、崇峻天皇の子供は二人で男子は蜂子皇子一人であり、第三皇子の能除太子は実在しない。史実の矛盾が検討され、『羽黒三山古實集覧記』（寛政元年・一七八九）は開山の能除太子は蜂子皇子と同体と説く[17]。朝廷は文政六年（一八二三）に能除太子に照見大菩薩の謚号を贈ったが、菩薩号は能除太子に宣下したと判断していた。能除の名称は般若心経の一節の「能除一切苦」を唱えていたことに由来するため、西川は名称変更を断行した。明治六年（一八七三）十二月二日付で教部省あてに「開山堂改正願」を提出した。教部省は右大臣岩倉具視（太政官）あてに伺書を提出、十二月二十八日付けで三条實美が承認した（宮内庁宮内公文書館所蔵。識別番号四〇二五三）。西川は、羽黒修験を解体して、神道中心の布教組織を構築し、神仏分離を行って神社神道を確立するだけでなく、開山の皇統の権威を確立して信者を獲得し、膨大な財政基盤を作ろうとした。

明治七年二月四日に、朝廷から開山の能除太子に下賜された照見大菩薩の謚号を返上する使いを

図6―3　蜂子神社。御開扉ポスター。2014 年。出典：出羽三山神社 HP

太政官に送り、二月七日に開山堂を蜂子皇子を祀る蜂子神社に改称する許可がおりた。西川は開山堂裏の「照見大菩薩」と刻んだ石碑の文字を削りとり、神代《かみよ》文字で「はちこのみこと」と改めた。六月十八日と十九日に祭神を蜂子命として祭典を行った。長い神仏混淆の歴史の経緯を一切顧慮せずに、過去の歴史との断絶を齎した暴挙である。西川は、蜂子神社に所属する講社として赤《せき》心報国会《しんほうこくかい》を設立して教会長となった。この結果、赤心報国会の参加者と不参加者が対立し、更に神社側と寺院側の修行者が秋峯の行場でかちあって争うことになった。神道系と仏教系の対立が根源にあった。赤心報国会は、後に三山敬愛教会と改称されて神道本局の所属教会となる。現在では、出羽三山神社は開山は蜂子皇子と説き能除太子は使わない。開山堂の能除太子像は封印されていたが、平成二十六年（二〇一四）の羽黒山午歳御縁年に特別御開帳された（図6―3）。

西川は明治九年（一八七六）三月二十六日に安房神社に転出したが、転出当日に仏教側の拠点の荒澤寺で最後に残った聖之院が不審火で炎上し、西川が行きがけの駄賃に放火したという噂が流れた（明治十八年・一八八五再建）。その後も星川清晃（明治九年五月二十六日着任）や物集高見《もずめたかみ》（明治十二年二月二十九日着任）など国学系の神道家が宮司に着任して、国家権力による神道化は推し進められた。出羽神社は明治六年三月七日に国幣小社、月山神社は明治七年八月三十一日に国幣中社、明治十八年に官幣中社、大正三年には官幣大社、湯殿山神社は明治七年八月三十一日に国幣小社に任格した。湯殿山中心であった三山は、月山の祭神が皇祖神に連なることで最上位となり、三山供養碑の中央は湯殿山から月山になった。

現在、羽黒山上には宮内庁管理の蜂子皇子の陵墓がある。しかし、正式に承認されたのは、宮内庁官内公文書館所蔵の陵墓資料「崇峻天皇皇子蜂子御墓勘注」によれば、明治九年（一八七六）二月十五日である。原文には「蜂子皇子ハ崇峻天皇ノ皇子ニ坐マシテ逆賊蘇我馬子ガ亂ヲ避ケ、羽黒山ニ至リ月山湯殿山ヲ開キ、終ニ羽山ニテ薨去。ソノ山内魔所ト申傳フル所其墓ナル趣ハ実検勘注ノ通ニ之レアリ。且先般出羽神社境内ナル同皇子開山堂ヲ別紙ノ通伺定メノ上、蜂子社ト改號在セラ

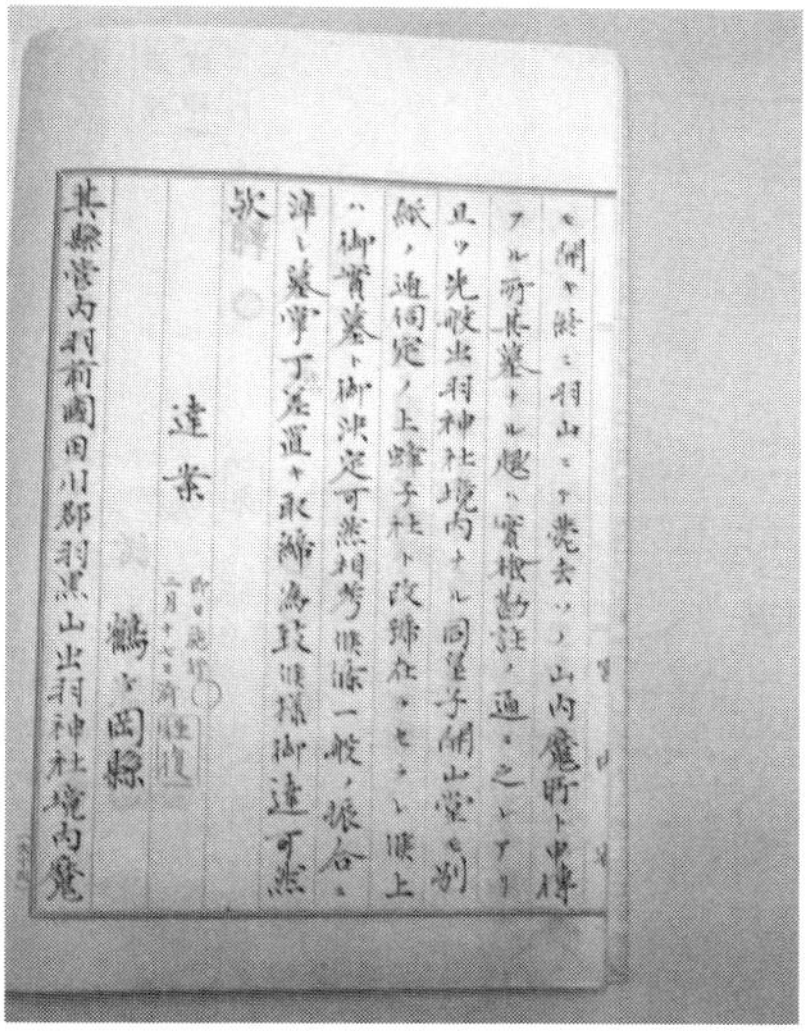

図６—４　崇峻天皇皇子蜂子御墓勘注。1876 年。宮内庁宮内公文書館蔵。撮影＝鈴木正崇

図６―５　羽黒山荒澤寺。地蔵堂御戸開。2023 年 5 月 21 日。写真提供＝山形新聞社

レシ候上ハ御墓ト御決定可然相考候」と記され[18]、地元が「魔所」と伝えていた所を墓とした（図６―４）。「羽山ニテ薨去」とあり、羽黒は埋葬の地で死霊が集まるハヤマと見なされていたことがわかる。蜂子皇子の墓は近代の「創られた陵墓」であった。羽黒修験の大半は神道化し、最終的には寺院は荒澤寺、正善院（積善院を継承）、金剛樹院の三カ所となった。山伏養成のための秋峯は、仏教と神道に分離して、一日違いの別日程とし、仏教側は荒澤寺を、神道側は吹越を峯中堂とし、宿移りはせず、各々一ケ所で行われるようになり[19]、双方の修行は現在まで継続している[20]。神社側は、「神道山伏」とでも称すべき、独特の集団に変貌したが、過去との断絶の溝を埋めることはできない。現在でも「あやに、あやに……おろがみまつる」という三山《さんやま》拝詞に違和感を持つ講中の人はいる。他方、仏教側の正善院は、明治以後は比叡山延暦寺の末寺となったが、昭和二十一年（一九四六）六月七日に羽黒山修験本宗を組織して独立して、大本山羽黒山荒澤寺正善院と名乗ることになった。昭和二十四年（一九四

九）には秋峯修行の女人禁制を解き、一般の人々を広く受け入れるようになった。信者からの熱心な支持は受けているが、今後の先行きは楽観的ではない。(21) 令和五年（二〇二三）五月二十一日には、月山卯年御縁年を記念し、明治以来中絶していた地蔵堂（慶長十五年・一六一〇再建）での「御戸《おと》開《びらき》」の法要を百五十五年ぶりに営んだ（図6―5）。明治以来の大きな変動は深い傷跡を残したのである。

九　修験道の本山の崩壊②――吉野と大峯

大峯山の吉野修験の状況は、羽黒山とは全く異なる［宮家一九九九：一八六～二〇二］。蔵王堂を中心に蔵王権現を主尊として、学頭が一山を支配し、その下に寺僧・満堂・禰宜がおり、寺僧と満堂に所属する寺院は各地で講を組織し、参詣者のための宿坊を経営していた。一山十四ケ院のうち十一ケ院が宿坊収入、三ケ院も参詣人の散銭に依存し、門前町の百姓身分の二百九十戸のうち、六十五パーセントは参詣人や寺院配札の職業についていた。慶應四年六月十三日に弁事御役所から、蔵王権現を神号に改め僧侶は復飾神勤せよという命令が伝えられ、僧形のまま勤王に励みたいという申し出は拒絶された。蔵王権現を神とするか仏とするかは議論が続いた。金精明神などの神社は禰宜の管理下にあったが、明治元年から明治三年の間は神道側の策動は成功しなかった。しかし、明治四年一月五日付け太政官布告第四号「社寺領上知令」で社寺の境内地以外は官有地とされ、明

図６―６　山上ケ岳の大峯山寺。撮影＝鈴木正崇

治五年九月十五日付けで修験宗廃止令がでて、仏教側は次第に不利な状況に追い込まれていった。

明治四年から六年にかけて、政府は吉野の神仏判然を徹底し、一山を金峯神社にせよという一連の指令を下した。地方官は一山の神道化は無理だと訴えたが、教部省の考えは変わらなかった。明治六年正月十八日付で教部省は「白鳳以前ニ復古致シ、地主神金精明神ヲ以テ本社ト定、金ノ峰ノ神社ト可称、尤蔵王堂幷仏具仏躰等悉皆取除可致事、但、社僧修験ハ復飾可任望事」［社寺取調類纂一九二九］と「白鳳以前」「仏教以前」に戻せと命令した。明治七年六月に神と仏の分離が強行され、吉野一山は地主神である金精明神を金峯神社として本社とし、山下蔵王堂を口宮、山上蔵王堂を奥宮とした。仏像と仏具は除去されたが、山下蔵王堂の巨大な蔵王権現像は前方に幕をはり、鏡を金峯神社の御霊代《みたましろ》とし幣束をたてて祀った。山上蔵王堂の仏像と仏具は二町離れたお花畑の行者堂に安置した。小《お》篠《ささ》から移した御堂である。蔵王権現出現の地とされる旧本堂内の秘所である竜穴は手をつけず、鏡と御幣を置いて祀り御簾をかけた。明治七年に僧侶は葬式寺を務める一部の寺院を除いて復飾神勤となった。ところが講中は金峯神社には参詣せず、口宮の蔵王権現像と、山上の行者堂に参詣し、民衆の不満は後を絶たなかった。こうした事情を鑑みて、明治十三年（一八八〇）に仏教への復帰が承認され、明治十九年（一八八六）に蔵王堂も仏教に復帰して修験寺院として再興され、山下蔵王堂は国軸山金峯山寺本堂、山上蔵王堂は山上本堂となった。昭和二十三年（一九四八）に大峯修験宗（後に金峯山修験本宗に改称）が独立し、同年に山上蔵王堂は山上本堂、寺号を大峯山寺と改称して単立寺院となって天台宗から離れ、吉野と洞川の五つの護持院と阪堺役講などの講中が維持することになった。山上ケ岳は現在も女人禁制を守る（図6―6）。

十　修験道の本山の崩壊③――英彦山

英彦山の修験は天台宗別格本山として隆盛を極めたが、他の本山とは状況が異なる［伊東一九二八］。幕末の英彦山は座主の教有をはじめ長州藩の尊王攘夷派に加担する者が多くなった。しかし、山中の者が佐幕派の小倉藩に密告し、文久三年（一八六三）十一月十一日、英彦山は小倉藩兵に占拠され、座主はじめ二十余名が小倉に連行され糾弾された。座主は帰山が許されたが、他は投獄され慶應三年に六名は処刑された［長野一九八八：一一八］。このような異常事態の中で、慶應三年十月十四日の大政奉還、同年十二月九日の王政復古となり、慶應四年二月に香春藩寺社方から「朝政御一新、朝敵を除き、これまでの有罪者は大赦」の通達が届いて形勢は一挙に逆転し、小倉藩の占拠体制は三月に解かれた。明治元年（一八六八）九月十六日に座主の教有は僧籍を返上し、同年九月十九日に英彦山大権現を廃止して英彦山神社大宮司になり、神祇官直支配に置かれた。明治四年に国幣小社、明治二十三年に官幣小社、明治三十年には官幣中社となった。霊仙寺の大講堂は残されたが奉幣殿に改められ、内陣の阿弥陀・釈迦・不動の代わりに三面の鏡が置かれ、祭神の天忍穂耳尊、伊弉諾尊、伊弉冉尊を祀った。梵鐘は別の寺に移され宝篋印塔は御神燈に、坊中の仏壇は神棚に、峯入りの笈は書籍箱になった。天正二年（一五七四）以来の山内の行事は明治二年を最後に断絶した。大半の修験は復飾して神主になったが、旧来の祈禱札を神札に変えて檀那回りで配札し、その布施で生活する従来の方式を踏襲した。仏像・仏具は撤去され大講堂の後方に集められ神と仏は分けた。

明治元年の後半に小倉藩占拠への反動で少壮者を中心に勤皇の志士約百二十人が「神兵隊」を組織し、天皇を崇め神祇を敬う急進派として勢力を拡大した。廃仏毀釈の激化は明治七年以降で、同年六月に神社の禰宜となった三井八郎（旧小倉藩士）が「破仏は上の命なり背くべからず」として、「神兵隊」を推進役として山内の仏像・仏具・堂塔を徹底して破壊し尽くした。(22) 神兵隊の多くは中級以下の山伏が主体で江戸時代後期の経済的困窮があり世直しの希求に向かったのである。明治五年の壬申戸籍によれば旧坊家百四十七戸は総て神官となり、九十五戸が檀那回りの配札で生計を立てていた。文久三年の坊家は二百五十九戸で僅か十年余りで百十二戸が消えた。羽黒山・大峯山と共に日本の三大修験の拠点であった英彦山は、幕末の尊王攘夷に翻弄され完全に神道化された。

各地の有力な修験道の本山は、神仏判然令以後、表面上は復飾したり、神仏を巧妙に分離したりしていたが、羽黒山は明治六年、吉野山は明治七年、英彦山も明治七年に強制的に神道化され、廃仏毀釈に巻き込まれて仏教色は払拭された。結果的には、羽黒山は神道化したが少数の寺院を残して修験の伝統をかろうじて維持し、吉野山は神社になったが民衆や講の力で短期間で寺院に復帰し、英彦山は幕末の政治の混乱を経て台頭した勤皇の志士の活動で完全に神道化された。安丸良夫は明治初期の王政復古と祭政一致、神仏分離政策に関して「民衆の精神生活への尊大な無理解のうえに強行された、あらたな宗教体系の強制であった」［安丸一九七九：一四三］と述べる。明治維新の政策の多くは近代的国家体制確立のために復古の幻想を装いつつ、人々の内面性を政治的に絡めとる方策であったと言える。

十一　立山の明治維新

①神仏混淆廃止――明治二年三月

明治維新が山岳信仰に及ぼした影響も大きかった。その状況を立山で検討する。立山は修験道ではなく、天台宗衆徒の一山で構成されていたが、神道化が強制された。明治維新の状況は複雑なので、明治四年までの「形式破壊」の時期に限定して立山の山岳信仰に何が起こったかを検討したい。神仏混淆の廃止の命令は、立山へは明治二年三月に、金沢藩社寺方から寺社奉行当ての通達で伝えられ、権現の称号の廃止、寺院から神社への転換、衆徒の復飾神勤が指示された（芦峅寺文書二八一。以下文書と略す）[23]。内容は以下の通りである。

今般御一新ニ付、神佛混淆之義者被廃候旨、被仰渡候ニ付、立山権現之称号被廃、雄山神社与相唱、芦峅寺・岩峅寺之衆徒共、不残復飾神勤被仰付候條、双方打込可致策配候。尤佛体ハ不残取除、岩峅之方桙前立社壇者、雄山神社遥拝所与相改、本社拝殿御建物是迄之通被建置、芦峅之方大宮・若宮両本社之外、媼堂等御建物取拂、右媼堂江御寄進高五拾石之分、改而雄山神社江御寄進被成候條、此段可被申渡候事。

「御一新」で神仏混淆が廃止され、立山神の名称を、平安時代の『延喜式』「神名帳」（延長五年・九二七）の記載に遡って、「雄山神」に確定し、七百年の長きにわたる「立山権現」の称号は廃されて、峯の本社は雄山神社となった。『延喜式』は、越中國には三十四座があって新川郡七座中に雄山神があると記す。雄山神に関しては『日本三代実録』清和天皇貞観五年（八六三）の条に正五位上の神階が与えられたとあるのが最古の記述で、『日本紀略』宇多天皇の御代の寛平六年（八九四）にも従四位下に叙せられたとある。ただし、『延喜式』以降の古代・中世の立山関係文献には雄山神の名は皆無である［広瀬一九八四：三二、七二］。時代が下って永禄・天正頃（一五五八～一五八五）の「当国富崎之城下桑名姓光時」の奉納額に「立山雄山宮」とあるが、桑名光時は室町時代後期ではなく江戸時代中期の人物で後世の作為であろう。雄山神と立山を同一とする文献は、承応二年（一六五三）書写の『越中國式内社等旧社記』が初見であり、雄山神と立山神が本来、同一であったか否かは確証がない。江戸時代の絵図には雄山の名は記されておらず、「立山」や「立山御前」と表記され、社名は「峯本社」「御前堂」「権現堂」であった。「雄山神」は明治以降の新しい名称である。

立山の祭神は、明治以後、『古事記』『日本書紀』に根拠を求めて、立山権現を伊弉諾尊《いざなぎのみこと》、刀尾《たちお》権現を手力雄命《たぢからおのみこと》とした。伊弉諾尊の神名は立山に伝わる伊弉諾尊・伊弉冉尊の男女両神を祀るという江戸時代の伝承を読み変えて、祭神に籠められていた「男女交愛の根源」の豊穣祈願を否定し、伊弉諾尊を主神として一元化した［広瀬・清水一九九五：七四］。刀尾権現は刀尾天神ともいい、劔岳を本拠とする劔岳・立山一帯の地主神である。手力雄命と同定する根拠は明らかではないが、タヂとタチの音の類似性に基づいて記紀神話の手力雄命としたと見られる。本地垂迹に基づく神仏混淆の歴史は完全に否定された。

担い手に関しては芦峅寺と岩峅寺の衆徒は、別當や社僧であるので復飾（還俗）して神官として神勤し、佛体は総て取り除くとされた。ただし、建築物は各々の状況で、残すものと壊すものを分けた。岩峅寺の場合、前立社壇は雄山神社遥拝所に改め（後に再び前立社壇に改称）、本社と拝殿は祈禱所として残った。芦峅寺は、本殿として大宮に立山大権現に代えて伊弉諾尊、若宮に刀尾権現に代えて天手力雄尊を祀り、媼堂などの仏教施設は取払いとなり、仏像・仏具は破壊・移動・散逸が進んだ。芦峅寺の根本中宮の講堂は、拝殿の祈禱所（祈願殿）として残った（文書二八四、二八五）。現在は両本殿の祭神と立山全山三十六末社を合祀して祀る。開山の慈興上人（佐伯有頼）像を祀る室町時代創建の開山堂は摂社となり（昭和十五年の皇紀二千六百年に解体。昭和二十八年再建）、入定伝説のある御廟も残った。芦峅寺の媼堂への寄進分五十石は雄山神社に付け変えられて経済的には保証され、岩峅寺も藩寄進の田地五十石は継続されたが、衆徒は総て神職となって仏教色を一掃して神勤することになった。

②仏堂の取払い――明治二年三月

明治二年三月二十八日付、金沢藩寺社奉行の多賀左近から立山芦峅社人中宛てに出された通達では具体的な指示が出された（文書二八二）。

媼堂・閻魔堂・帝釋堂・講堂、今度各復飾被仰付候ニ付、右御建物御取拂可被仰付義ニ候得共、是迄御結縁之廉ヲ以、右御建物四棟共、各幷従前之社人江被下切ニ被仰付候段、執政中被申聞候條、被得其意夫々自分ニ可被取拂候。以上

通達の最後に「追而取払方相済候ハヽ、可被及届候。以上」と付記されている。

芦峅寺の仏教施設を旧衆徒の手で取払うように命じた文書である。芦峅寺衆徒は五月付で民政寮に対して願いを出し（文書二八四）、「従前媼堂を以、彌勒庵与相改、芦峅方院主本應儀、一山等滅罪檀那引集、僧業之儘罷在度旨」として、媼堂を滅罪寺として残そうとしたが、聞き届けられなかった。他方、芦峅寺は講堂を祈禱所として残すことはできた。同文書に「芦峅方従前講堂を以、祈禱所ニ相改度宗等願之趣承届候。併御普請所ニ者、不仰付候條、以來自普請ニいたし可申事」とある。ただし、今後は修復・修理に際しては「自普請」として負担は地元の自前となり、藩は従来のように経済的負担をしないこととなった。岩峅寺では、同文書（文書二八四）によれば、蔵生坊と多賀坊は「往古之因を以て、五智寺与相唱、一宇造立致旨願之趣難承届候」とあり、寺としての存続を願い出たが聞き届けられなかった。岩峅寺では梵鐘は取り除かれたが、鐘楼堂は雄山神社の遥拝所献供所として存続を認められた。明治二年五月以降、芦峅寺の媼堂は取払われ、布橋も放棄された。閻魔堂は昭和三年（一九二八）に再建されたが、媼堂は基壇が当時の様相を留めるのみである。

③媼尊の行方——明治二年以降

岩峅寺の信仰は立山権現が主体であるが、芦峅寺の信仰は媼堂に祀られる媼尊が主体であった。媼尊は立山権現とは異なる別の由来伝承が語られる。大日岳の山の神、あるいは立山権現の母神で女人往生を叶えるとされた。神仏混淆で民間信仰のカミであったがゆえに、神仏判然令の最大目標とされ、明治初年には「醜体、言語道断の邪神」として真っ先に廃棄の対象とされ、売却されたり、魚津の実相院に引き取られるなどして、媼堂は廃棄された。江戸時代の媼堂には本尊三体と、日本の国数に合わせた六十六体が祀られていた。江戸時代に芦峅寺から加賀藩に差し出された寺社来歴の書き上げの大半は媼堂に終始し、媼尊がいかに重要であったかがわかる。媼尊は神仏分離と廃仏毀釈で四散したが、再度集められて総計十四体が祀られ、五体が文化財に指定された。一体は永和元年（一三七五）の墨書銘があり、二体は室町期、二体は江戸初期と推定される。令和五年（二〇二三）に福江充が蒐集した九体が長期貸与の形で加わり、総計で二十三体になっている［福江二〇二三：三七］。三月十三日に御衣祭（お召し替）が開山堂で行われている。全てが当初の媼尊か否かは問題が残るが、ある程度復元されたのが現状である。

媼尊は神仏混淆の権化のような存在であった。芦峅寺の『立山略縁起』では、天地開闢の神、万物の祖神、五穀と麻をもたらし、寂滅の本土に帰る生死の惣政所として「冥府の神」で死者の霊の赴く山の神の性格もあり民間信仰の神であった。『加能越金砂子』は神仏混淆を説き「天神七代伊弉諾尊より以前、法性三摩耶の御神躰」で、伊弉諾尊以前に遡る究極の神で法性三昧耶（仏・菩薩が衆生を救済する本願を示す持ち物の法具類）の御神躰という。さらに「立山権現の御親神」で本地は大日如来、「女人成仏」により兜率天に導くとする。『御媼尊略縁起』も「本地大日三身」を説く。三身《さんじん》とは仏身観で法身・報身・応身をいう。『立山道名所』には「うはノ本尊は金剛界、中尊は大日如来、則ち是ハ天よりあまくたり玉ふ」とあり、芦峅寺の背後の大日岳に天下った神とも考えられる。媼堂前には影向石もあったという。芦峅寺の日光坊文書『金峯山修行秘密次第』（享和三年・一八〇三）によれば、大日岳は修験の行場であった。しかし、延宝三年（一六七五）の文書に「入峯の御祈禱も相絶え罷り有り申し候」とあり修行は絶えていた。媼三尊は三尊仏にもなぞらえられ、全国六十六國の媼を従える「媼尊」であった。『媼堂秘密口伝』には「造化の三神女性を以て出現あり。天地万物の母体の徳を現し、壽命長久。五穀豊穣、子孫繁栄、諸願満足の誓を立てたまふによって、媼の御字を以てして媼尊と崇め奉る」という。造化三神は明治新政府が最高神とした天御中主神、高皇産霊神、神皇産霊神であり、これを女神とされては否定するしかなかった。他方、岩峅寺では媼尊を重視せず、曼荼羅では媼堂や布橋は描かず、絵解き台本の『立山手引草』では奪衣婆としてさげすんでおり、神仏分離にはこの否定的な言説が効果を発揮したかもしれない。

ただし、明治三年頃までは事態は流動的と考えられていた。魚津の実相院は明治三年二月付で、「立山東神職中」（芦峅寺）宛てに、寺の守護神の愛宕社を東神職に預け、芦峅寺の媼尊を寺で預かるという神仏像取替証文を残していた。以下の通りである（文書三〇二）。

今般御一新ニ付、神佛混淆御振分ニ相成、依之往古より拙寺守護之愛宕社ハ、立山東神職中様へ預ケ御賜杯被下度、亦御方様之御媼尊寺預り度、支配双方交易方預り度旨示談相調候間、右ニ付被是無御座候。乍併、此後神佛混淆等元成ニ相成候時ハ、右媼尊相返シ、右愛宕社ハ此方

へ引取可申筈ニ御座候間、為其替書一札如件

「神仏混淆御振分」に際しての寺の方策で、神仏混淆に戻る可能性も考えられていた。明治二年と明治三年の時点では「神仏分離」という強い表現は使用されていない。明治二年三月の文書は仏堂を「取拂」（文書二八二）、明治二年十一月の文書は「佛像取除」（文書二九九）、明治三年二月の文書では「神仏混淆御振分」と表記する。まだ、元の神仏混淆に戻る期待もあったのである。

④寺号の廃止と新たな規定の確立――明治二年五月

明治二年五月には、金沢藩民政寮の指令「定書之事」（文書二八三）で、岩峅寺と芦峅寺は寺号を廃止し、各々は立山西社人と立山東社人として雄山神社に奉祀することを定めた。

右衆徒復飾被仰付候付ニ付、寺号廃し岩峅・芦峅社人与相成候得共、岩峅等之号唱候儀、不相當ニ付、東西社人之名目ニ改而申渡候事。

この通達には七ケ条の申し渡しがついていた。その内容は、①東西社人が優劣なく同等に奉仕する、②正・五・九月等の御祈禱は岩峅の遥拝所では東社人、芦峅の大宮・若宮では西社人がきて祈禱を行い、相互に相勤めて神納配分は六十二軒の均等とする。③毎年の六月十四日の雄山神社の祭

札には東西社人で神勤する。④立山の山開き中（六月朔日から七月晦日まで）の神拝者の神明帳への記載は室所（室堂）で東西社人が立ち会う、⑤峯本社の鍵は東西社人で期間を定めて交替して預かる、⑥戸銭（参拝者の山銭と賽銭等）は東西社人が室所に出勤して受け取り、六十二軒で配当する（末社の賽銭も同様）、⑦領国・他国への配札は東西社人双方に認め、収益は六十二軒に分配することである。

芦峅寺・岩峅寺の衆徒は、江戸時代まで双方は相互に独立した天台宗寺院であったが、一律に雄山神社に神勤することになり、従来、個別に立山権現に奉仕し、時には対立してきた岩峅寺と芦峅寺は共に社人として一体化し、戸銭の配分や配札も平等にする大転換を迫られた。岩峅寺の山中での戸銭の独占、芦峅寺の地方配札の独占は消滅した。ただし、配札に関しては、東西社人とも全国自由に廻檀が認められ、経済的な基盤は保証されていた。一方、明治二年九月付で、金沢藩は従来の村方との関係を変えて、雄山神社の神供米として東社人に玄米で年間五十俵の神供米を支給し（文書二八八）、さらに東社人三十八軒の一軒ごと玄米で十三俵の神供米を支給して、社地や居屋敷等を配当した（文書二九〇）。東社人へ下された御寄進米は従前の御寄進高に相当するので定納の税が課された（文書二九二、二九三）。ただし、百姓の持山は内郡治局の管轄となり、自由な伐木ができなくなって生活は困窮した。芦峅寺の衆徒方に従属していた百姓の実態については、明治二年七月付『証文一札之事』として連名で、葬儀に支障が生じ、小又村龍光寺や中村日置寺へと檀那寺の変更を願い上げている（文書二八六、二八七）。百姓の日常生活も激変したのである。

⑤平田派神道家の動向――明治三年

立山の神道化に関しては、平田派国学者で氷見の泉天満宮出身の大森定久（一八〇六～一八八六）が大きな関わりを持った［「氷見の先賢」編集委員会編一九七六］。大森は明治三年三月から明治四年三月までの一年間、雄山神社に奉仕し、復飾した神職に対し神道の本義と祭典の作法を教授した。氷見は平田派の影響が強く、大森は安政四年（一八五七）十月に上京して、平田篤胤門下の六人部《むとべ》是香《よしか》（一七九八～一八六四）に師事した。明治元年五月に神祇官神祭方御用、二年八月から十二月まで能登の気多神社、三年三月に立山の雄山神社、四年三月に能登石動山の伊須流岐比古神社に奉仕し、復飾した神職へ神道の本義と祭典の作法を教諭した。五年十月に能登一宮気多神社権宮司に就任し、神事祭儀を故事により整えた。

大森定久の大きな動きは、射水《いみず》神社を二上山から高岡古城公園に遷宮、雄山神社を立山から富山城址に遷宮、各々を呉西（越中西半）と呉東（越中東半）の精神的支柱にしようと計画したことである。所謂「越中神社触頭の関守」の創出である。射水神社は定久の意向に従って高岡に遷ったが、雄山神社は立山を離れては存在の意義を失うとして頑強に拒み、旧地に留まった。雄山神社の社格は、明治六年以来、県社のままで、ようやく皇紀二千六百年にあたる昭和十五年（一九四〇）に国幣小社に昇格したのは、遷宮に反対したことへの報復だとも伝えられている。昇格にあたっては、昭和天皇の御製の「立山の歌」が大きく貢献した。(24) 昭和天皇は、摂政宮の時代の大正十三年（一九二四）十一月三日に富山県へ行啓して、西礪波郡石動町の御野立所から立山を眺め、その時の印象を「立山の空にそびゆる雄々しさにならえとぞ思ふ御代の姿も」と和歌に詠み、大正十四年の歌会始の勅題「山色連天」に合わせて披露した。富山県民はいたく感激し、天皇即位の翌年の昭和二年（一九二七）に東京音楽学校教授の岡野貞一に依頼して曲をつけた。昭和二年（一九二七）立山雄山の頂上直下三ノ越の巨岩に「御詠」を刻んだ歌碑を建立し、五月十二日に除幕式が行われて「御歌」を斉唱した。これ以降、学校登山に際しては生徒たちが岩の前で「御歌」を斉唱するのが通例となり、武運長久や国威発揚の祈願もなされ、戦争の影が色濃くなっていった。

立山信仰は、前立社壇（岩峅寺）、中宮祈願殿（芦峅寺）、峯本社（雄山山頂）が中核である。立山は江戸時代には「立山御前」や「劔御前」と尊称され、胎蔵界と金剛界の曼荼羅に見立てられた。雄山の山頂部は神聖な場所とされ、宿泊もできる社務所が建てられたのは昭和二年（一九二七）であった。これ以前は、室堂が峯本社の社務所で、神官は毎朝、登拝者を引率して山頂に登って神事を務めていた。多くの山岳信仰の神社は、明治以降、山麓の宮を本社とし、頂上は奥ノ宮の扱いにしたが、立山は頂上を峯本社とする伝統を固く守り、毎年の例大祭には、県知事が奉幣使として絶頂に登拝した。これも県社のままに留められて長く冷遇された理由だという。立山の山頂部の神聖性は長く保たれてきた。劔岳の「人間登るべからず」という禁忌が破られたのが明治四十年（一九〇七）の柴崎芳太郎の測量による登山、「人間近づくべからず」とされて伏拝からの遥拝だけとされた称名ケ瀧に初めて登山家大平晟が接近したのは明治三十九年（一九〇六）であった。近代化と共に人々の意識に変化が生じ、山岳信仰の禁忌は確実に解けて行ったのである。

⑥上知令・社格制度・神祇官廃止と廃藩置県——明治四年

芦峅寺と岩峅寺にとっての大きな変化は明治四年一月五日付の「社寺領上知令」であった。同年七月の廃藩置県直後の八月に、神祇官は神祇省に格下げされて、明治元年以来の復古神道による祭政一致政策は挫折し、民衆の心を掌握する対仏教政策・キリスト教対策は不十分とされ、天皇制イデオロギーの国民への浸透策は再構築を迫られた。神道祭祀を天皇制と直結させるか、廃仏毀釈の失敗を踏まえて国民に受け入れられやすい形にするかの二者択一が求められた。明治四年の政変を期に、維新官僚は、文明開化・富国強兵へと政策の舵を切った。

明治四年（一八七一）七月十四日付けで廃藩置県の詔が発せられ、立山では、明治四年九月には藩からの寄進制度は撤廃され、雄山神社への五十俵の神供米と、一軒あたり十三俵の神供米は停止され、総ての給禄米が断たれて、社人は経済的に困窮を極めることになった。神職としての機能は停止し、経済的に立ちいかなくなった。

新たな展開は、明治五年三月に、神祇省に代わって宗教行政や教化活動を掌る官庁として教部省が設置されたことである。天皇制イデオロギーの国民への浸透を目的として、民衆の「教化」のために神道と仏教を結合し、キリスト教の浸透を食い止めようとしたのである。明治五年四月二十八日に「三条の教則」として「敬神愛国・天理人道・皇上奉戴朝旨遵守」が指針として発布され、教導職が国民を教化するために発足し、八月に神職が登用された。九月には仏教側の要請で大教院が設立され、神道側だけでなく仏教寺院や、近世以来の「講」を動員した大掛かりな教化体制が創り出された。富山県での教化の中心は明治六年に設置された中教院で、富山市西町の通坊《つうぼう》（本願寺派勝興寺の支坊）に隣接して建てられた。明治十五年頃の中教院絵図が当時の様相を伝えるが、現在は忘却の彼方である。

政府の方針で、「講」は文明開化の時代には相応しくないとしてきたが、民衆の信仰の基盤は講であり、新たな教化活動は講を拠り所にせざるを得なかった。明治六年八月二十四日付け「教会大意」（宗教組織の設立規則）の教部省布達で講活動を公認した。こうした流れの中で、立山では同年九月、困窮した東西旧神職（岩峅寺・芦峅寺）は六十二名の連名で、再度、神職として神勤できるように「職務之義ニ付嘆願願い」を富山県権令の山田秀典宛に提出し（文書三一六）登用を嘆願した。待遇は徐々に改善したが、講社再興までの道のりは長く、明治十三年（一八八〇）七月二十二日付けで認可がおりて神道的色彩を持つ立山講社がようやく結成された［福江一九九八］。しかし、明治十七年（一八八四）八月二十一日の教導職の廃止で、立山講社は再編成を余儀なくされて、神社から独立した組織とされ、立山教会の名称に改められて活動した。同時に、前代の仏教方式を中核にした天台宗禅定講教会も発足し、再び神と仏は緊張関係に入る。教導職の廃止で、明治政府の宗教政策は一段落を迎えた。

十二　神仏習合と神仏分離

最後に、修験道や山岳信仰に止まらず、明治初期の宗教史を問う根源的な問題提起をしておきたい。それは神仏判然令のことである。現在、この法令は神仏分離令として広く知られている。しかし、「神仏分離」の用語は明治時代初期には遡らず、「神仏習合」と対になって明治四十年代に登場した。「神仏分離」の用語の初見は修多羅亮延の「神仏分離と神官僧侶」（『仏教史学』二巻一号、明治四十五年・一九一二）で［阪本二〇〇五：二四。阪本二〇〇七：一六二］、『明治維新神佛分離史料』上巻（東方書院、一九二六）に再録されて広く知られることになった。他方、「神仏習合」の用語は、明治維新以後、四十年以上経過し過去を振り返る余裕が出来た段階で「遡及的」（retrospective）に現れた概念で、(25)足立栗園《あだちりつえん》の『近世神仏習合辨』（明治三十四年・一九〇一）［足立一九〇一：一六〇］が初見である。足立は石田梅岩の石門心学の紹介者として知られ、明治三十七年（一九〇四）から大正七年（一九一八）まで日本弘道会の編集主任として活躍した。学術用語としては明治四十年（一九〇七）に辻善之助が『史学雑誌』に連載して発表した「本地垂迹説の起源について」が嚆矢とされる。(26)定義は曖昧であったが、奈良時代の神と仏の関係を、神身離脱論、仏法の護法神で説明し、平安時代後期の本地垂迹に至って極限化したと、三段階に整理して、多くの人に受け入れられた。同論考は『日本佛教史之研究』（大正八年・一九一九）に収録されて広まった。

辻善之助が提唱した「神仏習合」の概念は、神と仏が時代の変化と共に関係を深め最終的には同一性を持つに至るという直線的な一元論である［伊藤二〇一二］。平安時代の本地垂迹を完成形態とみたために、鎌倉時代以後の変化や新しい展開が考察されていない。辻善之助は東京帝国大学の村上専精の指導の下で、大正九年（一九二〇）から大正十五年（一九二六）まで、全国において神仏分離に関わる史料や聞書きを蒐集し、大正十五年（一九二六）から昭和四年（一九二九）にかけて『明治維新神佛分離史料』全五巻を地域別に分けて出版した(27)。「神仏習合」の用語は、日清戦争（一八九四〜一八九五）と日露戦争（一九〇四〜一九〇五）を経てナショナリズムが高揚して国民統合が強化された時代に出現した。国体論の影響が強まり天皇の権威が確立して、忠君愛国の言説が登場した時代である。「神仏習合」は、全国の神社神道化が確実になった段階に現れ、過去の状況を遡及する運動の中で定着していった。「神仏習合」は、神道と仏教が対等に「習合」する二項対立の概念として浮上し、明治維新の「神仏分離」の正当性を説明する概念になった。本来は「仏神習合」と呼ぶべきであったかもしれない。明治維新の「神仏混淆」から「神仏判然」へという実態が、「神仏習合」から「神仏分離」へという理念や説明に切り替わり、「神道」の「仏教」に対する優越や、混淆や習合を負の表象とする意味合いが含み込まれた。二分法成立の背景には「宗教」概念の日本での定着がある。「宗教」概念に基づき、仏法は明治二十年代に「仏教」と呼ばれるようになった。神道と仏教の差異化は「宗教」概念によって促進された。

辻善之助が神仏分離史料の収集を開始した大正九年（一九二〇）は神道界の大きな転換点であった。同年十一月一日に明治神宮が創建され、初めて東京の「中心」となる神社が出現し、大正十年（一九二一）以降、初詣の第一位に躍り出た。これ以後、「寺社参詣」は、「社寺参詣」に変わっていき神社優位の傾向が強まった。現在は一般化している初詣の初見は、『東京日日新聞』明治十八年（一八八五）正月二日「鉄道」の記事にある川崎大師であり［平山二〇一五：二八］、近代の現象である。新年には歳徳神の恵方の神社に行くのが慣行であり、寺院では本尊の初縁日にお詣りしていた。明治神宮の出現は神社一元化への指向を高めた。

十三　大正時代から昭和時代へ

明治神宮創建は人々の行動を大きく変えた重要な文化運動である。大正・昭和を通じて、次第に明治神宮は伊勢神宮との連携を強化していく。大正時代以後の神道界の大衆的な神社神道の展開を「近代神道」と名付け、鉄道や出版メディアの発達と連動して大衆化した神道を指すことにする。「近代神道」は大正元年（一九一二）の明治聖徳記念学会の成立で開始され、ブレーンは加藤玄智（一八七三〜一九六五）で東京帝国大学で神道学を講じ天皇崇拝や神国思想を展開した。日本青年館（大正十年・一九二一）の落成、聖徳記念絵画館（大正十五年・一九二六）の開館での明治天皇・昭憲皇太后の顕彰など、建築による天皇崇拝が民衆へ浸透し、大衆への神社神道の浸透と天皇の祭祀の強化が進んだ。開館記念事業が「郷土舞踊と民謡の會」で、郷土の青年団を東京で公演させ、草の根からの国民形成に利用された〔鈴木二〇一五：二四～四三〕。明治神宮の創建以後、民衆の「寺社参詣」は「社寺参詣」となり、『明治維新神佛分離史料』全五巻の刊行（一九二六～一九二九）で「神仏分離」の用語が定着し、神と仏の関係は一元化されて、「神仏習合」と「神仏分離」の二項対立の概念が人々を呪縛するようになった。辻善之助は史料を駆使し佛教堕落論の必然的帰結を実証的に明らかにしていった。

一方、神仏分離史料の確定作業の時代は、柳田國男が民間伝承（後の民俗学）の学問的体系化に努めた時期と重なり、宇野圓空や岡正雄が民族学の概念を広めた時でもある。岡正雄が編集した『民族』の発刊は大正十四年（一九二五）、終刊は昭和四年（一九二九）で、この間に「民族学」の名称が一般化した。普及を促進した出版事業として岡正雄の兄の岡茂雄が編集者を務めた岡書院の役割は大きい[28]。出版を介して民俗学と民族学という学問は、「近代神道」の確立への対抗言説を形成した。民俗学と民族学は次第に分離していくが、双方ともにナショナリズムの高揚を支えていくようになった。柳田國男の主著『民間伝承論』（共立社、一九三四年）や『郷土生活の研究法』（刀江書院、一九三五年）は、日本精神運動が高揚した時代を背景にして著されたのである。

十四　総力戦体制の時代

戦時体制下で、民俗学と民族学は、「日本精神運動」と連動して政治的に利用されるようになった。「日本精神運動」の提唱者は紀平正美《きひらただよし》で、『日本精神』（岩波書店、一九三〇）を著し、国粋主義・国家主義を鼓舞し、日本精神による国民統合を説いた。昭和六年（一九三一）の満州事変勃発後、神話に民族精神の現れを読み取り天皇崇拝に結びつける日本精神主義は世間に流行した。政府は文部省の管轄として国民精神文化研究所（一九三二）を設立し、調査・研究・出版を通して、日本精神や国民精神など、政府中枢部の主義・主張を広く民衆の中に浸透させる機関とし、後には学問と教育全体の画一的統制を目ざす思想統制政策の機関へと発展する。所員としては、紀平正美、西田直二郎、古野清人などがいた。紀平正美は國體明徴運動の理論書『國體の本義』［文部省編一九三七］の編集にも中心的役割を果たした。満州事変以後には、「日本精神運動」は戦争遂行の精神を鼓舞する「民族的ナショナリズム」の母胎となって浸透した。昭和十二年（一九三七）七月七日に日中戦争が勃発し、国民精神総動員運動が九月九日に開始され流れは加速した。「総力戦体制」の時代（一九三七～一九四五）に突入したのである。「総力戦体制」とは、戦時下の動員体制で人的資源を再編成し、階級社会からシステム社会への移行を実現した社会体制で、戦時下に留まらず、戦後体制にも継続したと考える［山之内二〇一五］。「総力戦体制」の時代は、日本型ファシズムが高揚した時であった。日本民族の中核に「民族精神」や「日本精神」があるという主張が生まれ、精神を称揚して戦争に駆り立てた。

近代や帝国が創出した神話を「近代神話」と呼んでみたい。暫定的な定義は、「国民国家のもとで、国家の一体性を表象するために、古代の神話や始源の物語を用いて再構築した近代の言説」とする。「近代神話」は国民や国家の統合や団結に使われ「総力戦体制」のもとで「民族」をキーワードにして効果的に機能を発揮した［鈴木二〇二二］。こうした時代状況の中で、明治政府が否定した修験道が「民族精神」を体現する精神と肉体の鍛錬の尚武の修行として脚光を浴びるようになった。和歌森太郎『修験道史研究』や村上俊雄『修験道の発達』など本格的な修験道の研究書が、昭和十八年（一九四三）に公刊された［和歌森一九四三（一九七二）、村上一九四三（一九七八）］[29]。戦時下の出版物で、国策による出版事業である。明治初年の神仏判然令以後、約七十五年かけて、修験は甦り、学術研究の対象となり、総力戦体制下で再評価されて正当な地位を得るに至ったのである［鈴木二〇二〇］。修験道は日本型ファシズムの最終段階に組み込まれ、「皇民錬成運動」と評価されて復権した。学問は時代状況に応じて展開し形成されてきたのである。

戦後になって、国民精神文化研究所に関わった堀一郎や和歌森太郎は、神道学者の宮地直一や大場磐雄らと共に山岳信仰研究会を組織して活動を再開した[30]。日本精神運動や日本主義が山岳信仰や修験道の研究に及ぼした影響は大きい。「神体山」は、大場磐雄を通じて普及した「創られた伝統」の言説であった。戦後に独自の仏教民俗学を構築した五来重は、学生時代に紀平正美の講義を聞いて大きな影響を受けた［五来一九七七：五八九］。日本精神運動は、五来の民俗学に流れ込み独自の原理主義として受け継がれた。

五来は仏教民俗の研究を通じて、「仏教が基層文化のなかに組み込まれて常民に受容されてゆく過程の歴史現象」とし、最終的には基層文化の解明を目指した［五来二〇〇七：一四五］。五来には「神仏習合」を越える独自の発想があるが、日本の「民族宗教」の解明を目指す過度の本質主義は、どこかに戦前のナショナリズムの残滓を宿している。

十五　課題としての「神仏習合」

江戸時代以前の長い神仏混淆は、学術用語としては「神仏習合」と呼ばれてきた。ただし、「神仏習合」は、仏教側から神をどう取り込むかという論理が前提で、当初から不均等二分法であり、本来は「仏神習合」と呼ぶべきであったかもしれない。しかし、明治四十年代以降、「神仏習合」の概念が普及して、「神仏分離」の対概念になったことで柔軟で融通無碍な日本の信仰の実態と乖離し、原理主義的な神道優位の論理を無意識に受容させる説明の根拠となった。修験道も「神仏習合」の典型と考えられてきたが再考を要する。明治新政府が初期に行った過酷な過去との断絶を冷静に見つめなければならない。

今後の修験道や山岳信仰の研究は、過去に遡るだけでなく、現代の動きに目配りして、信仰の分野だけに留まらず、世相史や社会史も取り込んだ再帰的考察も視野に入ってくるであろう。「神仏習合」の概念を時代や文脈や地域を考慮せずに使用したり、東アジア全体に「神仏習合」や「神仏融合」の概念を日本側から一方的に適用することは慎重さを要する。「習合」概念には、古代以来の外来と在地の思想や実践の接合・重層・融合、中世の吉田神道の「両部習合神道」の思想、近代の辻善之助の学術用語としての「神仏習合」、現代でのシンクレティズムの訳語の「習合宗教」という四種類の概念が混在している。大事なのは当事者の論理であり異なるものを結合する関係性の論理である。今後は多次元的関係性や「異種混淆の想像力」を、歴史的変化を踏まえて、深く考察することが望まれる。

山岳信仰と修験道の研究は、一見すると特殊に見えるが、普遍的な課題、一般論に展開する可能性を残している。民俗学・宗教学・地理学・歴史学・人類学・美術史・考古学など特定の学問分野にこだわらずに、開かれた視野からの総合的探求が課題であろう。

（注）

（1）『太政類典』国立国会図書館デジタルアーカイブ参照。https://www.digital.archives.go.jp/dajou/

（2）日本最初の博覧会は、明治四年（一八七一）十月十日から十一月十一日まで京都の西本願寺大書院で行われた。その後、京都博覧会社が創立され、明治五年三月十日から五月三十日まで、西本願寺・建仁寺・知恩院を会場として第一回京都博覧会を開催し、入場者は三万九千四百四人、外国人客も入場を許され七百十人であった［工藤二〇〇八：九〇］。明治四年は小規模だったので明治五年を第一回とした。

（3）教部省、大教院、教導職に関しては、［小川原二〇〇四、羽賀二〇一二］など参照。

（4）「神仏御引分の御沙汰」の用法も『西川須賀雄日記』（手稿）にある［後藤一九九九：五九］。

（5）伊豆権現、金比羅宮、鹿島宮、山神堂、地蔵堂、稲荷堂、荒神堂などを担当した。

（6）文久三年（一八六三）六月十一日に鍬の盗難の泥棒探しを伊豆権現で人形や水の呪法で行った。『萬留帳』舟形町史編集協力委員会編一九七七：六一。

（7）『萬留帳』［舟形町史編集協力委員会編一九七七：五七～五八］。

（8）『萬留帳』［舟形町史編集協力委員会編一九七七：七〇］。

（9）『萬留帳』［舟形町史編集協力委員会編一九七七：八六］。

（10）「藩政改革意見書」新庄市立図書館編『郷土資料叢書』第二一輯、一九九三。

（11）明治十五年の岩倉具視『岩倉公実記』所収の意見書中に「明治維新」の用語がある［田中一九八七：七五］。「維新」の語は幕末から明治の初年にかけて初めて用いられた。慶応四年（一八六八）閏四月の「政体書」に「皇政維新」とあり、慶應三年（一八六七）の王政復古の大号令を指す。「御一新」の用語がはるかに多い。上野大輔の教示による。

（12）里修験の再評価に関しては、［鈴木二〇二三c］を参照。

（13）伊藤静衛の書写本の裏表紙には、明治二十五年（一八九二）とあり、確実な史料とは言えない。

（14）元盛岡大学教授で岩崎剣舞や大乗神楽の再興に尽くした。
（15）伊勢神宮は、明治四年に神職の世襲廃止や御師の廃止など制度改革が断行され、天照大神を皇祖神として祀る日本の最上位の神社に変貌した［ブリーン二〇〇六：一六二～一八二］。明治四年を境に、近代の神社神道が構築・整備されていったのである。
（16）撤去後、一時、拝所の「御峯」に置いたと伝えられ抵抗があったと見られる。現在は鶴岡市下川の善宝寺に安置されている。
（17）「開山能除太子の御儀は、忝くも人皇三十三代崇峻天皇の皇子蜂子皇子に御座候」『修験道章疏』第三巻［日本大蔵経編纂會編一九一九：四四六］。蜂子皇子の現地での初見史料と思われる。立谷沢の蜂子村を最初の居住地としたと説く。同：四五二頁。
（18）宮内庁宮内公文書館所蔵。識別番号四〇二五三、書陵課の調査による。
（19）江戸時代には、一の宿は山上の坊、二の宿は吹越、三の宿は小月山の大満であった。
（20）正善院の秋峯は八月二十五日から八月三十一日までで荒澤寺を峯中堂とし、出羽三山神社の秋峯は八月二十六日から九月一日まで吹越を峯中堂にしている。
（21）正善院はホームページを開設して、歴史や行事を積極的に外部に発信するようになった。
（22）当時の状況に関しては、大正年間に蒲池辰治（慶應年間生まれ。昭和七年没）が幼少時の記憶や古老の証言を書き記した手記に詳しい［長野一九七八：九一三～九一四］。
（23）芦峅寺文書は［木倉編一九六二］による。以下の引用も同書からである。

（24）昭和三年（一九二八）には、歌碑建立を記念して、竜鳳竹島立峰『昭和の理想と立山の御詠』が刊行され、「日本三霊山の存在意義」の節で、越中おわら節の「越中で立山　加賀では白山　駿河の富士山　三国一だよ」が「日本三霊山」と解釈された〔竜峰竹島一九二八：九四〕。雄山の峯本社は「日本三霊山立山登山」の御札を信者に配布した。かくして、「三国一の富士の山」に立山・白山を組み込んだ「三霊山」は、越中を中心に次第に広まっていったと推定される〔鈴木二〇二四：三六〕。江戸時代には「三山」「三つ山」「三岳」と呼ばれ、三山を二か月弱で巡拝する過酷な「三禅定」も行われたが〔福江二〇一七〕、三霊山の記述はなく発生は近代とみられる。初見は浅地倫が『立山権現』（一九〇七）で「日本帝国の三霊山」と記したのが早い〔浅地一九〇七：一〕。日露戦争（一九〇四～一九〇五）後のナショナリズムの高揚と連動していた可能性がある。「日本三霊山」は最近になって蘇った。令和五年（二〇二三）年一月二十二日に富山県、石川県、静岡県の三県が、「日本三霊山」を活かした地域振興につなげるための連携協定を締結して以来、にわかに三霊山が話題に上るようになった。昭和天皇の御製の歌は、戦前・戦後に文脈を変えて顕在的・潜在的に人々の山岳信仰を意味付けてきた。

（25）「習合」の用語は本地垂迹説に由来し、吉田兼倶が神道を、本迹縁起神道（伊勢神道）、両部習合神道（密教系神道）、元本宗源神道（吉田神道）、に分けた時に、仏教の影響を強く受けたという意味で「習合」が使用された。

（26）『史学雑誌』第一八編一号、四号、五号、八号、九号、一二号、一九〇七年に掲載。

(27) 村上専精・辻善之助・鷲尾順敬編『明治維新神佛分離史料』上巻、一九二六年。中巻、一九二六年。下巻、一九二七年。続編 上巻、一九二八年。続編 下巻、一九二九年。東方書院。

(28) 高木敏雄、柳田國男、松岡静雄、南方熊楠、今和次郎、新村出、浜田耕作、清野謙次、藤田豊八、長谷部言人等、民族学・民俗学・神話学・言語学・考古学の本を出版した。

(29) 和歌森太郎の『修験道史研究』が平凡社で一九七二年に東洋文庫に収録されて再刊された時の自著解説によれば［和歌森一九七二：三八二］、十七年十一月に河出書房からの刊行が決定し、十八年一月に上梓され、初版二千部、再版千五百部、三版二千部という異様な売れ行きをした。その理由として「太平洋戦争中に、日本人の独特な文化についての関心が強められつつあったこと」「心身の「錬成」に通じさせた霊山登拝と、そこでの難行苦行のあり方への吟味」が求められた結果だという、同時期の刊行物には、柳田國男『日本の祭』（弘文堂、一九四二）、松平斉光『祭』（日光書院、一九四三）、村山修一『神仏習合と日本文化』（弘文堂書房、一九四二）、などがあり、当時の時代の雰囲気を濃厚に映し出している。

(30) 活動の成果は「山岳信仰叢書」として、大場磐雄『日本における山岳信仰の考古学的考察』（一九五八）、堀一郎『日本における山岳信仰の原初形態』（一九五九）、宮地直一『山岳信仰と神社』（一九五九）、肥後和男『日本における山岳信仰の歴史』（一九五九）として、いずれも神社新報社から出版された。

参考文献

〈第一章〉

足立栗園　一九〇一『近世神仏習合辨』警醒社。
伊藤　聡　二〇一二『神道とは何か―神と仏の日本史―』中央公論新社（中公新書）。
伊藤　聡　二〇二〇『神道の中世―伊勢神宮・吉田神道・中世日本紀―』中央公論新社（中公選書）。
井上寛司　二〇二四『日本の神社と「神道」』法藏館（法藏館文庫。初版。校倉書房、二〇〇六）。
岩田慶治　一九七三『草木虫魚の人類学―アニミズムの世界―』淡交社（淡交社選書。再刊。講談社学術文庫、一九九一年）。
岩田慶治　一九七九『カミの人類学―不思議の場所をめぐって―』講談社（再刊。講談社学術文庫、一九八五年）。
岩田慶治　一九八四『カミと神―アニミズム宇宙の旅―』講談社（再刊。講談社学術文庫、一九八九年）。
岩田慶治　一九九三『アニミズム時代』法藏館（再刊。法藏館文庫、二〇二〇年）。
遠藤　潤　一九九五「文学部神道講座の歴史的変遷」『東京大学史紀要』一三号、一～一六頁。

大場磐雄　一九六四「神体山」『神道要語集』一二（國學院大學日本文化研究所紀要第一五輯）、二〇〇～二一四頁。
岡田米夫　一九六一「三輪山の神体山信仰について」『神道史研究』第九巻六号、五一〇～五一九頁。
碧海寿広　二〇一八『仏像と日本人―宗教と美の近現代―』中央公論新社（中公新書）。
景山春樹　一九七一『神体山―日本の原始信仰をさぐる―』学生社。
川崎剛志　二〇一四「金峯山の埋経と役行者の行道」『説話文學研究』四九号、六九～七二頁。
クラウタウ、オリオン　二〇一二『近代日本思想としての仏教史学』法藏館。
五来　重　一九八〇『修験道入門』角川書店（再刊。ちくま文芸文庫、二〇二一年）。
五来　重　二〇〇七「日本仏教民俗学論攷」『日本仏教民俗学の構築』（五来重著作集第一巻）法藏館（初出。学位主論文、一九六二年）、一四一～三九〇頁。
阪本是丸　二〇〇五「神仏分離・廃仏毀釈の背景について」『明治聖徳記念學會紀要』第四一号、二二一～四三頁。
阪本是丸　二〇〇七『近世・近代神道論考』弘文堂。
佐々木宏幹　二〇〇四『仏力―生活仏教のダイナミズム―』春秋社。
城崎陽子　二〇一七『富士に祈る』大本山高尾山薬王院。
鈴木正崇　一九九九「大地から神へ」鈴木正崇編『大地と神々の共生―自然環境と宗教―』（講座

人間と環境第一〇巻）昭和堂、六～二八頁。
鈴木正崇　二〇〇九「アニミズム」日本文化人類学会編『文化人類学事典』丸善、四六四～四六五頁。
鈴木正崇　二〇一五ａ「アニミズムの地平―岩田慶治の方法を越えて―」鈴木正崇編『森羅万象のささやき―民俗宗教研究の諸相―』風響社、九一一～九二八頁。
鈴木正崇　二〇一五ｂ「『民俗藝術』の発見―小寺融吉の学問とその意義―」『明治聖徳記念學會紀要』第五二号（特集　祭礼と芸能）、二四～四三頁。
鈴木正崇　二〇一五ｃ『山岳信仰―日本文化の根底を探る―』中央公論新社（中公新書）。
鈴木正崇　二〇一八ａ「神と仏」大谷栄一・菊地暁・永岡崇編『日本宗教史のキーワード―近代主義を越えて―』慶應義塾大学出版会、四九～五四頁。
鈴木正崇　二〇一八ｂ「明治維新と修験道」『宗教研究』第九二巻二輯、一三一～一五七頁。
鈴木正崇　二〇二三ａ「宗教民族学と総力戦体制」『宗教研究』第九七巻二輯、二〇一～二二五頁。
鈴木正崇　二〇二三ｂ「書評と紹介　松本博之・関根康正編『岩田慶治を読む―今こそ〈自分学〉への道を―』」『宗教研究』第九七第三輯、一五一～一五六頁。
鈴木正崇　二〇二三ｃ「解説　宮本袈裟雄の民俗学―その特質と方法―」宮本袈裟雄『天狗と修験者―山岳信仰とその周辺―』法藏館（法藏館文庫）、二六五～二七八頁。
圭室文雄　一九七一『江戸幕府の宗教統制』評論社（日本人の行動と思想第一六巻）。

圭室文雄　一九七七『神仏分離』教育社（教育歴史新書）。
ド・セルトー、ミッシェル　一九八七『日常的実践のポイエティーク』（山田登世子訳）国文社（Michel de Certeau,*Art de Faire*,Union Générale d'Editions,Paris,1980）。
ドルチェ、ルチア、三橋正編　二〇一三『「神仏習合」再考』勉誠出版。
中山　郁　二〇〇七『修験と神道のあいだ—木曽御嶽信仰の近世・近代—』弘文堂。
中山太郎　一九八四『日本巫女史』（増補復刊）パルトス社（初版。大岡山書店、一九三〇年）。
奈良国立博物館編　二〇〇七『神仏習合—かみとほとけが織りなす信仰と美—』奈良国立博物館。
羽賀祥二　二〇二二『明治維新と宗教』法蔵館（法蔵館文庫。初版。筑摩書房、一九九四）。
林　淳　二〇〇二「明治五年修験宗廃止令をめぐる一考察—天台・真言への帰入問題—」『禅研究所紀要』第三〇号、一一七～一一八頁。
林　淳　二〇〇九「近代仏教の時期区分」『季刊日本思想史』ぺりかん社、第七五号、三～一三頁。
林　淳　二〇一八「『神仏混淆』から『神仏習合』へ—用語の再検討—」羽賀祥二編『近代日本の地域と文化』吉川弘文館、二一～二八頁。
平山　昇　二〇一五『初詣の社会史—鉄道が生んだ娯楽とナショナリズム—』東京大学出版会。
藤山みどり　二〇一五a「あの世の存在を日本仏教宗派はどのように説いているか」『月刊住職』第四九五号（二〇一五年一〇月号）興山舎、七九～八七頁。
藤山みどり　二〇一五b「死んだら極楽浄土へ往けると日本仏教各宗派はなぜ説くのか」『月刊住

職』第四九六号（二〇一五年一一月号）興山舎、一二〇〜一二九頁。
ホブズボウム・エレック＆レンジャー・テレンス編　一九九二『創られた伝統』（前川啓治、梶原景昭他訳）紀伊國屋書店（Hobsbawm, Eric J. Ranger, Terence O.eds,*The Invention of Tradition*,Cambridge : Cambridge University Press, 1983.
安丸良夫　一九七九『神々の明治維新─神仏分離と廃仏毀釈─』岩波書店（岩波新書）。
山口静一　一九八二『フェノロサ─日本文化の宣揚に捧げた一生─』上巻・下巻、三省堂。
山田浩之　一九九三「『神体山』の成立─近世三輪山観の展開─」『神道宗教』第一五一号、五二〜七七頁。
山田浩之　二〇一四「岡田米夫と神体山─普通名詞『神体山』の成立過程─」『神道宗教』第二三六号、一〇六〜一〇八頁。
吉田一彦　二〇一二『仏教伝来の研究』吉川弘文館。
吉田一彦編　二〇二一『神仏融合の東アジア史』名古屋大学出版会。
和田　萃　二〇〇三『飛鳥─歴史と風土を歩く─』岩波書店（岩波新書）。
渡　勇輝　二〇二一「柳田国男の大正期神道論と神道談話会─『神道私見』をめぐって─」『佛教大学大学院紀要文学研究科篇』四九号、八一〜九八頁。
Grapard,A,1992.,*The Protocol of the Gods: A Study of the Kasuga Cult in Japanese History*, University of California Press.

〈第二章〉
厚木市秘書部市史編さん室編　一九九九『厚木市史　中世通史編』厚木市。
阿部泰郎　一九八〇「比良山系をめぐる宗教史的考察」『比良山系における山岳宗教調査報告書』元興寺文化財研究所、六〜八八頁。
阿部泰郎　一九八九「女人禁制と推参」大隅和雄・西口順子編『巫と女神』（シリーズ女性と仏教第四巻）平凡社、一五三〜二四〇頁。
阿部泰郎　二〇〇一『聖者の推参—中世の声とヲコなるもの—』名古屋大学出版会。
猪川和子　一九七五「蔵王権現と金剛童子像」『日本古彫刻史論』講談社。
石川知彦　二〇〇〇「役行者と修験道」石川知彦・小澤弘編『図説役行者—修験道と役行者絵巻—』河出書房新社、一一〜三二頁。
石塚一郎　一九七〇「後崇光院宸筆宝蔵絵詞」『書陵部紀要』第二一号、七七〜八一頁（後に篠原四郎編『那智叢書』第二三巻、一九七四、熊野那智大社、に「『切目王子』の『きな粉の化粧』」として再録）。
伊藤　聡　二〇一二『神道とは何か—神と仏の日本史—』中央公論新社（中公新書）。
井上一稔　二〇一六「室生寺からみた古代山寺の諸相」久保智康編『日本の古代山寺』高志書院、二四五〜二八七頁。
岩田慶治　一九七九『カミの人類学—不思議の場所をめぐって—』講談社（再刊。講談社学術文庫、一九八五年）。
上島　亨　二〇二〇「日本中世の宗教史」吉田一彦・上島亨編『日本宗教史を問い直す』（日本宗教史二）吉川弘文館、七四〜一五二頁。
上野　誠　二〇〇八『大和三山の古代』講談社（講談社現代新書）。
上野　誠　二〇一八『万葉文化論』ミネルヴァ書房。
牛山佳幸　一九九〇『古代中世寺院組織の研究』吉川弘文館。
牛山佳幸　二〇〇五『「女人禁制」の成立事情と歴史的意義をめぐる再検討』科学研究費補助金基盤研究（C2）研究成果報告書。
牛山佳幸　二〇〇八「女人禁制・女人結界」金子幸子・黒田弘子・菅野則子・義江明子編『日本女性史大辞典』吉川弘文館、五五八頁。
大川廣海　一九八四『出羽三山の四季』新人物往来社。
大桑　斉　一九七九『寺檀の思想』教育社（再刊。法藏館文庫、二〇二三年）。
太田直之　二〇〇八『中世の社寺と信仰─勧進と勧進聖の時代─』弘文堂。
大西貫夫　二〇一六「宮都と周辺の山寺─飛鳥・奈良時代を中心に─」久保智康編『日本の古代山寺』高志書院、九九〜一二六頁。
大場磐雄　一九七〇『祭祀遺蹟─神道考古学の基礎的研究─』角川書店。
川崎剛志　二〇一七「『箕面寺縁起』の撰述と受容」『就実表現文化』第一一号、一〜一六頁。

川崎剛志　二〇二一『修験の縁起の研究―正統な起源と歴史の創出と受容―』和泉書院。
川崎剛志編　二〇一一『修験道の室町文化』岩田書院。
川瀬由照　二〇二三「東大寺開山堂良弁僧正像再考―伝承、説話と肖像制作―」ＧＢＳ実行委員会編『論集　良弁僧正―伝承と実像の間―』東大寺、五五～七四頁。
行　智　一九七五『木葉衣・鈴懸衣・踏雲録事』（五来重編注）平凡社（東洋文庫）。
小林崇仁　二〇二一『日本古代の仏教者と山林修行』勉誠出版。
小松和彦　二〇〇三『異界と日本人―絵物語の想像力―』角川書店（再刊。角川ソフィア文庫、KADOKAWA、二〇一五年）。
小松和彦　二〇一八『鬼と日本人』KADOKAWA（角川ソフィア文庫）。
小山聡子　二〇〇三『護法童子信仰の研究』自照社出版。
小山靖憲　二〇〇〇『熊野古道』岩波書店（岩波新書）。
五来　重　一九七五『増補　高野聖』角川書店（角川選書。初版。一九六五）。
五来　重　二〇〇八「修験道伝承論」（一九八一）『修験霊山の歴史と信仰』（五来重著作集第六巻）法藏館、三八〇～四〇七頁。
五来　重編　一九八四『修験道史料集［Ⅱ］西日本篇』（山岳宗教史研究叢書第一八巻）名著出版。
櫻井徳太郎　一九七七「初期仏教の受容とシャマニズム」『日本のシャマニズム』下巻、吉川弘文館、二八三～三〇四頁。

櫻井徳太郎・萩原龍夫・宮田登校注　一九七五『寺社縁起』（日本思想大系第二〇巻）岩波書店。
佐々木章（文）・椎葉クニ子（語り）　一九九八『おばあさんの山里日記』葦書房。
佐々木喜善　一九九八「狩猟の話」『ヤマダチ―失われゆく狩りの習俗―』遠野市立博物館。
笹本正治　二〇二二『山岳信仰伝承と景観―虚空蔵山を中心に―』岩田書院。
佐野賢治　一九九六『虚空蔵菩薩信仰の研究―日本的仏教受容と仏教民俗学―』吉川弘文館。
首藤善樹　二〇〇四『金峯山寺史』国書刊行会。
神道大系編纂会編　一九八八『神道大系　文学編一　神道集』神道大系編纂会。
菅谷文則　一九九五「大峯山寺の発掘」『山岳修験』第一六号、四八～六二頁。
菅谷文則　二〇一三「大峯奥駈道の考古学研究成果について」『山岳修験』第五二号、一～一三頁。
鈴木正崇　一九八九「修正会」長尾雅人・井筒俊彦・福永光司・上山春平・服部正明・梶山雄一・高崎直道編『日本思想一』（岩波講座　東洋思想　第一五巻）岩波書店、一一六～一五二頁。
鈴木正崇　二〇〇一『神と仏の民俗』吉川弘文館。
鈴木正崇　二〇〇二『女人禁制』吉川弘文館（歴史文化ライブラリー。再刊。講談社学術文庫、二〇二二年）。
鈴木正崇　二〇〇四『祭祀と空間のコスモロジー―対馬と沖縄―』春秋社。
鈴木正崇　二〇一五『山岳信仰―日本文化の根源を探る―』中央公論新社（中公新書）。
鈴木正崇　二〇一八『熊野と神楽―聖地の根源的力を求めて―』平凡社（ブックレット〈書物をひら

く〉)。
鈴木正崇　二〇二一『女人禁制の人類学―相撲・穢れ・ジェンダー―』法藏館。
鈴木正崇　二〇二三「神楽の近代―大乗神楽の事例から―」八木透・斎藤英喜・星優也編『歴史と地域のなかの神楽』法藏館、八七～一二二頁。
鈴木正崇　二〇二四『日本の山の精神史―開山伝承と縁起の世界―』青土社。
関口真規子　二〇〇九『修験道教団成立史―当山派を通して―』勉誠出版。
薗田香融　一九五七「古代仏教における山林修行とその意義―特に自然智宗をめぐって―」『南都佛教』第四号、四五～六〇頁(『平安仏教の研究』法藏館、一九八一年に再録)。
平　雅行　一九九二「顕密仏教と女性」『日本中世の社会と仏教』塙書房、三九一～四二六頁。
武《たけ》　覚超　二〇〇八『比叡山仏教の研究』法藏館。
武内孝善　二〇〇八『弘法大師　伝承と史実―絵伝を読み解く―』朱鷺書房。
田中公明　二〇〇四『両界曼荼羅の誕生』春秋社。
圭室諦成　一九六三『葬式仏教』大法輪閣。
圭室文雄　一九七一『江戸幕府の宗教統制』評論社(日本人の思想と行動)。
千葉徳爾　一九八三『女房と山の神』堺屋図書。
時枝　務　二〇一六『山岳宗教遺跡の研究』岩田書院。
時枝　務　二〇一八『山岳霊場の考古学的研究』雄山閣。

時枝　務　二〇二四「「山寺」論序説（二）」『考古学論究』第二三号、一四九～一五八頁。
時枝　務編　二〇一二『季刊考古学』一二一号（特集　山寺の考古学）雄山閣。
時枝務・長谷川賢二・林淳編　二〇一五『修験道史入門』岩田書院。
徳永誓子　二〇〇一「修験道成立の史的前提―験者の展開―」『史林』第八四巻第一号、九七～一二三頁。
徳永誓子　二〇〇三「修験道史研究の視角」『新しい歴史学のために』二五二号、一～九頁。
徳永誓子　二〇一五「修験道の成立」時枝務・長谷川賢二・林淳編『修験道史入門』岩田書院、七七～九二頁。
徳永誓子　二〇二二『憑霊信仰と日本中世社会』法藏館
徳永誓子　二〇二三「修験道当山派と興福寺堂衆」川崎剛志・時枝務・徳永誓子・長谷川賢二編『修験道とその組織』（論集修験道の歴史一）岩田書院、一八三～二一六頁（初出。『日本史研究』第四三五号、一九九八）。
苫米地誠一　二〇二四「弘法大師入定信仰の成立について（二）―十・十一世紀の史料をめぐって―」『仏教文化論集』第一三号、川崎大師教学研究所、一二九～一六六頁。
豊島　修　一九九〇『熊野信仰と修験道』名著出版。
トレンソン、スティーブン　二〇一六『祈雨・宝珠・龍―中世真言密教の深層―』京都大学学術出版会。

ナウマン、ネリー　一九九四『山の神』（野村伸一、檜枝陽一郎訳）言叢社（原著。Yamanokami:Die Japanishe Berggothait,Teil 1 (in Asian Folklore Studies,Vol.22,1963),Teil 2 in Asian Folklore Studies,Vol.23（2）, 1964。
長野　覺　一九八七『英彦山修験道の歴史地理学的研究』名著出版。
中村元他編　二〇〇二『岩波　仏教辞典　第二版』岩波書店。
中村安宏・鹿野朱里　二〇二二「鉄門海の思想――『亀鏡志』の分析を中心に――」『アルテス　リベラレス（岩手大学人文社会科学部紀要）』第一一〇号、一三～三二頁。
奈良県文化財保存事務所編　一九八六『重要文化財大峰山寺本堂修理工事報告書』奈良県教育委員会。
仁井田好古編　一九七〇『紀伊続風土記』第三輯、歴史図書社（原本。天保十年・一八三九）。
二河《にこう》良英　一九七八「熊野那智の信仰」『近畿霊山と修験道』（山岳宗教史研究叢書第一一巻）名著出版、二四七～二七七頁。
西岡芳文　二〇〇四「新出『浅間大菩薩縁起』にみる初期富士修験の様相」『史學』第七三巻一号、三田史学会、一～一四頁。
西口順子　一九八七『女の力―古代の女性と仏教―』平凡社（平凡社選書）。
日光二荒山神社編　一九六三『日光男体山―山頂遺跡発掘調査報告書―』角川書店（再刊、名著出版、一九九一年）。

日本大蔵経編纂會編　一九一六『修験道章疏』第一巻、日本大蔵経編纂會。
日本大蔵経編纂會編　一九一九ａ『修験道章疏』第二巻、日本大蔵経編纂會。
日本大蔵経編纂會編　一九一九ｂ『修験道章疏』第三巻、日本大蔵経編纂會。
長谷川賢二　一九九一「修験道史のみかた・考えかた―研究の成果と課題を中心に―」『歴史科学』一二三号、一七～二七頁（『修験道組織の形成と地域社会』岩田書院、二〇一六に再録）。
長谷川賢二　二〇一六『修験道組織の形成と地域社会』岩田書院。
服部幸雄　二〇〇九『宿神論―日本藝能民信仰の研究―』岩波書店。
日野西眞定　二〇一六『高野山信仰史の研究』岩田書院。
兵藤裕己　二〇〇九『琵琶法師―〈異界〉を語る人びと―』岩波書店（岩波新書）。
平泉　澄編　一九五三『泰澄和尚傳記』白山神社。
廣瀬　誠・清水　巌　一九九五『山と信仰　立山』佼成出版社。
藤井　淳　二〇二二『空海　三教指帰―桓武天皇への必死の諫言―』慶應義塾大学出版会。
藤巻和宏　二〇一七『聖なる珠の物語―空海・聖地・如意宝珠―』平凡社（ブックレット〈書物をひらく〉）。
堀池春峰　二〇〇四「竜門寺に就いての一考察」『南都仏教史の研究　遺芳篇』法藏館、二九九～三一九頁（初出、『奈良県総合文化調査報告書　吉野川流域龍門地区』一九五三）。
増山智弘　二〇二四「相論解決回路としての山伏の通交―近江湖北・湖東の修験を素材として―」

川崎剛志・時枝務・徳永誓子・長谷川賢二篇『論集修験道の歴史二　寺院・地域社会と山伏―』岩田書院。五五～四六頁（初出。蔵持重祐編『中世の紛争と地域社会』岩田書院、二〇〇九）。
松長有慶　二〇一四『高野山』岩波書店（岩波新書）。
三橋　正　二〇一三「神仏関係の位相―神道の形成と仏教・陰陽道―」ルチア・ドルチェ、三橋正編『「神仏習合」再考』勉誠出版、二九～六一頁。
蓑輪顕量　二〇一五『日本仏教史』春秋社。
宮家　準　一九八八『大峰修験道の研究』佼成出版社。
宮家　準　二〇〇〇『役行者と修験道の歴史』吉川弘文館（歴史文化ライブラリー）。
宮家　準　二〇〇一『修験道―その歴史と修行―』講談社（講談社学術文庫）。
宮家　準編　一九七八『修験集落八菅山』慶應義塾大学宮家準研究室。
村山修一　一九九四『比叡山史―闘いと祈りの聖域―』東京美術。
村山修一編　一九六四『葛川明王院史料』吉川弘文館。
森下恵介　二〇二〇『吉野と大峰―山岳修験の考古学―』東方出版。
柳田國男　一九六九「神を助けた話」『定本　柳田國男集』第一二巻、筑摩書房、一六三～二一三頁（初出。玄文社、一九二〇）。
柳田國男編　一九七五『葬送習俗語彙』国書刊行会。
山下克明　一九九六『平安時代の宗教文化と陰陽道』岩田書院。

山田浩之　一九九三「『神体山』の成立―近世三輪山観の展開―」『神道宗教』第一五一号、五一～七七頁。
山本陽子　二〇一二「熊野曼荼羅に見る神仏のヒエラルキー―切目王子を中心に―」大橋章・新川登亀男編『「仏教」文明の受容と君主権の構築―東アジアのなかの日本―』勉誠出版、三一一～三四七頁。
吉田一彦　二〇一二『仏教伝来の研究』吉川弘文館。
吉田一彦　二〇一六『修二会と『陀羅尼集経』―呪師作法の典拠経典をめぐって―』『藝能史研究』第二一二号、一～一八頁。
吉田一彦　二〇二一「鬼と神と仏法―インド・中国・日本：役行者の孔雀王呪法を手がかりに―」吉田一彦編『神仏融合の東アジア史』名古屋大学出版会、二九六～三二八頁。
吉田一彦　二〇二四『神仏融合史の研究』名古屋大学出版会。
渡邊照宏　一九七五『不動明王』朝日新聞社（朝日選書）。
渡邊照宏・宮坂宥勝　一九九三『沙門空海』筑摩書房（ちくま学芸文庫。初出。筑摩書房、一九六七）。
渡邊照宏・宮坂宥勝校注　一九六五『三教指歸・性靈集』（日本古典文學大系第七一巻）岩波書店、一八二～一九〇頁。
Blair,Heather,2015 *Real and Imagined: The Peak of Gold in Heian Japan*,Harvard University Press.

〈第三章〉
浅田正博　二〇〇〇『仏教からみた修験の世界―「『修験三十三通記』を読む―」』国書刊行会。
厚木市秘書部市史編さん室編　一九九九『厚木市史　中世通史編』厚木市。
阿部泰郎　二〇一八『中世日本の世界像』名古屋大学出版会。
猪川和子　一九七五「蔵王権現と金剛童子像」『日本古彫刻史論』講談社、二七六～二八六頁。
石川知彦　二〇〇〇「役行者と修験道」石川知彦・小澤弘編『図説役行者―修験道と役行者絵巻―』河出書房新社、一一～三二頁。
磯前順一　二〇〇三『近代日本の宗教言説とその系譜―宗教・国家・神道―』岩波書店。
伊藤　聡　二〇一二『神道とは何か―神と仏の日本史―』中央公論新社（中公新書）。
井上一稔　二〇一六「室生寺からみた古代山寺の諸相」久保智康編『日本の古代山寺』高志書院、二四五～二八七頁。
井上寛司　二〇二四『日本の神社と「神道」』法藏館（法藏館文庫。初版。校倉書房、二〇〇六年）。
上島　亨　二〇二〇「日本中世の宗教史」吉田一彦・上島亨編『日本宗教史を問い直す』（日本宗教史第一巻）吉川弘文館、七四～一五二頁。
小川豊生　二〇二二「修験と胎生―中世天台教学との接点をもとめて―」『現代思想』第四九五号（総特集　陰陽道・修験道を考える）青土社、三〇一～三一四頁。
川内教彰　二〇一六「『血盆経』受容の思想的背景をめぐって」『佛教大学仏教学部論集』第一〇〇

号、一五～三六頁。
川崎剛志　二〇一四「金峯山の埋経と役行者の行道」『説話文學研究』第四九号、六九～七二頁。
川崎剛志　二〇二一『修験の縁起の研究─正統な起源と歴史の創出と受容─』和泉書院。
川崎剛志・時枝務・徳永誓子・長谷川賢二編　二〇二三a『修験道とその組織』（論集修験道の歴史一）岩田書院。
川崎剛志・時枝務・徳永誓子・長谷川賢二編　二〇二三b『修験道の文化史』（論集修験道の歴史三）岩田書院。
川崎剛志・時枝務・徳永誓子・長谷川賢二編　二〇二四『寺院・地域社会と山伏』（論集修験道の歴史二）岩田書院。
神田より子　二〇一八『鳥海山修験─山麓の生活と信仰─』岩田書院。
行智　一九七五『木葉衣・鈴懸衣・踏雲録事』（五来重編注）平凡社（東洋文庫）。
京都大学文学部国語学国文学研究室編　一九八一『諸国一見聖物語』臨川書店。
『金峯山の遺宝と神仏』MIHO MUSEUM、二〇二三年、二三二頁。
小林崇仁　二〇一〇「日本古代における山林修行の資糧（一）─乞食・蔬食─」『蓮花寺佛教研究所紀要』三号、一五～六一頁（『日本古代の仏教者と山林修行』勉誠出版、二〇二一年に再録）。
小松茂美編　一九九三『続日本の絵巻第二六巻　土蜘蛛草紙・天狗草紙・大江山絵詞』中央公論社。
小山聡子　二〇二〇『もののけの日本史─死霊、幽霊、妖怪の一〇〇〇年─』中央公論新社（中公新書)。
五来　重　一九七五『増補　高野聖』角川書店(角川選書。初版。一九六五)。
五来　重　一九八〇『修験道入門』角川書店(再刊。ちくま学芸文庫、二〇二一)。
五来　重　二〇〇八a『修験道の修行と宗教民俗』(五来重著作集第五巻)法藏館。
五来　重　二〇〇八b『修験道霊山の歴史と信仰』(五来重著作集第六巻)法藏館。
五来　重　二〇〇九(一九七六)「庶民信仰における滅罪の論理」『庶民信仰と日本文化』(五来重著作集第九巻)法藏館、三三五～三七一頁。
五来　重編　一九八三『修験道史料集[Ⅰ]東日本篇』(山岳宗教史研究叢書第一七巻)名著出版。
五来　重編　一九八四『修験道史料集[Ⅱ]西日本篇』(山岳宗教史研究叢書第一八巻)名著出版。
近藤祐介　二〇一七『修験道本山派成立史の研究』校倉書房。
櫻井徳太郎他校注　一九七五「諸山縁起」『寺社縁起』(日本思想大系第二〇巻)岩波書店。
『三山雅集』一九七四、東北出版企画(原本。宝永七年・一七八〇)。
繁田信一　二〇二二「聖(ひじり)と平安京周辺の山々」『常民文化研究』第一巻、一二五～一五九頁。
島薗進・鶴岡賀雄編　二〇〇四『〈宗教〉再考』ぺりかん社。
首藤善樹　二〇〇四『金峯山寺史』国書刊行会。
鈴木昭英　二〇〇三『修験教団の形成と展開』(修験道歴史民俗論集一)法藏館。

鈴木昭英　二〇〇四a『霊山曼荼羅と修験巫俗』（修験道歴史民俗論集二）法藏館。
鈴木昭英　二〇〇四b『越後・佐渡の山岳修験』（修験道歴史民俗論集三）法藏館。
鈴木正崇　一九八七「祭祀空間の中の性―後戸の神をめぐって―」『文化人類学』第四号（特集　性と文化表象）アカデミア出版会、二三二～二四八頁。
鈴木正崇　一九八九「修正会」長尾雅人・井筒俊彦・福永光司・上山春平・服部正明・梶山雄一・高崎直道編『日本思想二』（岩波講座　東洋思想　第一五巻）岩波書店、一一六～一五二頁。
鈴木正崇　二〇〇一『神と仏の民俗』吉川弘文館。
鈴木正崇　二〇〇二『女人禁制』吉川弘文館（歴史文化ライブラリー。再刊。講談社学術文庫、二〇二二年）。
鈴木正崇　二〇一五『山岳信仰―日本文化の根源を探る―』中央公論新社（中公新書）。
鈴木正崇　二〇一八『熊野と神楽―聖地の根源的力を求めて―』平凡社（ブックレット〈書物をひらく〉）。
鈴木正崇　二〇二一a『女人禁制の人類学―相撲・穢れ・ジェンダー―』法藏館。
鈴木正崇　二〇二一b「観光資源としての聖地」『地域人』七六号（特集　日本の聖地―信仰と観光―）大正大学出版会、二六～三五頁。
鈴木正崇　二〇二三a「神楽の近代―大乗神楽の事例から―」八木透・斎藤英喜・星優也編『歴史と地域のなかの神楽』法藏館、八七～一二二頁。

鈴木正崇　二〇二三b「解説　宮本袈裟雄の民俗学―その特質と方法―」宮本袈裟雄『天狗と修験者―山岳信仰とその周辺―』法藏館（法藏館文庫）、二六五～二七八頁。
鈴木正崇　二〇二四a『日本の山の精神史―開山伝承と縁起の世界―』青土社。
鈴木正崇　二〇二四b「修験道儀礼と芸能―鳥海山の事例から―」『哲學』第一五三集、一五七～一八七頁。
鈴木正崇　二〇二四c「相模の山岳信仰と修験道」日本山岳会神奈川支部編『かながわ山岳誌』山と渓谷社、五三～六二頁。
鈴木正崇　二〇二五「道教と山岳信仰・修験道」日本道教学会編『道教文化と日本―陰陽道・神道・修験道―』勉誠社。
関口真規子　二〇〇九『修験道教団成立史―当山派を通して―』勉誠出版。
薗田香融　一九五七「古代仏教における山林修行とその意義―特に自然智宗をめぐって―」『南都佛教』第四号、四五～六〇頁（『平安仏教の研究』法藏館、一九八一に再録）。
高埜利彦　一九八九『近世日本の国家権力と宗教』東京大学出版会。
武内孝善　二〇〇六『弘法大師空海の研究』吉川弘文館。
田中公明　二〇〇四『両界曼荼羅の誕生』春秋社。
谷口耕生　二〇一三「役行者の孔雀明王像―當麻寺をめぐる修験ネットワーク―」『當麻寺―極楽浄土へのあこがれ―』奈良国立博物館、二六三～二六七頁。

千田《ちだ》孝明　二〇一一「日光山常行堂小史」菅原信海・田邊三郎助編『日光―その歴史と宗教―』春秋社、九五～一二〇頁。
筒井英俊校訂　一九七一『東大寺要録』国書刊行会。
テーウン、マーク　二〇〇八「神祇、神道《ジンドウ》、そして神道《シントウ》―〈神道〉の概念史を探る―」（彌永信美訳）『文学』第九巻二号、二四七～二五六頁。
テーウン、マーク　二〇一七「神道の概念化とユートピア」『現代思想』第四五巻二号（総特集　神道を考える）青土社、八～一四頁。
時枝務・長谷川賢二・林淳編　二〇一五『修験道史入門』岩田書院。
徳永誓子　二〇〇一「修験道成立の史的前提」『史林』第八四巻第一号、九七～一二三頁。
徳永誓子　二〇〇三「修験道史研究の視角」『新しい歴史学のために』第二五二号、一～九頁。
徳永誓子　二〇一五「修験道の成立」時枝務・長谷川賢二・林淳編『修験道史入門』岩田書院、七七～九二頁。
徳永誓子　二〇二一「修験道の成立を考える」『現代思想』第四九巻五号（総特集　陰陽道・修験道を考える）青土社、二〇四～二一五頁。
徳永誓子　二〇二二『憑霊信仰と日本中世社会』法藏館。
二河良英　一九七八「熊野那智の信仰」『近畿霊山と修験道』（山岳宗教史研究叢書第一一巻）名著出版、二四七～二七七頁。

西川新次　二〇二三「中道町円楽寺の役行者像」川崎剛志・時枝務・徳永誓子・長谷川賢二編『修験道の文化史』（論集修験道の歴史三）岩田書院、二七一～二八九頁（初出。『甲斐中世史と仏教美術』名著出版、一九九四）。
日本大蔵経編纂會編　一九一六『修験道章疏』第一巻、日本大蔵経編纂會。
日本大蔵経編纂會編　一九一九ａ『修験道章疏』第二巻、日本大蔵経編纂會。
日本大蔵経編纂會編　一九一九ｂ『修験道章疏』第三巻、日本大蔵経編纂會。
長谷川賢二　一九九一「修験道史のみかた・考えかた―研究の成果と課題を中心に―」『歴史科学』一二三号、一七～二七頁（『修験道組織の形成と地域社会』岩田書院、二〇一六に再録）。
長谷川賢二　二〇一六『修験道組織の形成と地域社会』岩田書院。
服部幸雄　二〇〇九『宿神論―日本藝能民信仰の研究―』岩波書店。
藤岡　穣　二〇〇四「蔵王権現―その成立と展開―」『増補吉野町史』吉野町、二三四～二五四頁。
星野靖二　二〇一二『近代日本の宗教概念―宗教者の言葉と近代―』有志舎。
堀池春峰　二〇〇四「龍門寺に就いての一考察」『南都仏教史の研究　遺芳篇』法藏館、二九九～三一九頁（初出、『奈良県総合文化調査報告書　龍門地区』一九五三）。
本田安次　一九九四「山伏神楽・番楽」『本田安次著作集』第五巻（日本の傳統藝能　神楽Ⅴ）錦正社（初版。斎藤報恩会、一九四二）。
正木　晃　二〇一二『密教』筑摩書房（ちくま学芸文庫）。

正木　晃　二〇二一『マンダラを生きる』KADOKAWA（角川ソフィア文庫）。
松尾恒一　一九九七『延年の芸能史的研究』岩田書院。
松長有慶　一九八九『密教―インドから日本への伝承―』中央公論新社（中公文庫）。
三橋　正　二〇一三「神仏関係の位相―神道の形成と仏教・陰陽道―」ルチア・ドルチェ、三橋正編『「神仏習合」再考』勉誠出版、二九～六一頁。
蓑輪顕量　二〇一五『日本仏教史』春秋社。
宮家　準　一九七一『修験道儀礼の研究』春秋社。
宮家　準　一九八五『修験道思想の研究』春秋社。
宮家　準　一九八八『大峰修験道の研究』佼成出版社。
宮家　準　一九九九『修験道組織の研究』春秋社。
宮家　準　二〇〇一『修験道―その歴史と修行―』講談社（講談社学術文庫）。
宮家　準　二〇一二『修験道の地域的展開』春秋社。
宮家　準編　一九七八『修験集落八菅山』慶應義塾大学宮家準研究室。
宮本袈裟雄　一九八四『里修験の研究』吉川弘文館（再刊。岩田書院、二〇一〇）。
村山修一編　一九六四『葛川明王院史料』吉川弘文館。
森下恵介　二〇二〇『吉野と大峰―山岳修験の考古学―』東方出版。
山下克明　一九九六『平安時代の宗教文化と陰陽道』岩田書院。

和歌森太郎　一九七二『修験道史研究』平凡社（東洋文庫。初版。一九四三、河出書房）。
渡邊照宏　一九七五『不動明王』朝日新聞社。
渡邊照宏・宮坂宥勝校注　一九六五『三教指歸・性靈集』（日本古典文學大系第七一巻）岩波書店、一八二〜一九〇頁。
Blair,Heather,2015 *Real and Imagined: The Peak of Gold in Heian Japan*,Harvard University Press.
Castiglioni,Andrea, Rambelli,Fabio, Roth,Carina ,eds.2020,*Defining Shugendō: Critical Studies on Japanese Mountain Religion*,Bloomsbury.

〈第四章〉

阿部泰郎　一九八九「女人禁制と推参」大隅和雄・西口順子編『巫と女神』（シリーズ女性と仏教第四巻）平凡社、一五三〜二四〇頁。
石川力山　一九九〇「道元の《女身不成仏論》について―十二巻本『正法眼蔵』の性格をめぐる覚書―」『駒澤大学禅研究所年報』第一号、八八〜一二三頁。
岩科小一郎　一九八三『富士講の歴史―江戸庶民の山岳信仰―』名著出版。
牛山佳幸　一九九〇『古代中世寺院組織の研究』吉川弘文館。
牛山佳幸　一九九六ａ「女人禁制」日本仏教史研究会編『日本の仏教六（論点　日本仏教）』法藏館、

七四〜七九頁。
牛山佳幸　一九九六b「『女人禁制』再論」『山岳修験』第一七号、一〜一一頁。
牛山佳幸　二〇〇五『「女人禁制」の成立事情と歴史的意義をめぐる再検討』科学研究費補助金（C２）研究成果報告書、信州大学。
牛山佳幸　二〇〇八「女人禁制・女人結界」金子幸子・黒田弘子・菅野則子・義江明子編『日本女性史大辞典』吉川弘文館、五五七〜五五八頁。
牛山佳幸　二〇二一「いわゆる『女人高野』の起源と諸類型」『山岳修験』第六七号、一〜二三頁。
大川廣海　一九八四『出羽三山の四季』新人物往来社。
大高康正　二〇一一「富士山の「合目」標記に関する一考察」『富士山学』第一号、雄山閣、七四〜八八頁。
小栗栖健治　二〇一一『熊野観心十界曼荼羅』岩田書院。
川内教彰　二〇一六「『血盆経』受容の思想的背景をめぐって」『佛教大学　仏教学部論集』第一〇〇号、一五〜三六頁。
工藤泰子　二〇〇八「明治初期京都の博覧会と観光」『京都光華女子大学研究紀要』第四六号、七七〜一〇〇頁。
粂　汐里　二〇二三『中近世語り物文芸の研究―信仰・絵画・地域伝承―』三弥井書店。
高達《こうだて》奈緒美　一九九二「越中立山における血盆経信仰Ⅰ」富山県立山博物館調査研究報告書一、富山県［立山博物館］、一～二七頁。
斎藤希史　二〇一三「翻訳語事情［tradition→伝統］」『読売新聞』二〇一三年二月一八日付。
櫻井徳太郎　一九七七「初期仏教の受容とシャマニズム」『日本のシャマニズム』下巻、吉川弘文館、二八三～三〇四頁。
佐藤文子　二〇二〇「宗教史としてみた女身の人の性と生」伊藤聡・佐藤文子編『日本宗教の信仰世界』（日本宗教史第五巻）吉川弘文館、八～三八頁。
静岡県富士山世界遺産センター・富士宮市教育委員会編　二〇二一『富士山表口の歴史と信仰―浅間大社と興法寺―』静岡県富士山世界遺産センター。
島津良子　二〇一七「女人禁制の解除過程―境内地から地域社会へ―」『比較家族史研究』第三一号（特集　高野山における人口維持システム）、弘文堂、二一六～四二頁。
神道大系編纂会編　一九八五『神道大系　神社編三一　日光・二荒山』神道大系編纂会。
菅谷文則　一九九五「大峯山寺の発掘」『山岳修験』第一六号、四六～六二頁。
鈴木正崇　二〇〇二『女人禁制』吉川弘文館（歴史文化ライブラリー。再刊。講談社学術文庫、二〇二一）。
鈴木正崇　二〇一五『山岳信仰―日本文化の根源を探る―』中央公論新社（中公新書）。
鈴木正崇　二〇一八a「明治維新と修験道」『宗教研究』第九二巻二号、一三一～一五七頁。
鈴木正崇　二〇一八b「山岳信仰と仏教―開山の思想を中心に―」『現代思想』第四六巻一六号

（総特集　仏教を考える）青土社、三二一～三三二頁。
鈴木正崇　二〇二一『女人禁制の人類学―相撲・穢れ・ジェンダー―』法藏館。
鈴木正崇　二〇二四「役行者と富士山」遠山敦子編『富士山と日本人―豊かな「富士山学」への誘い―』静岡新聞社、一二四～一二六頁。
平　雅行　一九九二「顕密仏教と女性」『日本中世の社会と仏教』塙書房、三九一～四二六頁。
竹谷靭負　二〇一一『富士山と女人禁制』岩田書院。
寺田透・水野弥穂子校注　一九七〇「正法眼蔵」『道元（上）』（日本思想大系第一二巻）岩波書店。
時枝　務　二〇一六『山岳宗教遺跡の研究』岩田書院。
時枝　務　二〇一八『山岳霊場の考古学的研究』雄山閣。
徳永誓子　二〇一五「修験道の成立」時枝務・長谷川賢二・林淳編『修験道史入門』岩田書院、七七～九二頁。
苫米地誠　二〇一〇「空海撰述の「祖典」化をめぐって―空海第三地菩薩説と『御遺告』の成立―」阿部泰郎編『中世文学と寺院資料・聖教』（中世文学と隣接諸学第二巻）竹林舎、四〇～六六頁。
長野　覺　一九八七『英彦山修験道の歴史地理学的研究』名著出版。
中山太郎　一九八四『日本巫女史』（増補復刊）パルトス社（初版。大岡山書店、一九三〇）。
中山正典　二〇一三『富士山は里山である―農がつくる山麓の風土と景観―』農山漁村文化協会。

西海賢二　二〇〇八『富士・大山信仰―山岳信仰と地域社会―』岩田書院。
西口順子　一九八七『女の力―古代の女性と仏教―』平凡社（平凡社選書）。
日光二荒山神社編　一九六三『日光男体山―山頂遺跡発掘調査報告書―』角川書店（再刊。名著出版、一九九一）
野村育世　二〇〇四「室町後に普及した差別観―北陸の寄進札を中心に―」『仏教と女の精神史』吉川弘文館、一三四～一五九頁。
長谷川賢二　二〇一六『修験道組織の形成と地域社会』岩田書院。
日野西眞定　一九八九「高野山麓苅萱堂の発生と機能―特に千里御前の巫女的性格について―」大隅和雄・西口順子『シリーズ女性と仏教第四巻　巫と女神』平凡社、二四一～二九〇頁（『高野山信仰史の研究』岩田書院、二〇一六に再録）。
廣瀬誠・清水巌　一九九五『山と信仰　立山』佼成出版社。
福江　充　一九九八『立山信仰と立山曼荼羅―芦峅寺衆徒の勧進活動―』岩田書院。
福江　充　二〇〇六『立山信仰と布橋大灌頂法会―加賀藩芦峅寺衆徒の宗教儀礼と立山曼荼羅―』桂書房。
福江　充　二〇一一『江戸城大奥と立山信仰』法藏館。
福江　充　二〇二三「立山山麓芦峅寺における媼尊信仰の研究―新たに発見した媼尊像の紹介も含めて―」『北陸大学紀要』第五五号、一七三～二一六頁。

富士吉田市歴史民俗博物館編　一九九七『富士山明細図』富士吉田市教育委員会。
ホブズボウム・エリック&レンジャー・テレンス編　一九九二『創られた伝統』（前川啓治、梶原景昭他訳）紀伊國屋書店。Hobsbawm,Eric and Ranger,Terence. eds.,1983.*The Invention of Tradition.*, Cambridge: Cambridge University.
牧野和夫・高達奈緒美　一九九六「血盆経の受容と展開」岡野治子編『女と男の時空　日本女性史再考第三巻』藤原書店、八一～一一五頁。
松本郁代　二〇二〇「日本宗教における「性」の多様性」伊藤聡・佐藤文子編『日本宗教の信仰世界』（日本宗教史第五巻）吉川弘文館、六九～九一頁。
三橋　正　一九八九「『延喜式』穢規定と穢意識」『延喜式研究』第二号、四〇～七五頁。
宮家　準　一九八八『大峰修験道の研究』佼成出版社。
宮崎ふみ子　二〇一五「女人禁制―富士登拝をめぐって―」島薗進・高埜利彦・林淳・若尾政希編『他者と境界』（シリーズ日本人と宗教第六巻）春秋社、五一～八六頁。
宮本袈裟雄　一九七九「男体山信仰」宮田登・宮本袈裟雄編『日光山と関東の修験道』（山岳宗教史研究叢書第八巻）名著出版、一五一～一六一頁。
森下恵介　二〇〇三「大峰山系の遺跡と遺物」山の考古学研究会編『山岳信仰と考古学』同成社、二一三～四二一頁。
柳田國男　一九九八「妹の力」『柳田國男全集』第一一巻、筑摩書房、二四三～四四七頁（初版。

創元社、一九四〇）。
矢野治世美　二〇二〇「『金剛峯寺日並記』にみる女人禁制」和歌山人権研究所編『女人禁制　伝統と信仰』阿吽社（人権ブックレット）、六～二四頁。
吉田一彦　一九八九「龍女の成仏」大隅和雄・西口順子編『救いと教え』（シリーズ　女性と仏教第二巻）平凡社、四五～九一頁。
吉田一彦　二〇一二『仏教伝来の研究』吉川弘文館。
鷲尾順敬・神龜法壽　一九三三「女人結界の廃止顛末」松岡譲編『現代佛教』第一〇五号（十周年記念特輯號）大雄閣、二三〇～二三六頁。
渡邊照宏・宮坂宥勝校注　一九六五『三教指歸・性靈集』（日本古典文學大系第七一巻）岩波書店、一八二～一九〇頁。

〈第五章〉

相田二郎　一九七六「起請文の料紙牛玉寶印に就いて」『日本古文書学の諸問題』名著出版（初出。一九四〇）。
阿部泰郎　一九八九「宝珠と王権―中世王権と密教儀礼―」『日本思想二』（岩波講座　東洋思想第一六巻）岩波書店、一一五～一六九頁。
有吉憲彰編　一九三一「塵壺集」『福岡縣郷土叢書』第一集、東西文化社（復刻版、文献出版、一九七五)。
飯沼賢司　二〇一四『八幡神とはなにか』KADOKAWA(角川ソフィア文庫。初出。角川書店、二〇〇四)。
飯沼賢司　二〇一五『国東六郷山の信仰と地域社会』同成社。
伊藤　聡　二〇一二『神道とは何か─神と仏の日本史─』中央公論新社(中公新書)。
伊藤常足編　一九八九『太宰管内志』(豊前国三巻)中巻、文献出版。
川添昭二・廣渡正利編校訂　一九八六『彦山編年史料　古代・中世編』文献出版。
川添昭二・廣渡正利編校訂　二〇〇三『彦山編年史料　近世編』文献出版。
九州国立博物館編　二〇一三『山の神々─九州の霊峰と神祇信仰─』九州国立博物館。
九州山岳霊場遺跡研究会・九州歴史資料館編　二〇一七『英彦山─信仰の展開と転換─』九州山岳霊場遺跡研究会。
行　智　一九七五『木葉衣・鈴懸衣・踏雲録事』(五来重編注)平凡社(東洋文庫)。
『清水《きよみず》磨崖仏塔梵字群の研究』一九九七、鹿児島県川辺町教育委員会。
『小石原村誌　補遺』二〇〇一、小石原村。
河野彦契　一九七九『豊鐘善鳴録 全』防長史料出版社(原本。寛延三年・一七五〇)。
五来　重　二〇〇六「山の宗教─修験道講義─」(一九九一)『修験道の修行と宗教民俗』(五来重著作集第五巻)法藏館、一五九~三四七頁。

五来　重　二〇〇八「飛鉢の験競べ」『修験道の修行と宗教民俗』『修験道の歴史と信仰』（五来重著作集第五巻）法藏館、二五五〜二八二頁。
五来　重編　一九八四『修験道史料集［Ⅱ］西日本篇』（山岳宗教史研究叢書第一八巻）名著出版。
佐々木哲哉　一九七七「修験道彦山派の峰中修行」中野幡能編『英彦山と九州の修験道』（山岳宗教史研究叢書第一三巻）名著出版、三四〜六四頁。
佐々木哲哉　二〇〇七『野の記憶―人と暮らしの原像―』弦書房。
重松明久校注翻訳　一九八六『八幡宇佐宮御託宣集』現代思潮社。
白川琢磨　二〇一七「英彦山の信仰と民俗」白川琢磨編『英彦山の宗教民俗と文化資源』木星舎、一〜三八頁。
白川琢磨編　二〇一七『英彦山の宗教民俗と文化資源』木星舎。
神道大系編纂会編　一九八七『神道大系　神社編三五　阿蘇・英彦山』。
鈴木正崇　二〇〇二『女人禁制』吉川弘文館（歴史文化ライブラリー。再刊。講談社学術文庫、二〇二二）。
鈴木正崇　二〇一三「中世の戸隠と修験道の展開―『顕光寺流記』を読み解く―」篠田知和基編『異界と常世』楽瑯書院（千葉）、二三九〜三三〇頁（『日本の山の精神史―開山伝承と縁起の世界―』青土社、二〇二四に再録）。
鈴木正崇　二〇一五『山岳信仰―日本文化の根底を探る―』中央公論新社（中公新書）。

鈴木正崇　二〇一八『熊野と神楽―聖地の根源的力を求めて―』平凡社〈ブックレット〈書物をひらく〉〉。
鈴木正崇　二〇二一『女人禁制の人類学―相撲・穢れ・ジェンダー―』法藏館。
鈴木正崇　二〇二四『日本の山の精神史―開山伝承と縁起の世界―』青土社。
添田町教育委員会編　二〇一六『英彦山総合調査報告書』（本文編・資料編）添田町教育委員会。
曽根原　理　二〇一八『徳川時代の異端的宗教―戸隠山別当乗因の挑戦と挫折―』岩田書院。
高埜利彦　一九八九『近世日本の国家権力と宗教』東京大学出版会。
田川郷土研究会編　一九七八『増補　英彦山』葦書房（初版。田川郷土研究会、一九五八）。
徳永誓子　二〇一五「修験道の成立」時枝務・長谷川賢二・林淳編『修験道史入門』岩田書院、七七～一〇八頁。
長野　覺　一九七八「明治維新と英彦山山伏」田川郷土研究会編『増補　英彦山』葦書房、八八九～九二四頁。
長野　覺　一九八七『英彦山修験道の歴史地理学的研究』名著出版。
長野覺・朴成寿編　一九九六『韓国・檀君神話と彦山開山伝承の謎』海鳥社。
中野幡能　一九七七「英彦山と九州の修験道」中野幡能編『英彦山と九州の修験道』（山岳宗教史研究叢書第一三巻）名著出版、一～三二頁。
日本大蔵経編纂會編　一九一九a『修験道章疏』第二巻、日本大蔵経編纂會。

日本大蔵経編纂會編　一九一九ｂ『修験道章疏』第三巻、日本大蔵経編纂會。
長谷川賢二　二〇一六『修験道組織の形成と地域社会』岩田書院。
廣瀬誠・清水巌　一九九五『山と信仰　立山』佼成出版社。
廣渡正利　一九九四『英彦山信仰史の研究』文献出版。
藤巻和宏　二〇一七『聖なる珠の物語―空海・聖地・如意宝珠―』平凡社（ブックレット〈書物をひらく〉）。
松川博一　二〇一七「古代・中世の彦山」『霊峰英彦山―神仏と人と自然と―』九州歴史資料館、一二八～一三三頁。
村上龍生　一九九五『英彦山修験道絵巻』かもがわ出版。
森　弘子　二〇〇八『宝満山の環境歴史学的研究』太宰府顕彰会。
山本義孝　二〇一七「英彦山玉屋窟について」九州山岳霊場遺跡研究会・九州歴史資料館編『英彦山―信仰の展開と転換―資料集』九州山岳霊場遺跡研究会、九五～一〇六頁
山本義孝　二〇二三「彦山大行事考」『宗教民俗研究』第三三号、八三～一〇六頁。
吉田一彦　二〇一二『仏教伝来の研究』吉川弘文館。
吉田隆英　一九九八「彦山の縁起」『国文学　解釈と鑑賞』六三巻一二号、至文堂、一五九～一六六頁。
『霊峰英彦山―神仏と人と自然と―』二〇一七、九州歴史資料館。

〈第六章〉

浅地　倫　一九〇七『立山権現』高見活版所、中田書店（富山）。
足立栗園　一九〇一『近世神佛習合辨』警醒社。
伊東尾四郎　一九二八「英彦山神社の神仏分離」『明治維新神仏分離史料』続編上巻、東方書院、九〇八～九一二頁（再刊。名著出版（新編）、第一〇巻、一九八四、一一一二～一一一六頁）。
伊藤　聡　二〇一二『神道とは何か―神と仏の日本史―』中央公論新社（中公新書）。
梅田義彦　一九七一『改訂増補　日本宗教制度史近代篇』東宣出版。
小川原正道　二〇〇四『大教院の研究―明治初期宗教行政の展開と挫折―』慶應義塾大学出版会。
木倉豊信編　一九六二『越中立山古文書』立山開発鉄道。
工藤　泰子　二〇〇八「明治初期京都の博覧会と観光」『京都光華女子大学研究紀要』第四六号、七七～一〇〇頁。
後藤赳司　一九九九『出羽三山の神仏分離』岩田書院。
五来　重　一九七七「堀一郎博士の日本仏教史研究」『堀一郎著作集』第一巻、未来社、五八九～五九六頁。
五来　重　二〇〇七「日本仏教民俗学論攷」（一九六二）『日本仏教民俗学の構築』（五来重著作集第一巻）法藏館。
阪本是丸　二〇〇五「神仏分離・廃仏毀釈の背景について」『明治聖徳記念學會紀要』四一号、二二～四三号。
阪本是丸　二〇〇七『近世・近代神道論考』弘文堂。
「社寺取調類纂」　一九二九『明治維新神仏分離史料』続編下巻、東方書院、一九二六、六四頁。再刊。名著出版（新編）、第八巻、一九八三、六一七頁。
首藤善樹　二〇〇四『金峯山寺史』国書刊行会。
鈴木正崇　二〇一五「『民俗藝術』の発見―小寺融吉の学問とその意義―」『明治聖徳記念學會紀要』第五二号（特集　祭礼と芸能）二四～四三頁。
鈴木正崇　二〇二〇「日本型ファシズムと学問の系譜―宇野圓空とその時代―」平藤喜久子編『ファシズムと聖なるもの／古代的なるもの』北海道大学出版会、二四～五〇頁。
鈴木正崇　二〇二二「「近代神話」と総力戦体制」清川祥恵、南郷晃子、植朗子編『人はなぜ神話〈ミュトス〉を語るのか―拡大する世界と〈地〉の物語―』文学通信、二〇七～二三二頁。
鈴木正崇　二〇二三ａ「神楽の近代―大乗神楽の事例から―」八木透・斎藤英喜・星優也編『歴史と地域のなかの神楽』法藏館、一〇三～一三八頁。
鈴木正崇　二〇二三ｂ「出羽三山の開山伝承―『羽黒山縁起』を中心として―」『哲學』第一五一集、三田哲学会、二二一～二五三頁（『日本の山の精神史―開山伝承と縁起の世界―』青土社、二〇二四。再録）。
鈴木正崇　二〇二三ｃ「解説　宮本袈裟雄の民俗学―その特質と方法―」宮本袈裟雄『天狗と修験

者―山岳信仰とその周辺―』法藏館、二六五～二七八頁。
鈴木正崇　二〇二四「日本三霊山を学び歩きたい」『Discover Japan』第一五三号、ディスカバー・ジャパン、三六～四一頁。
関口　健　二〇一七『法印様の民俗誌―東北地方の旧修験系宗教者―』岩田書院。
田中　彰　一九八七『明治維新観の研究』北海道大学図書刊行会。
谷川　穣　二〇一一「明治維新と仏教」末木文美士他編『近代国家と仏教』（新アジア仏教史第一四巻）佼成出版社。
圭室　文雄　一九七七『神仏分離』教育社（教育社歴史新書）。
戸川安章　一九八六『新版　出羽三山修験道の研究』佼成出版社。
時枝務・由谷裕哉・久保康顕・佐藤喜久一郎　二〇一三『近世修験道の諸相』岩田書院。
長野　覺　一九七八「明治維新と英彦山山伏」田川郷土研究会編『増補　英彦山』葦書房、八八九―九二二頁。
長野　覺　一九八八「英彦山修験道における神仏分離の受容と抵抗」櫻井徳太郎編『日本宗教の正統と異端―教団宗教と民俗宗教―』弘文堂、一一七～一四八頁。
中山太郎　一九八四『日本巫女史』（増補復刊）パルトス社（初版。大岡山書店、一九三〇）。
中山泰昌編　一九六五『新聞集成　明治編年史』（再版）第一巻、明治編年史頒布会。
日本大蔵経編纂會編　一九一六『修験道章疏』第一巻、日本大蔵経編纂會。

日本大蔵経編纂會編　一九一九『修験道章疏』第三巻、日本大蔵経編纂會。
羽賀祥二　二〇二二『明治維新と宗教』法蔵館（法藏館文庫。初版。筑摩書房、一九九四）。
林　淳　二〇〇二「明治五年修験宗廃止令をめぐる一考察―天台・真言への帰入問題―」『禅研究所紀要』三〇号、一一七～一二七頁。
林　淳　二〇〇九「近代仏教の時期区分」『季刊日本思想史』ぺりかん社、第七五号、三～一三頁。
林　淳　二〇一八「『神仏混淆』から『神仏習合』へ―用語の再検討―」羽賀祥二編『近代日本の地域と文化』吉川弘文館、二～二八頁。
「氷見の先賢」編集委員会編　一九七六『氷見の先賢』第一集、氷見市教育委員会。
平山　昇　二〇一五『初詣の社会史―鉄道が生んだ娯楽とナショナリズム―』東京大学出版会。
廣瀬　誠　一九八四『立山黒部奥山の歴史と伝承』桂書房。
廣瀬誠・清水巌　一九九五『山と信仰　立山』佼成出版社。
福江　充　一九九八「立山講社の活動―近代化の中での模索―」『立山信仰と立山曼荼羅―芦峅寺衆徒の勧進活動―』岩田書院。
福江　充　二〇一七『立山信仰と三禅定―立山衆徒の檀那場と富士山・立山・白山―』岩田書院。
福江　充　二〇二三「立山山麓芦峅寺における媼尊信仰の研究―新たに発見した媼尊像の紹介も含めて―」『北陸大学紀要』第五五号、一七三～二一六頁。
舟形町史編集協力委員会編　一九七七『堀内　石井家文書　萬留帳』（舟形町史資料集第七集）舟形

町教育委員会。
ブリーン、ジョン　二〇〇六「明治初年の神仏判然令と近代神道の創出」『明治聖徳記念學會紀要』復刊第四三号、一六二―一八一頁。
宮家　準　一九九九『修験道組織の研究』春秋社。
宮家　準　二〇〇一『修験道―その歴史と修行―』講談社（講談社学術文庫）。
宮家　準　二〇〇六「近現代の山岳宗教と修験道―神仏分離令と神道指令への対応を中心に―」『明治聖徳記念學會紀要』第四三号、四二一～六一頁。
宮本袈裟雄　一九八四『里修験の研究』吉川弘文館（再刊。岩田書院、二〇一〇）。
村上専精・辻善之助・鷲尾順敬編　一九二六『明治維新神仏分離史料』上巻、東方書院（再刊。名著出版（新編）、一九八三～一九八四）。
村上専精・辻善之助・鷲尾順敬編　一九二九『明治維新神仏分離史料』続編下巻、東方書院（再刊。名著出版（新編）、一九八三～一九八四）。
村上俊雄　一九四三『修験道の發達』畝傍書房（増訂版。名著出版、一九七八）。
村田安穂　一九九九『神仏分離の地方的展開』吉川弘文館。
文部省編　一九三七『國體の本義』文部省。
文部省宗教局編　一九二一『宗教制度調査資料』第二輯、文部省宗教局（再刊。原書房、一九七七年）。

安丸良夫　一九七九『神々の明治維新―神仏分離と廃仏毀釈―』岩波書店（岩波新書）。
山之内　靖　二〇一五『総力戦体制』筑摩書房（ちくま学芸文庫）。
由谷裕哉　一九八六「修験道廃止令」『修験道辞典』東京堂出版、一九七頁。
竜鳳竹島立峰（竹島一郎）　一九二八『昭和の理想と立山の御詠』日本学術普及会。
和歌森太郎　一九四三『修験道史研究』河出書房（再刊。平凡社［東洋文庫］一九七二）。
鷲尾順敬・神龜法壽　一九三三「女人結界の廢止顛末」松岡譲編『現代佛教』第一〇五号（十周年記念特輯號）大雄閣、一二三〇～一二三六頁。

あとがき

　全ては山への回帰であった。本書を書き終えて感慨深いのは、自分にとっての原点は山にあったことを改めて再確認したことであった。筆を進めながら浮かんできたのは各地の懐かしい山の風景である。若い頃、日々、山のことを考え、次に登る山はどこかと計画をめぐらし、登山に明け暮れていた時があった。山岳信仰も修験道も知らず、山頂に着くと祠があるのを何となく当然のように考えていた。日本山岳会の『山日記』に記載されている山の一覧表に一つずつ登った山にチェックを入れていくことも行った。

　大きな転換は慶應義塾大学の大学院に入って民俗学や宗教学に触れて、日本文化の面白さに気づいてからである。宮家準先生に導かれて、山岳信仰や修験道の研究に入っていった。日本だけでなく、スリランカや西南中国など海外での調査活動も行っていたので、自ずから文化人類学の観点から日本を見直すという視点も生まれた。日本と海外の研究の両立は全く自然なことであり、現在まで継続している。本書は日本研究であるが、文化人類学の影響も色濃い。自文化研究の native anthropology と言ってもよいのかもしれない。

　山への関心は山岳書で掻き立てられた。深田久弥の『日本百名山』（新潮社）は導きの書であった。刊行されて間もない頃に、書店の店頭で偶然に見かけた大型本を購入した。この本に導かれて日本百名山を一つずつ登り始めたのである。当時は百名山登頂を目標とする登山者は少なかったと思う。結局、現在まで達成できないでいる。『日本百名山』の刊行は昭和三十九年（一九六四）で、東京オリンピック開催の年、この頃までは信仰登山も各地で継続しており、生きた山岳信仰の最後の段階であった。『日本百名山』には前近代の思想と実践が底流となって流れている。深田久弥はその後、『ヒマラヤの高峰』全五巻（雪華社、一九六四～一九六五）を著し、『世界百名山』（新潮社、一九七四）は絶筆となった。深田は探検者の垂涎の地であったシルクロードへの関心を強めた。私も深田の『シルクロードの旅』（朝日新聞社、一九七一）に導かれ、昭和四十六年（一九七一）八月にユーラシア放浪の旅に出てアフガニスタンにたどり着き、遊牧民と出会って文化ショックを受けて、異文化理解を目指す文化人類学に向かう大きなきっかけになった。

もう一人の先達がいる。日本の山岳登山の草分けであった大島亮吉（一八九九～一九二八）である。槍ヶ岳の積雪期初登頂を行い、トムラウシや谷川岳などの魅力を紹介した。慶應義塾大学で経済学を学び、将来を嘱望されながら、大正十三年（一九二四）三月に西穂高岳で転落死した。四月からは母校での就職が決まっていた。死後に刊行された『山―研究と随想―』（岩波書店、一九三〇）は、山の魅力を語る瑞々しいエッセイ集で未だに座右の書である。私の師匠筋の松本信廣先生によれば、大島亮吉は修験道に多大の関心を寄せていたという。未完の意志を少しでも継いでいきたいと願う。

慶應義塾大学は、大正時代から民俗学や民族学（文化人類学）との関わりが深かった。柳田國男は大正七年（一九一八）六月十五日に慶應義塾山岳会で「山と生活」と題して講演をしている。当時の柳田は山人に深く心を寄せていた。松本先生は大正八年（一九一九）に慶應義塾大学で教鞭を取っていた柳田國男に私淑して民俗学に傾倒していった。柳田は松本先生の依頼に応えて大正九年（一九二〇）七月一日に三田史学会で「Folklore の範囲について」を講演している。松本先生は同年八月から九月にかけて、柳田や佐々木喜善と共に東北旅行に出る。柳田の紀行文は、後に『雪国の春』（岡書院、一九二八）として刊行された。松本先生は神話研究が専門であったが、西南中国や東南アジアへの関心も深く、一九五七年には東南アジア稲作民族文化綜合調査団を組織して現地調査を行った。私の苗族《ミャオ》の研究は松本先生の謦咳に接したことの影響が大きい。若き日の岩田慶治先生はこの調査団に加わりラオスを皮切りに民族学の研究を展開した。私は偶然にも岩田先生に師事することになり、東京工業大学に助手として採用された。御縁は不思議なものである。そして、学統の恩恵を深く蒙ってきた。

修験道研究の先達は言うまでもなく宮家準先生である。修験道に関する大著を次々に刊行され、現在も精力的に研究を継続しておられる。宮家先生の紹介で羽黒山修験本宗の正善院の秋の峯に参加し、大峯山では聖護院や櫻本坊の奥駈け修行に参加した。日本山岳修験学会では、宮家先生が長く会長を務められた後、平成二十三年（二〇一一）に引き継いで、現在も会長職にある。多くの方々の御協力を得て学会活動を継続していることに感謝したい。平成二十七年（二〇一五）三月の定年以来、山岳信仰と修験道の研究に専念できるようになった。本書は長い試行錯誤の果てに原点に回帰したことで形をなした。

元になった論考の初出は以下の通りである。収録にあたり加筆修正を加えた。

「神と仏の多次元的関係性について」『山岳修験』第七三号、一九〜三五頁、二〇二四年三月。

「山岳信仰と仏教」『公益財団法人 松ケ岡文庫研究年報』第三六号、一五〜六五頁、二〇二二年三月。

「修験道の想像力とは何か」『日本仏教綜合研究』第一七号、一〜一七頁、二〇一九年九月。

「女人禁制と山岳信仰」『哲學』第一四九集、一四五〜一七九頁、二〇二二年三月。

「修験霊山の縁起に関する考察—『彦山流記』を読む—」『儀礼文化学会紀要』第三／四号、五一〜七〇頁、二〇一六年三月。

「明治維新と修験道」『宗教研究』第九二巻二号、一三一〜一五七頁、二〇一八年九月。

本書は元春秋社の佐藤清靖氏の提案によって実現した。御声掛け頂いたことに感謝したい。また、丁寧な編集にあたられた春秋社の豊嶋悠吾氏の御尽力に御礼申し上げる。春秋社からは『スリランカの宗教と社会—文化人類学的研究—』（一九九六年）や『祭祀と空間のコスモロジー—対馬と沖縄—』（二〇〇四年）、共編著『ラーマーヤナの宇宙—伝承と民族造形—』（一九九八年）を刊行しており御縁は深い。これらの編集を担当して頂いた、現社長の小林公二氏にも深く感謝申し上げる。そして、言うまでもなく最大の援助者は各地の寺社や地元の人々である。個々の御名前を挙げることはしないが、最良の導き手であった。人生は偶然の出会いと不思議な繋がりで成り立っていることを痛切に感じている。

二〇二四年十一月十日　上野にて

【著者紹介】

鈴木正崇（すずき・まさたか）
1949年、東京都生。慶應義塾大学大学院文学研究科博士課程修了。文学博士。慶應義塾大学名誉教授、元日本山岳修験学会会長。専門は文化人類学。

著書に『神と仏の民俗』（吉川弘文館）、『祭祀と空間のコスモロジー』（春秋社）、『女人禁制』（講談社学術文庫）、『山岳信仰』（中央公論新社）、『熊野と神楽』（平凡社）、『女人禁制の人類学』（法藏館）、『日本の山の精神史』（青土社）、『スリランカの宗教と社会』（春秋社）、『ミャオ族の歴史と文化の動態』（風響社）、『東アジアの民族と文化の変貌』（風響社）。編著に『神話と芸能のインド』（山川出版社）、『南アジアの文化と社会を読み解く』（慶應義塾大学出版会）、『アジアの文化遺産』（慶應義塾大学出版会）、『森羅万象のささやき』（風響社）ほか多数。受賞歴。義塾賞（1997）、第11回木村重信民族藝術学会賞（2014）、第18回秩父宮記念山岳賞（2016）、第14回昭和女子大学女性文化研究賞（2022）。

山岳信仰と修験道

2025年1月20日　第1刷発行

著　　者	鈴木正崇
発 行 者	小林公二
発 行 所	株式会社　春秋社
	〒101-0021　東京都千代田区外神田2-18-6
	電話　03-3255-9611（営業）
	03-3255-9614（編集）
	振替　00180-6-24861
	https://www.shunjusha.co.jp/
装 幀 者	鈴木伸弘
印刷・製本	萩原印刷株式会社

ISBN978-4-393-29206-8　　定価はカバー等に表示してあります

索引

か

さ

た

な

は

ま

や

ら

わ

図版一覧

図 1—1　神と仏の多次元的関係性。作成＝鈴木正崇
図 1—2　三輪山。撮影＝鈴木正崇
図 1—3　景山春樹『神体山』。撮影＝鈴木正崇
図 1—4　『明治維新神佛分離史料』。撮影＝鈴木正崇

図 2—1　山岳登拝。羽黒修験。撮影＝鈴木正崇
図 2—2　『山立由来記』。青森県立郷土館蔵
図 2—3　恐山。東日本大震災慰霊地蔵菩薩像。撮影＝鈴木正崇
図 2—4　羽黒山霊祭殿前の死者供養。撮影＝鈴木正崇
図 2—5　湯殿山碑と飯豊山碑。山形県白鷹町。撮影＝鈴木正崇
図 2—6　常念岳。種蒔き爺の雪形が現れる。撮影＝鈴木正崇
図 2—7　黄金仏。山上ケ岳出土。平安時代。大峯山寺蔵。奈良県立橿原考古学研究所提供
図 2—8　銅錫杖頭。立山・大日岳出土。平安時代。個人蔵。東京国立博物館寄託。パブリック・ドメイン
図 2—9　青根ケ峯。吉野宮瀧から望む。撮影＝鈴木正崇
図 2—10　孔雀明王。12 世紀。東京国立博物館蔵。出典：国立文化財機構所蔵品統合検索システム（https://colbase.nich.go.jp/collection_items/tnm/A-11529?locale=ja）
図 2—11　御厨人窟。室戸岬。出典：https://www.city.muroto.kochi.jp/pages/page0300.php
図 2—12　比叡山。本願堂跡。虚空蔵尾。撮影＝鈴木正崇
図 2—13　葛川の太鼓乗り。出典：比叡山延暦寺 HP「回峰行の聖地　葛川明王院」展（https://www.hieizan.or.jp/archives/2410）
図 2—14　熊野本宮并諸末社圖繪。江戸時代後期。熊野本宮大社蔵。
図 2—15　二上岩屋。撮影＝鈴木正崇
図 2—16　切目金剛王子。熊野垂迹神曼荼羅。室町時代。和歌山県立博物館蔵

図 3—1　羽黒修験。秋峯修行。笈からがき。撮影＝鈴木正崇
図 3—2　深仙。護摩。撮影＝鈴木正崇
図 3—3　比蘇寺西塔跡。現・世尊寺。撮影＝鈴木正崇
図 3—4　笙の窟。出典：日本遺産ポータルサイト（https://japan-heritage.bunka.go.jp/ja/culturalproperties/result/2152/）
図 3—5　羽黒修験。秋峯修行。二の宿移り。撮影＝鈴木正崇
図 3—6　不動明王。恵林寺。武田信玄を模したと伝える。撮影＝鈴木正崇
図 3—7　蔵王権現像。山上ケ岳出土。東京国立博物館蔵。撮影＝鈴木正崇

図3—8　線刻蔵王権現。国宝。1007年。西新井大師蔵。東京国立博物館寄託。撮影＝鈴木正崇
図3—9　役行者像。室町時代。松尾寺蔵
図3—10　役行者像。鎌倉時代。円楽寺蔵。山梨県立博物館提供
図3—11　成田山講中。開基1080年祭。撮影＝鈴木正崇
図3—12　毛越寺延年。祝詞《のっと》。撮影＝鈴木正崇
図3—13　大乗神楽。魔王。撮影＝鈴木正崇
図3—14　柱源七十五膳神供。小田原秋葉山量覚院。撮影＝鈴木正崇
図3—15　高尾修験の富士登拝。撮影＝ Charlotte Lamott

図4—1　女人結界碑。母公堂。洞川。撮影＝鈴木正崇
図4—2　オンバサマ（媼尊）。立山博物館蔵。撮影＝鈴木正崇
図4—3　布橋灌頂会。富山県立山町提供
図4—4　「二荒山碑文」。『性霊集』（835年）。出典：国立国会図書館デジタルコレクション
図4—5　『血盆経略縁起』。立山博物館蔵。撮影＝鈴木正崇
図4—6　『道成寺縁起』。16世紀。道成寺蔵
図4—7　女人結界門。清浄大橋。洞川。撮影＝鈴木正崇
図4—8　苅萱上人と石動丸。歌川国貞（3代）画。東京都江戸東京博物館蔵。画像提供：東京都江戸東京博物館／DNPartcom
図4—9　女人御来迎場。『富士山明細図』。1840～46年。個人蔵
図4—10　上吉田村絵図。18世紀末～19世紀前半。ふじさんミュージアム蔵
図4—11　日本遺産女人高野ポスター。

図5—1　英彦山。津野から望む。撮影＝鈴木正崇
図5—2　天忍穂耳命像。鎌倉時代初期。英彦山神宮蔵
図5—3　英彦山神宮奉幣殿。旧大講堂。写真提供＝添田町
図5—4　梵字ケ岩。今熊野窟。写真提供＝添田町
図5—5　清水摩崖仏。月輪大梵字。鎌倉時代。撮影＝鈴木正崇
図5—6　玉屋窟。撮影＝鈴木正崇
図5—7　和与石。八面山。写真提供＝中津市
図5—8　善正上人と藤原恒雄。17～18世紀。英彦山神宮蔵
図5—9　酒伝童子絵巻。下巻部分。重要文化財。16世紀。サントリー美術館蔵
図5—10　松会。彦山大権現松会之図。1792年。英彦山神宮蔵
図5—11　英彦山集落跡。航空レーザー写真。写真提供＝添田町。出典：『英彦山綜合調査報告書』（本文篇）
図5—12　財蔵坊。旧宿坊。撮影＝鈴木正崇
図5—13　彦山三所権現御正体。2016年制作。出典：九州大学大学院芸術工学研究

院 知足美加子研究室 HP（https://www.design.kyushu-u.ac.jp/~tomotari/hikosanpj2016.html）

図 6—1　神仏判然令。出典：『太政類典』国立国会図書館デジタルアーカイブ
図 6—2　大乗神楽。大乗會のしつらえ。撮影＝鈴木正崇
図 6—3　蜂子神社。御開扉ポスター。2014 年。出典：出羽三山神社 HP
図 6—4　崇峻天皇皇子蜂子御墓勘注。1876 年。宮内庁宮内公文書館蔵。撮影＝鈴木正崇
図 6—5　羽黒山荒澤寺。地蔵堂御戸開。2023 年 5 月 21 日。写真提供＝山形新聞社
図 6—6　山上ケ岳の大峯山寺。撮影＝鈴木正崇